김명호 | 중국인 이야기 ⑩

김명호 | 중국인 이야기 ⑩

한길사

중국인 이야기 ⑩

지은이 김명호
펴낸이 김언호

펴낸곳 (주)도서출판 한길사
등록 1976년 12월 24일 제74호
주소 10881 경기도 파주시 광인사길 37
홈페이지 www.hangilsa.co.kr
전자우편 hangilsa@hangilsa.co.kr
전화 031-955-2000~3 **팩스** 031-955-2005

부사장 박관순 **총괄이사** 김서영 **관리이사** 곽명호
영업이사 이경호 **경영이사** 김관영 **편집주간** 백은숙
편집 박희진 노유연 박홍민 배소현 임진영
관리 이주환 문주상 이희문 원선아 이진아 **마케팅** 정아린 이영은
디자인 창포 031-955-2097
CTP출력 및 인쇄제책 예림

제1판 제1쇄 2024년 9월 9일

값 22,000원
ISBN 978-89-356-7861-7 04900
ISBN 978-89-356-6212-8 (세트)

"전쟁이 없어도 적은 있다.
각양각색의 적들이 도처에 있다.
적과 싸울 준비가 되어 있지 않은
사람은 평화를 주장할 자격이 없는
무능한 사람들이다.
나는 무능한 사람보다
유능한 배신자가 좋다."
■마오쩌둥

중국인 이야기 ❿

일러두기

중국어 인명·지명 등 고유명사는 외래어표기법 '주음부호와 한글대조표', 중국어 사전의 '병음·주음 자모대조표'에 근거해 표기했다. 20세기 이전 생물의 인명, 잡지와 신문명, 좀더 친숙하거나 뜻을 잘 드러내는 일부 용어는 우리말 한자 독음으로 읽었다.

예) 쩡궈판 → 증국번, 런민르바오 → 인민일보, 이허위안 → 이화원,
　　톈안먼 → 천안문, 쯔진청 → 자금성, 타이허뎬 → 태화전

미·중 관계 정상화 *1*

"좌(左) 우(右)를 잘 살펴야 한다.
좌는 허황된 소리와 거짓말을 잘한다.
우는 기회주의자다.
우리가 바라는 것을 상대가
제안하게 만드는 것이 외교다."

비밀 만남

> "중국은 신비한 나라가 아니다.
> 이해가 필요한 국가다."

핑퐁외교의 물꼬

문화대혁명 발발 이후 중국은 세계선수권대회에 불참했다. 1971
년 3월 28일부터 4월 7일까지 일본 나고야에서 열릴 제31회 세계
핑퐁선수권대회에도 참여할 생각이 없었다. 주최국 일본은 달랐다.
핑퐁 강국 중국이 빠진 세계대회는 싱거웠다. 대회 2개월 전, 일본
탁구협회 회장 고토 코지(后藤鉀)가 베이징을 방문했다. 국무원 총
리 저우언라이(周恩來)에게 간곡히 청했다.

"중국이 불참한 세계선수권대회는 의미가 없다. 자유중국 대표
로 참여했던 대만은 이번에도 선수단 파견을 대회 측에 통보했다.
대만 문제는 우리가 알아서 처리하겠다."

고토는 아시아핑퐁연맹(아시아연맹) 회장과 국제핑퐁연맹(국제
연맹) 부회장을 겸하고 있었다. 베이징에서 싱가포르로 날아가 아
시아연맹 임시 전체회의를 열었다. 중화민국핑퐁협회를 아시아연
맹에서 축출시켰다. 한국과 월남의 반대가 극심하자 화딱지가 났
다. 회장직을 월남에 넘기고 사직했다.

한국과 월남은 아시아연맹 명의로 중화민국핑퐁협회를 국제연

맹 회원으로 추천했다. 소식을 접한 저우언라이는 나고야에 와 있던 국제연맹 회장 에반스(영국인)를 베이징으로 초청했다. 나고야로 돌아온 에반스가 기자 간담회를 열었다.

"대만이 중화민국 명의로 제출한 국제연맹 가입 신청은 합리적이지 않다. 규정에 의하면 국가를 대표하는 협회라야 국제연맹 가입 자격이 있다. 대만핑퐁협회는 전 중국을 대표하는 기구가 아니다."

에반스의 주장은 오래가지 못했다. 한국과 월남이 대만의 국제연맹 가입 요청을 철회하지 않자 미국도 대만 편을 들었다. 국제연맹은 두 개의 월남과 두 개의 한국을 이유로 두 개의 중국을 인정했다. 대만의 대회 참가 자격은 물론 중국도 세계선수권대회에 불참할 명분이 없었다. 저우언라이가 나고야로 떠나는 선수들에게 당부했다.

"스포츠는 경기보다 우의(友誼)가 중요하다. 이겼다고 우쭐대지 마라. 패해도 주눅 들지 말고 당당해라."

임원들에겐 따로 주지시켰다.

"미국 단원들과 손잡지 마라. 국기나 기념품을 교환하지 말고, 말도 나누지 마라. 무슨 오해를 받을지 모른다."

선수단은 임원 5명과 남녀선수 22명, 코치 9명, 기자 13명 외에 통역, 의사 등 총 60명이었다.

대회 시작 3일 후, "중국대표단이 남슬라브연맹 선수들을 초청했다"는 소문이 나돌았다. 미국대표단 단장이 중국대표단 책임자에게 접근했다.

"중국 핑퐁 수준은 대단하다. 기회가 주어지면 선수들과 함께 가서 시합하며 배우고 싶다. 중국 선수들도 미국에 올 수 있으면 좋겠다. 대회 끝나면 캐나다와 영국 선수들이 중국을 방문한다고 들었다. 우리는 언제쯤 갈 수 있을지 궁금하다."

중국 측 단장이나 임원들은 하루에도 수차례 비슷한 질문을 받았다. 웃음으로 답변에 대신하고, 모든 상황을 베이징에 보고했다. 선수 쫭쩌둥(庄則棟)은 우의를 강조한 총리의 지시를 충실히 수행했다. 미국 선수 그렌 코원과 대화 나누고 선물을 주고받았다.

저우언라이가 외교부와 체육위원회에 지시했다.

"미국 핑퐁대표단 초청이 적절한지 검토해라."

대답은 한결같았다.

"아직은 시기상조다."

백악관에 보내는 메시지

저우는 최종 결정을 마오쩌둥에게 미뤘다. 4월 6일, 마오는 외교부가 보낸 문건에 동그라미를 쳤다. 그날 밤 평소와 다른 일이 벌어졌다. 마오의 수석간호사 우위쮠(吳旭君)이 생동감 넘치는 구술을 남겼다.

"주석이 문건을 외교부에 갖다주라고 지시했다. 돌아와 보니 속내가 복잡해 보였다. 피곤하다며 다량의 수면제를 복용한 후에도 의자에 앉아 꾸벅꾸벅 졸고만 있었다. 나는 건너편 의자에서 밥을 먹었다. 밤 11시경 뭐라 웅얼거리며 나를 향해 손짓했다. 입에 귀를 댔다. 무슨 말인지 알아들을 수 없었다. 개인숭배가 극에 달했던 시절이지만 한 번도 주석을 신이라 생각해본 적이 없었다. 다시 말하라고 목청을 높였다. 왕하이룽(王海容)에게 전화해라. 미국 선수들을 초청하라고 일러라. 당시 왕하이룽 동지는 외교부 부부장이었다. 주석은 한번 내린 결정은 바꾼 적이 없었다. 낮에 내린 비준을 번복하느냐고 물었더니 고개를 끄덕였다."

미국대표단 단장이 도쿄의 미국대사관에 전화했을 때 대사는 부재중이었다. 전화를 받은 일등 서기관은 중국 전문가였다. 미국과 베이징 간의 비밀 접촉은 몰랐지만 백악관이 중국과 관계 개선을 희망한다는 짐작은 하고 있었다. 초청에 응하라고 한 후 백악관에 보고했다. 반응은 예상했던 대로였다.

1971년 4월 14일 오후 2시 30분, 저우언라이가 인민대회당에서 미국 핑퐁대표단과 기자들을 만났다. 저우가 환영사를 했다.

"여러분은 중국 인민과 미국 관계의 새 장을 열었다. 미국과 중국은 아직 외교관계를 수립하지 못했다. 나는 우리가 맺은 우의가 양국 인민의 자유 왕래로 이어지리라 믿는다."

반문도 잊지 않았다.

"동의합니까?"

미국대표단은 열렬한 박수로 화답했다. 미국 선수 그렌 코원이 벌떡 일어나 저우의 말을 막았다. 히피 대표다운 질문을 던졌다.

미국 핑퐁선수 그렌 코윈은 자비로 대표단에 합류한 후보 선수였다.
경기에는 참여하지 못했지만 인기는 누구도 따라오지 못했다.
중국 땅을 밟은 최초의 히피였다. 1971년 4월, 청화대학 운동장.

"히피를 어떻게 생각하는지 궁금하다."

참석자들은 "서구 자산계급의 타락이 빚어낸 쓰레기 계급"이라는 답이 나올 줄 알았다. 저우의 답변은 의외였다.

"모든 청년은 자신의 생활방식을 선택할 권리가 있다. 표현 방식이 성숙되거나 고정될 필요는 없다. 옳고 그른 것은 실천을 통해 스스로 증명해야 한다. 맞는 것은 견지하고 틀린 것은 고치는 것이 청년들의 의무다. 이 자리를 빌려, 중국 인민과 청년들을 대신해 미국 인민과 청년들에게 안부를 전한다."

코원의 눈이 반짝했다. 즉석에서 멋진 디스코를 선보였다. 세계의 언론이 저우의 발언과 코원의 행동을 대문짝만하게 보도했다. 코원의 모친은 감동했다. 홍콩을 통해 저우에게 장미꽃을 선물했다.

키신저는 중국의 미국 핑퐁선수단 초청과 저우언라이의 환대가 백악관에 보내는 메시지라고 파악했다. 정치와 상관없는 인물을 통해 파키스탄 주재 미국대사에게 구두 서신을 전달했다.

"닉슨 대통령이 만나고 싶어 한다. 적당한 핑계 대고 귀국해라. 이 일을 아는 사람은 대통령과 키신저, 대사 세 사람 외에는 없다."

저우와 키신저의 '007작전'

1971년 5월 2일, 파키스탄 주재 미국대사가 국무부에 전문을 보냈다.

"장모의 병세가 위중하다. 병문안을 허락해주기 바란다."

LA 공항에 도착한 대사는 키신저가 보낸 헬기를 타고 키신저의 사저로 갔다. 엄청난 말을 들었다.

"비밀리에 중국을 방문할 계획이다. 사이공, 방콕, 뉴델리, 이슬라마바드를 거쳐 파리로 간다. 파키스탄에 도착하면 야히아 칸 대통령의 초청으로 산간 휴양지에서 주말을 보내는 것이 원래 일정이나 이슬라마바드에서 중국으로 가야 한다. 세부 사항은 파키스탄에 돌아가 야히아 칸 대통령과 상의해라."

5월 17일, 저우언라이는 베이징 주재 파키스탄 대사가 보낸, 서명 없는 편지 한 통을 받았다.

"닉슨 대통령은 양국 관계의 정상화를 위해 중국을 방문해 달라는 저우 총리의 제안에 동의했다. 6월 15일 이후 국가안보보좌관 키신저를 파견하려 한다. 모든 연락은 야히아 칸 한 사람으로 국한시킨다. 닉슨 대통령의 베이징 방문은 저우언라이 총리와 키신저의 비밀회담 후 빠른 시간 내에 공포키로 한다."

6월 2일, 키신저는 워싱턴 주재 파키스탄 대사로부터 "중국도 키신저의 방문에 동의한다"는 서신을 받았다.

"마오쩌둥 주석은 닉슨 대통령의 중국 방문 환영을 언급한 적

중국 비밀방문 이튿날, 두 번째 회담을 마친
저우언라이와 키신저.
1971년 7월 10일, 베이징 인민대회당.

이 있다. 저우언라이 총리는 키신저 박사가 중국에 와서 고급 관원들과 예비성 비밀회의 갖기를 희망한다. 중국에는 외부에 개방하지 않은 비행장이 많다. 파키스탄 비행기를 이용해도 되고, 우리가 이슬라마바드로 비행기를 보내도 된다."

마오가 닉슨을 만나고 싶어 했다는 내용은 틀린 말이 아니다. 8개월 전 중국을 방문한 에드거 스노에게 이런 말을 했다.

"나는 닉슨 당선을 환영하는 사람이다. 사기성이 있지만 적은 편이기 때문이다. 베이징에 한 번 오라고 해라. 비행기 한 대만 있으면 될 일이다. 우리가 공표 안 하고 미국이 시치미 떼면 알 사람이 없다. 만나서 대화를 해도 좋고, 안 해도 좋다. 말씨름 나눠도 좋고 안 나눠도 그만이다. 편한 마음으로 여행 삼아 오라고 해라. 닉슨은 철저한 반공주의자다. 그래서 만나고 싶다. 좌파나 중간파 따위는 만나고 싶지 않다."

중국이 보낸 편지를 읽은 닉슨과 키신저는 막혔던 숨통이 트이는 기분이었다. 중국에 제안했다.
"7월 9일 베이징에 도착해 11일 중국을 떠난다. 체류 기간은 48시간이다."
저우언라이는 키신저 접대조(接待組)를 꾸렸다. 장원진(章文晉), 왕하이룽(王海容), 탕원셩(唐聞生)과 의전관 탕룽빈(唐龍彬) 등 4명을 선정했다.

조장 장원진은 저우언라이가 직접 배양한 외교관이었다. 14세 때 북양정부 국무총리였던 외조부의 권고로 독일 유학을 떠났다. 친가도 명문이었다. 조부는 대과(大科)에 급제한 역사가이며 교육자였다. 어릴 때부터 조부에게 "금전과 지위는 허망하다. 실력이 제일이다. 돈을 명예로 아는 사람들과는 상종하지 마라"는 말을 귀에 못이 박히도록 들었다. 16세 되던 해 봄, 베를린 교외의 공원에서 부친의 친구 저우언라이를 만나 인연을 맺었다. 언어학에 심취해 유럽의 도서관과 고서점 순례하던 중 모친의 권고로 귀국했다. 칭화대학을 마친 후 중·일전쟁이 발발하자 제 발로 충칭(重慶)에 있던 중공 남방국을 찾아갔다. 남방국을 이끌던 저우언라이는 외국어에 능한 장원진을 일찌감치 외교관감으로 낙점했다. 마셜 원수와의 회담 통역도 장원진에게 맡겨야 마음이 놓였다.

왕하이룽은 마오쩌둥의 외가 쪽 조카였다. 마오의 70세 생일날 할아버지 따라 생일잔치에 갔다가 주석을 처음 만났다. 마오는 어린 왕하이룽이 마음에 들었다.

"내가 있는 중난하이(中南海)는 네게 문이 활짝 열려 있다. 마음대로 출입해라. 너를 막을 사람은 아무도 없다."

이공 계통을 선호하던 왕하이룽은 마오가 권하는 베이징외국어학원에 응시해 낙방했다. 마오가 방법을 일러줬다.

"쉬운 영어책 한 권 들고 무조건 암기해라."

이듬해 합격하자 마오의 칭찬이 이만저만 아니었다.

"졸업하면 외교부에 가라."

마오는 약속을 지켰다. 왕하이룽은 외교부의 왕(王)이었다. 저우

장원진(오른쪽 첫째) 부부는 키신저와 친분이 두터웠다.
왼쪽 첫째는 탕원성을 발탁한 지차오주(冀朝鑄).
장원진이 주미대사 시절 지차오주는
주영대사와 유엔 사무차장을 역임했다.

언라이가 왕하이룽을 파키스탄에 파견한 이유도 직접 보고 마오에게 직보하라는 의미였다.

탕원성은 중국의 유엔 가입 후, 유엔 사무차장을 역임한 탕밍자오(唐明照)와 왕년의 옌칭(燕京)대학 퀸카 장시셴(張希先)의 딸이었다. 1943년 봄, 브루클린의 산부인과에서 태어나 맨해튼의 그리니치빌리지에서 안락한 어린 시절을 보냈다. 초등학교 2학년 때 한반도에 전쟁이 터지고 매카시 광풍(狂風)이 뒤를 이었다. 중공과 선이 닿아 있던 탕밍자오는 언제 FBI가 들이닥칠지 불안에 떨었다. 급히 돌아오라는 저우언라이 편지를 받고 귀국했다.

조국에 온 탕원성은 입학 시기를 놓쳤다. 저우가 마련해준 지금의 중국인민대외우호협회에 살며, 눈만 뜨면 위층에 있는 도서 열람실로 올라갔다. 열람실에는 미국인들이 버리고 간 영문 서적이 널려 있었다. 초등학교와 베이징 부속중학을 마친 탕원성은 베이징외국어학원에 진학했다. 교수들은 수업 시간마다 탕원성의 눈치를 봤다.

평소 저우는 외교관 후보 물색하느라 눈에 불을 켰다. 외교관 시험이 없던 중국의 외교관은 외국어 실력이 최우선이었다. 탕원성을 놓칠 리 없었다. 졸업과 동시에 외교부에 자리를 마련했다.

키신저의 꾀병

7월 1일 밤, 키신저가 탄 항공기가 워싱턴의 앤드류스 공군기지를 이륙했다. 이슬라마바드에 도착하기까지 사이공과 방콕, 뉴델리를 경유하며 대단치 않은 일정으로 기자들을 지루하게 만들었다. 산간지역에서 열기로 한 야히아 칸과의 회담은 파키스탄과 철천지원수인 인도를 의식해 거절했다. 대신 꾀병을 앓기로 했다. 이것도 미국대사관 의사에게 들통날 우려가 있었다. 보안상 해외로 출장 보냈다.

야히아 칸은 미·중 양국과 유대를 강화할 좋은 기회였다. 7월 7일 오후, 키신저 접대조를 파키스탄까지 이동시킬 보잉 707 한 대를 베이징 난위안 공항에 파견했다. 8일 새벽, 저우언라이가 엄선하고 마오쩌둥이 비준한 4명의 접대조가 파키스탄행 비행기에 올랐다.

1971년 7월 8일 오전, 키신저를 에스코트할 중국 접대조가 이슬라마바드 국제공항 특별구역에 도착했다. 기다리고 있던 주파키스탄 대사 장퉁(張彤)과 눈인사 나눌 겨를도 없었다. 대사관저로 직행했다. 오후 8시, 야히아 칸이 대통령 궁에 저녁을 마련했다. 참석자는 육군 참모총장과 국가안전위원회 의장 등 극소수였다.

야히아 칸이 키신저의 근황을 설명했다.

"어제 고관 90명이 키신저 환영 만찬을 열었다. 분위기가 무르익을 무렵 키신저가 복통을 호소했다. 내가 큰 소리로 이슬라마바드는 고온지역이다. 공기 좋은 산속 휴양지에 가서 며칠 쉬는 것이 회복에 유리하다고 외쳤다. 키신저는 배 움켜쥐고 오만상 찡그리며 사양했다. 무슬림 국가에서 손님은 주인의 안배에 복종해야 한다며 화를 내자 어쩔 수 없다는 표정 지으며 고개를 끄덕였다. 키신저를 수행한 정보기관원이 휴양지에 조사를 갔다. 전

화로 치료에 적합한 지역이 아니라는 보고에 기겁했다. 휴양지에
감금시켰다."

7월 9일 새벽 3시 30분, 공항에 도착한 접대조는 비행기 안에서
키신저 일행을 기다렸다. 1시간 남짓 후, 흑색 선글라스에 중절모를
눌러 쓴 통통한 남성과 30대 초반의 미국인 5명이 탑승했다. 3명은
수행원이고 2명은 수갑 찬 손에 연결된 가방을 든 특수공작원(특
공)이었다. 비행기에 오르기 직전, 행선지를 안 특공들은 인민복 입
은 접대조를 보고 긴장했다. 적의를 감추지 않았다.

소개가 끝나자 키신저가 탕원성에게 호의를 표했다.

"낸시 탕을 만나서 반갑다. 그리니치빌리지의 가로수는 여전하
다. 맨해튼 산책할 날이 머지않았다."

중국 측은 무슨 말인지 의아했다. 탕원성이 내력을 설명하자 미
국의 정보력에 혀를 내둘렀다. 조장 장원진이 인사말을 했다.

"저우언라이 총리는 박사와 폭넓은 의견 교환하기 위해 많은 준
비를 했다."

키신저는 보안을 강조했다.

"워싱턴에서 이 일을 아는 사람은 닉슨 대통령과 내 수석 보좌관
헤이그 대령 외에는 없다."

훗날 탕원성은 키신저의 첫인상을 구술로 남겼다.

"지식이 풍부하고, 활기가 넘쳤다. 영어 발음은 신통치 않았다.
처음엔 알아듣기 힘들었다."

키신저의 비밀방문 7개월 후 중국을 방문한 닉슨은
상하이에서 휴식을 취하고 베이징으로 향했다.
닉슨과 악수하는 시장 뒤가
상하이까지 영접 나온 탕원성.

1972년 2월, 중국 방문을 위해 미국에서 출발하는 날
백악관 직원들과 출국 인사 나누는 닉슨.

저우와 키신저의 마라톤 회담

베이징 도착 첫날, 키신저와 저우언라이는 오후 4시 25분부터 회담을 시작했다. 중앙군사위원회 부주석 예젠잉(葉劍英), 캐나다주재대사 황화(黃華), 접대조 조장 장원진과 조원 왕하이룽, 탕원성 외에 슝샹후이(熊向暉)가 키신저 일행과 자리를 마주했다. 저우의 환영사에 이어 키신저가 두툼한 원고 뭉치를 읽기 시작했다. "지금 나는 가장 신비한 나라에 와 있다"라는 구절에 저우가 발언을 중지시켰다.

"중국은 신비한 나라가 아니다. 이해가 필요한 국가라는 것을 이미 발견했으리라 믿는다."

키신저는 무슨 말인지 알아챘다. 원고를 덮고 본론으로 들어갔다.

"내가 중국에 온 이유는 닉슨 대통령의 중국 방문 일정 조율과 예비회담, 두 가지다."

저우가 말을 받았다.

"중·미 쌍방은 국제문제를 대하는 방법이 다르다. 중·미관계는 평등이 최우선이라야 한다. 대등한 입장에서 출발하는 것이 중요하다. 양국 인민은 우호를 원한다."

저우가 닉슨 방문 시기를 건의했다.

"1972년 여름이 좋다."

키신저의 생각은 달랐다.

"차기 대통령 선거와 간격이 짧다. 득표 공작이라는 오해를 받기 쉽다."

저우가 72년 봄을 제의하자 키신저도 동의했다.

1차 회담은 밤 11시 30분까지 7시간이 걸렸다. 녹초가 된 저우언라이가 왕하이룽을 불렀다.

"주석에게 결과를 보고해야 한다. 언제가 좋을지 물어봐라."

왕이 수화기를 들고 되물었다.

"동행이 있습니까?"

저우는 멈칫했다.

"왕하이룽과 탕원성이 함께한다고 전해라."

잠시 나갔던 왕이 "지금 당장 슝샹후이도 함께 오라"는 마오의 지시를 보고했다. 저우는 왕과 탕을 먼저 마오의 서재로 보냈다. 슝과 함께 문건 챙겨 들고 뒤를 따랐다.

저우언라이가 회담 내용을 보고하려 하자 마오쩌둥은 손을 내저었다.

"서두를 필요 없다. 급한 일 아니다."

담배를 물고 슝샹후이에게 미소를 보냈다. 생각지도 않았던 질문을 했다.

"남들에게 위생과 건강을 역설하는지 궁금하다."

무슨 뜻인지 몰라 안절부절못하는 슝을 왕하이룽이 도와줬다.

"담배를 피우냐고 물으셨습니다."

탕원성이 대답을 대신했다.

"골초 수준입니다."

마오는 슝에게 담배를 권하며 즐거워했다.

"담배를 끊으라는 의사의 닦달이 심하다. 나 위한다며 의사 편드는 사람도 한둘이 아니다. 의사에게 강제로 흡연권을 박탈당하기

싫다. 고립된 채 혼자 피운다. 오늘은 슝샹후이 덕에 고립에서 해방
됐다."

마오의 농담은 계속됐다.

"손과 입이 부지런해야 두뇌가 잘 돌아간다. 나는 중요한 문건
을 직접 보고 의견을 첨부한다. 현재 중국은 대관(大官), 소관(小
官) 할 것 없이 손과 입이 게으르다. 무슨 일이건 비서에게 의존
한다. 개중에는 부인이 판공실(비서실) 주임인 사람도 있다. 국민
당이나 하던 못된 행동이다."

마오의 서재를 나온 슝은 등골이 서늘했다. 부인이 판공실 주임
인 사람은 중공 부주석 린뱌오(林彪) 외에는 없었다. 린뱌오는 미국
과의 관계 개선을 반대했다. 사색이 된 저우언라이가 슝에게 당부
했다.

"오늘 주석이 한 말을 절대 발설하지 마라."

2개월 후 린뱌오 일가는 중국을 탈출, 몽골 사막에서 비행기 추
락으로 사망했다. 이 엄청난 사건도 미·중 관계 개선에는 영향이
없었다. 린뱌오 사망 1개월 후, 키신저가 알렉산더 헤이그와 함께
대통령 전용기를 타고 중국을 찾았다.

유일한 합법 정부

"적과 싸울 준비가 되어 있지 않은 사람은
평화를 주장할 자격이 없는 무능한 사람들이다."

체면 살리기 위한 밀담

1971년 7월 10일, 키신저의 베이징 방문 둘째 날, 중국 측은 오전 시간을 고궁(古宮)박물관 참관으로 안배했다. 키신저 일행이 불만을 드러냈다.

"우리는 관광객이 아니다. 아직 회담도 끝나지 않았다."

어쩔 수 없이 외출한 키신저는 고궁을 둘러보며 완벽한 대칭에 찬탄을 연발했다. 이날을 계기로 중국에 올 때마다 고궁 유람을 거르는 법이 없었다. 이런 말까지 남겼다.

"고궁은 절세 미녀와 같다. 볼 때마다 다른 느낌이다. 오전이 다르고 오후가 다르다. 황혼 무렵과 달 밝은 밤은 직접 봐야 한다. 말로는 표현할 방법이 없다."

두 번째 회의는 오찬과 함께 시작했다. 저우언라이가 오리구이를 키신저의 접시에 놓아주며 엉뚱한 질문을 던졌다.

"미국 대통령은 아직도 중국 방문을 희망합니까?"

키신저는 깜짝 놀랐다. 호흡을 가다듬고 "중국 측이 먼저 방문을 요청했다"며 인도차이나, 대만, 한반도 문제를 장황히 설명했다. 듣기를 마친 저우는 "우선 먹자. 오리구이는 식으면 맛이 없다"는 한마디로 분위기를 풀었다. 이어서 문화대혁명(문혁) 얘기를 했다.

"정권 출범 10여 년이 지나자 여러 모순이 드러났다. 밑에서부터 위까지 대규모 정풍운동이 시급했다. 마오 주석의 정확한 혁명노선을 발전시키다 보니 과정에 곡절이 많았다. 키신저 박사는 문혁을 중국 내부의 일이라고 말한 적이 있다. 미국이 중국을 이해하고 중국과 관계를 건립하려면 문혁을 이해해야 한다."

자아비판 형식을 통해 문혁을 일으킨 마오와 자신의 생각이 다르다는 점도 암시했다.

"나는 마오쩌둥 사상을 제대로 따르지 못했다."

이날 저우는 만찬 시간이 임박하자 자리를 떴다. 배석한 황화(黃華)에게 당부했다.

"키신저 박사와 함께 미국과 중국이 동시에 발표할 성명을 작성해라."

저우언라이가 자리를 비우자 키신저는 당황했다. 북한의 김일성 주석이라도 베이징을 방문한 줄 알았다. 키신저뿐만이 아니었다. 통역으로 참여했던 전 영국대사 지차오주(冀朝鑄)조차도 "오후에 시작된 총리와 키신저의 2차 회담은 만찬 시간이 되자 끝났다. 회담을 마친 총리는 조선민주주의인민공화국 김일성 주석 환영 만찬에 참석했다"고 회고록에 남길 정도였다. 당시 베이징에는 중·조 우호조약 10주년 기념식에 참석하기 위해 노동당 정치국원 김중린과 노동부장 김만금이 체류 중이었다.

황화와 키신저는 성명 작성에 머리를 싸맸다. 양측 모두 체면이 중요했다. 상대방이 먼저 만나고 싶어 안달이 난 표현이라야 직성이 풀렸다. 밀당이 이만저만 아니었다. 초고는 중국이 작성했다.

"대만 문제 토론과 중·미 관계 회복을 위해 닉슨이 중국 방문을 요구했다."

키신저가 거절했다.

"대만 문제는 미국 대통령과 중국 지도자가 토론할 유일한 문제가 아니다."

황화가 말을 받았다.

"20여 년간 우리는 미국을 비난했다. 갑자기 미국 대통령이 중국을 방문한다고 하면 중국 인민들의 경악(驚愕)이 극에 달한다. 중국에 가장 중요한 것은 대만 문제다. 대만 문제 해결이 들어가야 우리 인민들을 이해시킬 수 있다."

11일 새벽 2시가 돼도 합의가 불가능했다. 휴식에 들어갔다.

7월 11일 마지막 회담은 화기애애했다. 오전 9시, 황화가 새로운 초안을 들고 왔다. 양측의 체면을 살리고, 대만 문제를 쌍방의 관심 문제라고 두루뭉술하게 처리한 내용에 키신저도 만족했다. 몇 자 손본 후 동의했다.

"저우언라이 총리와 닉슨 대통령 국가안전보좌관 헨리 키신

1972년 2월 21일, 마오쩌둥은 중난하이의 객실에서
저우언라이(왼쪽 첫째) 배석하에 닉슨과 70분간 대화했다.
왼쪽 둘째는 통역 탕원성. 오른쪽 첫째가 키신저.

저가 1971년 7월 9일부터 11일까지 베이징에서 회담했다. 중화인민공화국을 방문하고 싶다는 닉슨 대통령의 열망을 익히 알고 있던 저우언라이 총리가 중화인민공화국을 대표해 1972년 5월 이전 적당한 시기에 중국 방문을 요청했고, 닉슨 대통령도 즐거운 마음으로 수락했다. 두 나라 지도자는 양국 관계의 정상화와 쌍방의 관심 문제에 관한 의견을 나누기로 합의했다."

7월 15일, 미·중 양국이 LA와 베이징에서 키신저의 중국 비밀방문과 닉슨의 중국 방문 결정을 동시에 발표했다. 냉전 시대 최대 뉴스였다. 성명 발표 직전까지 미국의 사전 통보는커녕, 키신저의 베이징 방문 사실도 몰랐던 일본의 반응이 제일 빨랐다. "중화인민공화국이 중국의 유일한 합법 정부이며 대만은 중국의 일부분"이라고 선언했다. 여러 나라의 일본 흉내가 줄을 이었다. 몇 개월 만에 대만의 중화민국 정부는 유엔에서 쫓겨났다.

3개월 후, 키신저의 두 번째 중국 방문은 닉슨 방문의 예행연습이었다. 비밀일 이유가 없었다. 자신의 수석 보좌관 알렉산더 헤이그와 함께 대통령 전용기 타고, 닉슨의 예정 항로인 하와이, 괌, 상하이를 경유해 베이징에 도착했다. 키신저 일행은 숙소에 있는 반미 유인물을 발견하고 중국 측에 항의했다. 보고를 받은 마오쩌둥이 폭소를 터뜨렸다.

"나는 허풍이 심한 사람이다. 반미 표어는 전부 허풍이다. 미국이 우리를 비난한 것도 허풍이긴 마찬가지다. 20년간 우리는 서로 공포만 쏴댔다. 키신저에게 그대로 전해라."

헤이그가 본의 아니게 주책 떤 것 외에는 별 탈이 없었다.

1972년 2월 21일, 월요일 오전 11시 미 공군 1호기가 베이징 공항에 안착했다. 4시간 후, 저우언라이가 키신저에게 통보했다.

"갈 곳이 있다. 대통령과 키신저 박사 외에 미국 기자와 경호원의 동행은 불허한다. 차량도 우리 측에서 준비하겠다."

말 같지 않은 제의였다. 닉슨은 수락했다.

4개월 전부터 닉슨 접대 예행연습

닉슨의 중국 방문은 많은 일화를 남겼다. 키신저의 보좌관 헤이그는 중국 특유의 습관에 서툴렀다. 상아 젓가락 사건으로 중국 경호원들을 웃겼다. 중국은 차관급인 키신저만 우대했다. 국무장관 로저스는 안중에 없었다. 닉슨이 마오쩌둥 만나러 가는 줄도 몰랐다. 미국 경호원과 기자들도 허둥대기는 마찬가지였다. 즐긴 사람도 있었다. 닉슨 방문 4개월 전 중국에 온 에티오피아 황제 하이레 셀라시에는 과한 환대에 기분이 좋았다. 닉슨 접대의 예행연습인 줄 몰랐다.

키신저의 두 번째 방문은 셀라시에 황제가 다녀간 직후였다. 1971년 10월 20일, 보좌관 헤이그와 함께 미 공군 1호기로 베이징에 도착했다. 2001년 봄, 전 중공중앙경위국 부국장이 30년 전을 회상했다.

"키신저의 2차 방문 목적은 닉슨 대통령 경호와 공동성명 초안에 관한 실무방문이었다. 공항 영접이 썰렁하자 실망한 눈치였다. 인민대회당에서 환영 공연이 열렸다. 참석 인원 500명은 닉슨 환영

공연 예행연습에 동원된 외교부와 중앙경위국, 인민대회당 직원들이었다. 갑자기 나타난 미국인들에게 관심이 없었다."

키신저 일행이 베이징을 떠나는 날 미국인들은 비행장에서 밥을 먹었다. 기념으로 젓가락과 찻잔을 들고 갔다. 중국에서 손님이 밥 먹고 젓가락 들고 가는 건 큰 결례였다. 유전되는 얘기를 소개한다.

"닉슨 방문 7주 전, 헤이그가 위성통신시설을 점검하기 위해 중국에 왔다. 만찬 도중 기이한 행동을 했다. 연회에 사용하는 길쭉한 고급 상아 젓가락을 한동안 감상하더니 가죽가방에 쑤셔 넣었다. 중국 측은 보고도 모르는 체했다. 예행연습을 겸한 만찬이다 보니 떠날 때 짐 검사가 있었다. 검사원이 헤이그의 가방에서 젓가락을 슬그머니 회수했다."

헤이그는 상하이에서도 본의 아닌 실수를 했다. 환영 연회에서 혁명위원회 부주임 쉬징셴(徐景賢)이 헤이그에게 건배를 제의하며 자작시를 낭송했다. 헤이그는 중국 예절을 몰랐다. 일어서지 않고 답사도 안 했다. 넋 나간 사람처럼 젓가락만 바라봤다. 쉬는 예의를 모르는 몰상식한 미국인이라며 화가 치밀었다. 이튿날 미국이 발표한 성명에 "두 개의 중국"이라는, 중국이 제일 싫어하는 용어가 있었다. 헤이그에게 달려가 욕설 퍼부으며 화풀이를 했다.

보고를 받은 마오쩌둥이 저우언라이에게 지시했다.

"미국인들은 사탕을 좋아한다. 헤이그 일행 18명에게 사탕 10근(중국 1근은 500g)씩 선물해라. 헤이그의 사탕 부대에 예쁜 상아 젓가락 한 쌍을 추가해라."

평소처럼 선문답 같은 말도 잊지 않았다.

"좌(左) 우(右)를 잘 살펴야 한다. 좌는 허황된 소리와 거짓말을 잘한다. 우는 기회주의자다. 우리가 바라는 것을 상대가 제안하게 만드는 것이 외교다."

닉슨 대통령의 실종

닉슨의 중국 체류 기간은 1972년 2월 21일부터 28일까지 8일간 이었다. 미국 측은 중국의 경호 대책에 만족했다. 간부 경호를 책임진 중앙경위국 요원 8,000명과 공안부, 베이징 위수사령부가 닉슨 경호에 만전을 기했다. 경호원들에게 주지시켰다.

"주동적으로 미국인들에게 접근을 불허한다. 미국 측이 먼저 접근하면 많이 듣고 말은 적게 해라. 미국인과 의논할 일이 발생 하면 두 명이 참가하는 것이 원칙이다. 상관의 동의 없이 미국인 방이나 집무실 출입을 엄금한다. 미국 측이 일괄적으로 주는 선물은 감사를 표하고 수령한 후 제출해라. 공적으로 재분배한다. 미국 고관들은 교활하고 노련하다. 사사롭게 선물 주고받지 마라. 돈을 건네는 사람이 있을지 모른다. 예의를 갖춰 사양해라."

당시 중국에는 문혁에 놀란 정신병자들이 많았다. 중앙경위국은 공항에서 국빈관까지 도로 양변을 봉쇄했다. 거주자 중 정신병자 136명과 문혁 때 5류분자로 지목당한 지주, 부농, 반혁명분자, 악질

기자들과 함께한 닉슨 대통령.
왼쪽 둘째 줄 첫째가 알렉산더 헤이그.
1972년 2월 26일 오후, 항저우(杭州).

분자, 우파분자 708명을 경찰서에 격리시켰다. 공항 주변 15개 마을에 살던 5류분자 100명과 정신병자 40명도 철창신세를 피하지 못했다.

중국은 닉슨의 안전에 자신이 있었다. 미국 측이 제안한 무장경호원 36명의 입경(入境)에 동의했다. 조건이 있었다.

"입경 후 공개된 장소에서 미국 경호원은 무기를 휴대할 수 없다. 중국 경호원의 지시를 따라야 한다."

미국은 군말 없이 수용했다. 미국이 동원한 비행기는 9대였다. 대통령 전용기와 식별이 불가능한 3대만 남고 비공식 수행원과 기자들이 사용할 차량 200대를 탑재한 6대는 괌으로 갔다가 다시 오도록 조치했다.

닉슨은 마오쩌둥과 회담 일정이 잡히지 않은 상태에서 미국을 출발했다. 중간 기착지 괌에서 기자들과 차 마시며 마오쩌둥과 저우언라이를 거론했다.

"마오 주석과 저우 총리 만나 철학적인 대화를 나누고 싶다. 먼 곳을 바라보는 사람들과 눈앞에 닥친 문제를 토론할 생각은 없다."

마오는 중국 방문한 외국 국가원수를 떠나기 전날 만나는 것이 관례였다. 괌 발언을 보고받자 머리 빗고 옷을 갈아입었다.

휴식을 취하던 닉슨은 키신저와 함께 저우언라이의 차를 타고 국빈관을 빠져나갔다. 국무장관 로저스는 예정에 없던 저우와의 긴급 회담이 인민대회당에서 열리는 줄 알았다. 인민대회당 앞에 기자 수백 명이 진을 쳤다. 미국 경호원들은 한 시간이 지나도 닉슨과 저우의 모습이 보이지 않자 대통령의 실종에 당황했다. 중국인 붙

잡고 물어봐도 웃기만 할 뿐 말이 없었다. 70분 후, 백악관 대변인이 기자들 앞에 나타났다.

"닉슨 대통령이 마오쩌둥 주석과 회담했다."

자세한 내용 모르다 보니 그게 다였다.

세계의 언론이 호외를 발행하고 난리를 떨었다. 중국은 뉴스 끝머리에 "미국 대통령 닉슨이 중국을 방문했다"고 짤막하게 내보냈다.

워터게이트사건을 무시한 마오쩌둥

1972년 2월 21일 마오쩌둥은 태평양을 건너온 닉슨과 70분간 대화했다. 닉슨의 한마디가 마오에게 좋은 인상을 남겼다.

"연임에 성공하면, 중·미 관계 정상화에 관한 문제를 해결하겠다."

4개월 후, 6월 17일 밤, 남자 5명이 워싱턴의 워터게이트빌딩 소재 민주당 전국위원회 본부에 잠입했다. 도청장치를 설치하고 문건 절취하다 체포됐다. 온 미국이 들썩거렸다. 닉슨의 승리에는 영향이 없었다. 압도적으로 연임에 성공했다. 워터게이트사건은 계속 닉슨의 발목을 잡았다. 1974년 8월, 하원이 탄핵을 의결하자 사임했다. 당시 하원은 민주당이 다수였다. 닉슨은 변호사 자격도 박탈당하고 새크라멘토의 사저에 은둔했다. 비난이 이만저만 아니었다.

대통령직을 승계한 포드는 닉슨의 외교정책을 완전히 바꿔버렸다. 중국과의 국교 수립도 지지부진했다. 마오쩌둥은 워터게이트사건에 개의치 않았다. 실의에 빠진 닉슨에게 중국 방문을 수차례 청했다. 여의치 않자 워싱턴 주재 중국연락사무소 소장 황쩐(黃鎭)을

닉슨의 딸 줄리와 아이젠하워의 손자 데이비드를
배웅하는 마오쩌둥.
마오의 오른쪽이 왕하이룽.
1975년 12월 31일 밤, 중난하이(中南海).

통해 닉슨의 딸과 사위를 베이징으로 초청했다. 1975년 12월 31일 밤, 마오쩌둥의 서재에 젊은 방문객이 나타났다. 한 명은 미국 34대 대통령 아이젠하워의 손자 데이비드, 다른 한 명은 닉슨의 딸 줄리였다. 80이 넘은 사회주의 대국의 통치자와 미국적 가치관에 충실한 20대 신혼부부의 만남은 어울리지 않는 조합이었다. 덕담 외에는 대화 자체가 불가능할 것 같았다. 사실은 달랐다.

데이비드가 구술한 마오쩌둥의 첫인상을 소개한다.

"보는 순간 심란했다. 머리를 소파에 비스듬히 기댄 채, 헝클어진 두발에 늘어진 입술 사이로 힘들게 공기를 삼키는 모습이었다. 앉은 채 내미는 손을 잡다 보니 높은 각도에서 마오를 관찰할 수 있었다. 넓게 퍼진 얼굴과 귀를 보며 신이 출현한 줄 알았다."

데이비드의 태도가 마오의 주의를 끌었다.

"뭘 뚫어지게 보느냐?"

"방금 주석의 얼굴을 봤습니다. 상반부가 특이합니다."

마오가 답했다.

"나는 중국인의 얼굴을 갖고 태어났다. 연기에 적합하기는 중국인의 얼굴이 세계 제일이다. 코가 퍼져 있기 때문이다. 분장만 하면 미국이나 소련, 프랑스 무대에 세워놔도 손색이 없다. 서구인은 코가 높다. 무대에서 중국인 역 하려면 코를 조금 잘라내야 한다."

데이비드가 웃음 터뜨리며 마오의 옆자리에 앉자 줄리가 편지를 꺼냈다.

"아버지가 주석에게 전달하라 했습니다."

입술 우물거리며 편지 읽는 마오쩌둥을 본 줄리는 마오의 영문 독해력에 놀랐다. 데이비드 향해 혀를 살짝 내밀자 데이비드도 두 눈을 끔벅했다. 통역으로 참석한 외교부 부부장 왕하이룽이 손으로 입을 가리며 웃자 줄리와 데이비드도 왕을 바라보며 따라 했다. 읽기를 마친 마오가 줄리에게 재차 악수 청하며 입을 열었다.

"대통령의 다리가 어떤지 궁금하다. 빨리 중국에 왔으면 좋겠다. 염라대왕이 내게 초청장을 보냈다. 대통령 만나기 전까지는 초청에 응하지 않겠다. 얼마 전 포드 대통령이 서울을 거쳐 중국에 다녀갔다. 덩샤오핑(鄧小平)에게 영접하라고 했다. 나는 습관을 바꾸기 힘들다. 내게는 아직도 네 부친이 미국 대통령이다. 중국에 오면 내가 직접 영접하겠다."

워터게이트사건도 거론했다.

"녹음테이프 두 개에 무슨 대단한 내용이 들어 있겠느냐? 서구의 정치는 별것도 아닌 일을 복잡하게 만드는 허위투성이다."

데이비드가 말머리를 돌렸다.

"미국인들이 주석의 시를 좋아합니다. 독자들이 많습니다. 저작물을 수십억 부 찍었다고 들었습니다."

마오쩌둥은 기분이 좋았다. 웃으며 입을 열었다.

"내 책들은 읽기에 불편한 내용이 많다. 교육적으로도 별 의미가 없다."

데이비드는 닉슨의 말을 상기시켰다.

"장인은 주석의 저작물이 한 민족을 이끌고 세계를 변화시켰다

중국을 방문한 미국 대통령 포드를 영접하는
덩샤오핑. 왼쪽 첫째가 미국의 베이징연락사무소
소장 부시. 1975년 12월 1일, 베이징.

고 했습니다."

마오는 겸손으로 응대했다.

"지구는 넓다. 거대한 지구를 개조하고 변화시킬 사람은 없다. 나는 베이징 부근의 몇 개 지역만 변화시켰을 뿐이다."

이어서 두 사람에게 물었다.

"중국 음식이 습관이 됐나?"

데이비드가 웃으며 대답했다.

"익숙하지 못합니다. 키신저도 미국인이 중국 음식 먹으면 위장이 비정상이 된다고 했습니다."

마오는 고개를 끄덕였다.

"내 위장 기능도 가끔 비정상일 때가 있다. 베이징에 온 후부터 특히 그랬다. 위장이 가장 정상일 때는 전쟁 시절이었다."

데이비드가 "중국에 전쟁 일어날 일 없으니 애석하다"고 하자 마오가 큰 소리로 이유를 물었다.

"중국인이 평화를 사랑하기 때문입니다"라는 대답에 마오의 목청이 더 높아졌다.

"누가 그런 헛소리를 하더냐? 중국인은 싸움을 좋아한다. 나도 그중 한 사람이다. 전쟁이 없어도 적은 있다. 각양각색의 적들이 도처에 있다. 적과 싸울 준비가 되어 있지 않은 사람은 평화를 주장할 자격이 없는 무능한 사람들이다. 나는 무능한 사람보다 유능한 배신자가 좋다. 유능한 배신자는 잘못을 고칠 줄 안다. 한동안 놔뒀다가 다시 기용하면 착오를 반복하지 않는다. 더 큰 역할을 충분히 소화한다."

"적은 우파를 의미하느냐"는 데이비드 질문에도 답을 줬다.

"그 반대다. 나는 우파를 좋아한다. 네 장인은 우파다. 드골과 영국 총리 히스도 우파다. 우파에겐 얻을 것이 많다. 나는 조금만 줘도 된다."

1976년 2월 6일, 국영 신화(新華)통신이 세계를 향해 공고(公告)나 다름없는 뉴스를 배포했다.

마오·닉슨 4년 만에 재회

1972년 2월 28일 닉슨과 저우언라이가 서명한 '상하이공동성명'의 핵심은 대만 문제였다.

"미국은 중화인민공화국이 중국의 유일한 합법 정부임을 승인한다. 대만은 중국의 일부분이다. 대만해방은 중국의 내정문제다. 다른 나라는 간섭할 권리가 없다."

닉슨은 구두로 "연임에 성공하면 임기 내에 양국관계 정상화와 대만에 주둔하는 미군과 군사시설의 철수"도 확약했다.

닉슨의 중국 방문 2개월 후 중국 핑퐁선수단이 미국을 방문했다. 가는 곳마다 환영을 받았다. 미국에 중국 바람이 불었다. 마르코 폴로가 중국의 잡기(雜技)를 동방의 기적이라 소개한 후, 서구인들은 온갖 묘기 연출하는 중국 잡기에 호기심이 이만저만 아니었다.

1972년 가을, 잡기대표단 52명이 시카고에 도착했다. 인민복 차림에 근엄한 교사를 연상케 하는 잡기단의 고난도 묘기에 미국인들은 넋을 잃었다. 사탕과 꽃을 무대로 던지고, 잡기단은 수(繡)놓은 실크 손수건을 관객들에게 뿌렸다. 뉴욕과 워싱턴에서도 연일 비슷

1976년 2월 21일 밤,
중국 방문 4주년을 기념해
베이징 공항에
도착한 닉슨 부부.
왼쪽 끝이 마오쩌둥의 지시로 마중 나온
총리대리 화궈펑.

한 일이 벌어졌다. 당시 잡기단이 들고 온 짐 5톤 중 반 이상이 관객들에게 줄 선물이었다.

닉슨의 2차 중국 방문

미국 언론인들의 중국 방문과 학술교류도 꿈틀거렸다. 중국 대학에는 1949년 이전에 미국에서 공부한 교수들이 많았다. 옛 지도교수, 동료들과 서신 왕래가 시작됐다. 학자들의 자유왕래와 학생 교환을 은밀히 타진했다. 정식 수교가 안 되고 문혁이 진행 중이다 보니 실현은 요원했다. 미국의 중국 관련 연구자들도 난감하기는 마찬가지였다.

닉슨이 큰소리친 양국 수교가 지지부진한 이유가 있었다. 재선에 성공한 닉슨과 후임자 포드는 국가 이익에 충실했다. 중국과의 관계 개선과 동시에 소련과의 관계 완화도 게을리하지 않았다. 1973년에 들어서자 저우언라이는 강경파에게 힘이 달렸다. 말만 총리지 실권은 상실한 허깨비였다. 몸 안에서 암세포가 기승을 부리고, 눈만 뜨면 미국의 양다리에 놀아났다며 비난이 빗발쳤다. 마오가 직접 나섰다. 포드 대통령의 중국 방문 2개월 후인 1976년 2월 초, 워싱턴에 주재하는 중국연락사무소 소장 황쩐(黃鎭)에게 지시했다.

"닉슨을 초청하고 싶다. 직접 새크라멘토에 가서 내 뜻을 전해라."

닉슨이 마다할 리가 없었다.

2월 6일, 신화통신의 발표에 미국이 술렁거렸다.

"1972년 2월 21일, 미합중국 대통령 리처드 닉슨의 역사적인 중국방문과 연합성명 발표는 중·미관계 개선에 중대한 작용을 했다. 중화인민공화국 정부는 1976년 2월 21일, 닉슨 방문 4주년을 기념하기 위해 닉슨 선생과 부인을 초청했다. 닉슨 선생 부부도 흔쾌히 수락했다."

세계의 주목을 받고도 남을 뉴스였다. 의론이 분분했다.

"포드 대통령이 1975년 12월 1일부터 5일까지 중국을 방문했다. 1개월 후 중국외교를 전담하던 저우언라이가 세상을 떠났다. 사경을 헤매던 저우를 대신해 포드를 영접했던 덩샤오핑도 자취를 감췄다. 다시 실각했다는 설이 유력하다. 이 와중에 전 대통령 닉슨을 초청한 중국 정부의 속내를 이해하기 힘들다."

2월 17일 밤, NBC의 평론이 주목을 끌었다.

"워싱턴에 추측의 유희가 벌어졌다. 이번 주말 닉슨이 중국으로 떠난다. 대선을 9개월 앞둔 포드의 백악관은 불편한 기색이다. 닉슨은 민간인이다. 중국 방문이 정치적 의미가 없다는 말만 되풀이할 뿐이다. 중국은 대규모 미국기자단의 방문 취재도 허용했다. 포드의 닉슨 사면 비난이 다시 일어날 수 있다. 중국인은 워터게이트 추문을 이해하지 못한다. 닉슨이 다시는 미국의 지도자가 될 수 없다는 것도 모르는 것 같다. 닉슨은 말이 없고 중국도 입을 닫았다."

1976년 2월, 중국은 민간인 닉슨을
국가원수로 예우했다.
마오쩌둥 접견도 포드보다 10분 길었다.
2월 24일 칭화(清華)대학을 방문,
학생들과 담소하는 닉슨.

ABC는 전 유엔대사 존 스컬리를 초빙, 닉슨의 사유지 새크라멘토에 가서 마이크를 잡게 했다.

"며칠 후 전 대통령 닉슨의 독특한 중국여행이 시작된다. 이번 방문은 사직 후 18개월간 이곳에 은거하던 닉슨이 다시 세계 무대에 등장하는 계기가 될 것이다. 닉슨은 뉴햄프셔주 예선 3일 전인 2월 21일, 4년 전 베이징에 도착했던 바로 그날, 중국이 보낸 전세기로 중국 땅을 밟게 된다. 그때 체류했던 숙소에 묵으며 마오쩌둥 주석을 예방할 예정이다. 무슨 대화 나눌지 세계의 언론매체가 뉴햄프셔보다 베이징을 더 주목한다."

영국의 『더타임스』는 중국의 닉슨 초청을 1면에 대대적으로 보도했다.

"국제관례를 초월한 파격이다. 중국은 지난 2년간 미국의 대중관계 부진에 실망했다. 미국 정부가 중국보다 모스크바를 중요시 여긴다는 생각이 강하다. 포드 방문 이후 닉슨을 초청한 것은 워싱턴의 정책에 대한 불쾌감의 표현이다."

닉슨과 재회 7개월 뒤 사망한 마오쩌둥

2월 21일 밤, 닉슨 부부가 탑승한 중국 전용기가 베이징에 도착했다. 미국의 20여 개 언론사 기자와 중국에 상주하는 외국 기자들로 공항이 북적거렸다. 총리대리 화궈펑(華國鋒)과 외교부장 차오관화(喬冠華)와 각계 인사 350여 명의 요란한 박수와 함성에 묻힌 닉슨은 감개가 무량했다.

22일 새벽, UPI가 미국의 중국연락사무소 소장을 역임한 CIA

국장 부시의 소감을 타전했다.

"중국 재직 14개월간 닉슨 대통령은 중국의 친구라는 말을 수 없이 들었다. 닉슨은 중국인들에게 묘한 향수를 불러일으키는 인물이다. 저우언라이가 세상을 떠나고, 복권됐던 덩샤오핑은 다시 타도됐다. 화궈펑의 총리 기용도 의외였다. 닉슨 부부의 중국 초청이라는, 아무도 생각할 수 없는 결정을 내린 사람은 마오쩌둥 외에는 없다."

닉슨의 2차 중국 방문 7개월 후 마오쩌둥이 세상을 떠났다. 마오 사망 2개월 후에 미국 대선이 열렸다. 모든 조건이 우세했던 포드는 미·중 수교와 동북아의 미군철수를 주장하는 카터에게 패했다. 미국과의 관계 정상화에 끝까지 참여했던 슝샹후이는 단정했다.
"카터의 당선은 주석의 닉슨 초청과 유관(有關)하다."

미·중 수교

"중국은 주권국이다.
미국은 중국의 주권을 존중하는 습관을 갖기 바란다."

워싱턴과 베이징의 연락사무소

1973년 3월, 중·미 양국은 워싱턴과 베이징에 연락사무소(연락처)를 두기로 합의했다. 미국의 초대 베이징 주재 연락처 주임 데이비드 브루스는 독일, 영국, 프랑스대사를 역임한 직업외교관이었다. 양국 수뇌부의 의견 전달에만 전념했다. 중국 관료들과의 소통은 원만치 않았다. 안목은 뛰어났다. 중국 고대의 예술품 수장에만 열중했다. 직원들의 자녀교육은 신경을 썼다. 당시 베이징에는 프랑스와 파키스탄 학교가 있었지만 미국인들은 자녀를 보내려 하지 않았다. 브루스는 중국 교육부에 학교 설립을 요청해 허락을 받았다. 연락처 직원 자녀 6명으로 시작한 미국학교에는 다른 나라 외교관 자녀들까지 몰려왔다.

베이징연락처는 인원이 늘자 안전이 중요문제로 등장했다. 관례대로 해군육전대(해병대)원을 파견해 달라고 국무부에 요청했다. 중국 측의 반대를 우려해 군복과 계급장, 훈장 착용은 안 된다는 단서를 달았다. 육전대 사령관은 국무부의 청을 거절했다. 남색 정장에 월남전에서 받은 훈장까지 착용하고 베이징에 나타난 미 해군

육전대원들은 중국인들의 반감을 사기에 충분했다.

미군은 밤 생활이 중요했다. 베이징연락처는 육전대원이 거주하는 외교관 아파트에 카페를 겸한 바를 개설했다. '해군의 집'(海軍之家)과 '해군육전대구락부'(海軍陸戰隊俱樂部) 간판 걸고 입장권을 팔았다. 단골들에겐 회원증도 발부했다. 베이징 주재 외국인들이 해만 지면 몰려와 음주와 가무를 즐겼다. 여자 문제가 빠질 리 없었다. 주먹질이 심심치 않게 벌어졌다. 미 해군육전대원이 회원증 없이 입장한 아프리카 유학생을 구타했다. 화가 난 유학생은 기물 때려 부수고 인근에 있는 외교관 집으로 도망쳤다. 중국 정부는 모든 원인을 미국 측에 돌렸다. 브루스에게 육전대원 철수를 요구했다. 브루스는 엄하게 단속하겠다는 것 외에는 할 말이 없었다.

11월 중순, 중국에 온 키신저가 저우언라이에게 선처를 구했다. 저우가 조건을 제시했다.

"중국은 주권국가다. 미국은 중국의 주권을 존중하는 습관을 갖기 바란다. 해군육전대라는 명칭의 사용을 엄금한다. 군복을 착용하지 마라. 육전대원이건 아니건 중국은 상관치 않겠다. 일률적으로 연락처 관원으로 인정하겠다. 군복 입고 외부에 나오는 것은 허용할 수 없다. 연락처 내에서 구보와 총검술로 세인의 주목을 끄는 행위도 불허한다."

키신저는 모두 수용했다. 1974년 봄, 육전대원이 또 사고를 쳤다. 익명으로 미군의 횡포를 알리는 서신이 베이징 주재 각국 대사관 우편함에 쌓이기 시작했다. 브루스는 육전대원들을 철수시켰다. 보안요원을 민간인으로 교체했다. 새로운 보안요원도 군복만 안 입었을 뿐, 육전대원이긴 마찬가지였다. 중국 측은 알면서도 모른 체했다.

중국도 워싱턴에 연락처 설치를 서둘렀다. 프랑스대사 황쩐과 훗날 주미대사를 역임하는 한쉬(韓敍)를 주임과 부주임에 임명했다. 1973년 4월 14일, 한쉬가 인솔하는 선발대가 워싱턴으로 떠났다. 참사관 지차오주의 회고를 소개한다.

"화창한 봄날, 일행 10명이 베이징에서 출발했다. 도쿄에서 보잉747로 갈아탔다. 특등실에서 호강을 누렸다. 미국 지형과 교통법규를 숙지하기 위해 선발대에 합세한 황쩐 주임의 운전기사는 장신에 풍채가 훤하고 위풍이 당당했다. 주임으로 오인한 승무원들에게 각하 소리 들으며 온갖 환대를 받았다. 영어를 모르는 기사는 고개만 끄덕여도 위엄이 넘쳤다.

4월 17일 오후 덜레스 공항에 도착했다. 마중 나온 국무부 관계자 중 하버드 재학 시절 같은 기숙사에 있던 친구를 발견하고 놀랐다. 화교 신문과 미국 일간지가 선발대 도착을 큼지막하게 보도했다. 대만 지원받는 『화교일보』는 중공 비적(匪賊)이 워싱턴에 나타났다며 우리를 비난했다."

자전거 타고 중국 이해한 조지 부시

메이플라워 호텔에 짐을 푼 선발대는 미국 음식을 제대로 삼키

1974년 가을.
자전거를 타야 중국을 이해할 수
있다며 자전거로 베이징 거리를 질주하는
미국의 중국연락처 주임 부시.

지 못했다. 먹고 나면 토하기 일쑤였다. 한발 늦게 도착한 황쩐도 서양 음식이라면 질색이었다. 인도네시아와 프랑스대사 시절 뭘 먹었는지 의아할 정도였다. 구세주가 나타났다. 화교협회 총간사 룽성원(龍繩文)이 거금을 투자한 대형 중국식당에서 하루도 빠짐없이 점심과 저녁을 선발대 숙소로 배달했다.

룽성원은 평범한 음식점 경영자가 아니었다. 장제스(蔣介石)와 합작과 반목을 거듭하다 중공으로 방향을 튼 윈난왕(雲南王) 룽원(龍雲)의 아들이었다. 먹는 걱정이 없어진 선발대는 록 크릭 공원 인근에 있는 품위 있는 호텔을 당시 돈 570만 달러에 샀다. 수영장과 테니스장을 갖춘 집 두 채도 주임과 부주임의 거처로 사들였다. 키신저는 자신의 집무실과 직통전화를 가설해 중국연락처의 업무를 원활하게 했다.

베이징의 브루스 주임은 중국과 궁합이 맞지 않았다. 연락처에서 두문불출했다. 1974년 8월, 워터게이트사건으로 물러난 닉슨을 부통령 포드가 승계했다. 포드는 사직을 원하는 브루스의 후임을 물색했다. 영국대사로 내정된 공화당 전국위원회 위원장 조지 부시가 베이징 연락처 주임을 자청했다. 부시는 유엔대사 시절 유엔 회원국이 된 중국대표단과 친분이 두터웠다. 1974년 10월 21일 베이징에 도착한 부시는 중국을 이해할 방법을 찾았다. 크라이슬러 리무진 타고 베이징을 누볐지만 묘안이 떠오르지 않았다. 1개월 후, 거리에 넘치는 자전거 행렬에 정신이 번쩍 들었다. 부인 바바라에게 들뜬 사람처럼 외쳐댔다.

"자전거를 타야 중국을 이해할 수 있다."

브루스는 당시 미국을 대표하는 외교관이었다. 중국을 떠나기 전 베이징을 방문한 중국계 영국 작가 한수인(韓素音)에게 이런 예견을 했다.

"마오쩌둥의 글과 언어에 감동했다. 중국은 미래가 밝다. 풍부한 자원을 합리적으로 이용하고 사치와 낭비를 억제하면 개혁은 성공한다."

한수인은 윌리엄 홀든과 제니퍼 존스가 주연한 영화 「모정」의 실제 인물이었다.

새로운 권력자

닉슨과 포드는 미·중 수교를 실현하지 못하고 낙마했다. 중국도 4인방의 득세로 복잡하기는 마찬가지였다. 1972년 닉슨의 중국 방문 이후 양국의 왕래는 빈번해도 정식 수교는 합의를 보지 못했다. 1976년 중국에 줄초상이 났다. 1월에 저우언라이가 사망하고 8개월 후 마오쩌둥도 세상을 떠났다. 4인방 등쌀에 맥을 못 추던 1세대 혁명가들이 정변을 일으켰다. 4인방을 구금하고 덩샤오핑을 전면에 내세웠다. 4인방 몰락 1개월 후, 미국에도 이변이 일어났다. 39대 대선에서 무명의 지미 카터가 포드에게 승리했다.

카터는 어릴 때부터 중국에 호기심이 많았다. 1982년에 출간된 첫 번째 회고록에 이런 내용을 남겼다.

"1930년대, 중국에서 활동 중인 침례교 목사의 선교일기 접하며 중국을 조금씩 이해하기 시작했다. 제2차 세계대전이 발발하자 해군 무전병이던 외삼촌은 수시로 중국 해안을 오갔다. 상하이(上海)와 칭다오(靑島)에 정박하면 현지 풍물이 담긴 우편엽서에 근황을 적어 보냈다. 나는 글보다 사진이 더 신기했다.”

미·중 양국은 거의 동시에 새로운 권력자가 등장했다. 사람이 바뀌자 지지부진했던 미·중 수교에 서광이 들기 시작했다. 당선이 확정된 카터가 국무장관 키신저에게 중국 문제에 관한 자문을 구했다.
“중국인을 신뢰해도 될지 궁금하다.”
키신저는 중국에 대한 호감을 숨기지 않았다.
“중국인은 강하면서도 유연하다. 자존심과 인내심은 말도 못 한다. 받은 만큼 돌려준다. 구두로 한 약속은 손해를 봐도 이행한다.”
카터는 중국과 수교를 결심했다. 취임 전, 닉슨과 키신저가 중국 지도자들과 주고받은 회담기록과 포드가 중국을 향해 발표했던 성명을 분석했다. “미·중 관계 정상화의 관건은 대만 문제”라는 결론을 내렸다. 취임 1개월 후인 1977년 2월, 중국의 워싱턴 주재 중국 연락처 주임 황쩐과 회담 자리를 마련했다. 카터의 목적은 중국 최고 지도자의 의중을 탐색하기 위함이었다. 황쩐은 카터를 실망시켰다. 정식 외교관계 수립에는 관심이 없었다. 소련 비난에만 입에 거품을 물었다. 카터가 화제를 바꿨다. 중국 지도자의 미국 방문이 가능한지를 타진했다. 황쩐의 답은 간단하고 명료했다.
“대만대사가 워싱턴에 주재하는 한, 중국 지도자의 미국 방문은 불가능하다.”

카터는 자신의 판단을 믿었다. 5월 25일, 인디애나주의 노트르담 대학에서 외교정책 밝히며 중국 측에 메시지를 보냈다. 양국 관계의 지속과 정상적인 외교관계가 미국의 이익에 미칠 중요성을 강조했다. 동시에 포드가 임명한 베이징 주재 미국연락처 주임 게이츠를 전국 자동차 노조 위원장 레오널드 우드콕으로 경질했다. 당시 중국에 유행하던 "무산계급 사유(思惟)"를 이해한다는 것이 이유였다. 중국도 화답했다. 황쩐을 차이쩌민(柴澤民)으로 교체했다. 우드콕은 부인과 15년째 별거 상태였다. 베이징 부임 후 연락처 전담 간호사와 눈이 맞았다. 주임 업무보다 데이트에 열중했다.

당·정부·군을 장악한 덩샤오핑 부총리

같은 해 7월, 부총리 덩샤오핑이 당과 정부, 군을 완전히 장악했다. 미국이 먼저 중국을 떠봤다. 8월 말, 국무장관 밴스가 베이징을 방문, 외교부에 닉슨과 포드 시절보다 못한 제안을 하고 덩샤오핑과 회담했다. 밴스가 시험 삼아 던진 돌을 덩샤오핑이 노련하게 받았다.

"제안한 문건을 봤다. 5년 전 닉슨 대통령과 협의한 내용은 양국 관계 정상화의 기점이었다. 그간 발전은커녕 후퇴했다. 대만 문제는 중국인끼리 해결할 문제다. 중국인들은 해결할 능력이 있다. 미국 친구들이 우리 대신 걱정할 이유가 없다. 미국은 우리에게 대만을 무력으로 해방하지 않겠다는 확답을 받고 싶어 한다. 엄밀히 말하면 내정간섭이다. 미국의 전략은 북극곰(소련)에

미·중 양국은 정식 수교 전에도 학술과 문화교류는 활발했다.
미국으로 떠나는 중국 학술방문단 환송식을 마친
부총리 팡이(方毅. 앞줄 왼쪽 아홉 번째).
1978년 12월 26일, 베이징 인민대회당(人民大會堂).

게만 유리할 뿐이다. 미국은 온갖 이유 들이대며 대사관 설치와 대사 교환을 질질 끈다. 명칭은 중요하지 않다. 연락처건 대사관이건 간판 바꿨다는 것 외에는 별 의미가 없다. 그간 우리는 여러 차례 성명 주고받으며 서로를 시험했다. 공통점을 더 찾기 위해 인내해야 한다는 것이 우리의 입장이다."

밴스의 빈손 귀국은 카터에게 중국을 더 이해하는 계기가 됐다. 전 베이징 주재 미국연락처 주임 부시에게 중국 방문을 요청했다.

"덩샤오핑의 속내를 파악해주기 바란다."

부시를 만난 덩샤오핑은 재차 강조했다.

"중·미 관계 정상화에 속도가 필요하다. 미국 정부와 국회의 정치가들은 먼발치에서 정치적인 관점으로 중·미 관계를 봐야 한다. 외교 문제가 아닌 정치 문제로 이해하면 결단을 내리기 쉽다."

1978년 4월, 카터 행정부의 공개 선언에 세계가 진동했다.

"미국은 '하나의 중국'이라는 중화인민공화국의 일관된 주장을 승인한다. 중화인민공화국과의 정식 외교관계 수립은 미국의 이익과 부합된다."

국무장관 밴스도 성명을 냈다.

"카터 대통령의 1차 임기가 끝나기 전, 가장 중요한 목표는 미·중 관계 정상화의 실현이다."

같은 무렵, 덩샤오핑도 미국 손님 만날 때마다 같은 말을 되풀이했다.

"미국 행정부와 대통령이 양국 관계 정상화에 보다 적극적인 태도 취하기를 희망한다. 빠를수록 좋다."

미국은 행동으로 화답했다. 백악관 국가안보보좌관 브레진스키를 태운 부통령 전용기가 중국으로 향했다. 5월 20일 베이징공항에 착륙한 브레진스키는 외교부장 황화를 발견하자 흥분을 억제하기 힘들었다. 밴스처럼 빈손으로 돌아갈 염려는 없다는 징조였다. 30년 후 당시를 회상했다.

"덩샤오핑과 오랜 시간 회담했다. 대만 문제가 가장 민감했다. 일단 수교부터 하고 대만 문제는 차후에 시간을 두고 상의하기로 합의했다. 회담 마친 후 덩샤오핑 부총리와 베이하이(北海)공원에 있는 식당에서 저녁 식사를 했다. 일정에 없던 예우에 나는 감동했다. 만찬 도중 덩샤오핑이 미국을 방문하고 싶다는 말에 나는 할 말을 잃었다. 첫날 저녁은 우리 집에서 미국식 만찬을 대접하겠다는 답이 고작이었다. 덩샤오핑의 말은 구체적이었다. 중국 최대의 명절인 춘제(春節, 설날)의 저녁을 미국에서 하겠다며 즐거워했다."

8개월 후, 두 사람 모두 약속을 지켰다.

미국의 양다리

"개혁은 별 것 아니다.
개방하면 저절로 되는 것이 개혁이다."

공산당보다 미국을 증오

1912년 대만이 일본의 식민지였던 시절, 미국은 타이베이(臺北)에 영사관을 개설했다. 국·공 내전에 패한 국민당이 대만에 둥지를 튼 후에도 미국은 국민당과 등을 지지 않았다. 냉전 시절엔 더했다. 대만의 중화민국은 미국의 맹방(盟邦)이었다. 미국의 중국대사관 소재지도 베이징이 아닌 타이베이였다.

한국전쟁 정전 5개월 후, 미국은 대만과 공동방위조약까지 체결했다. 대만과 인근 도서(島嶼)에 미국의 육해공군이 넘쳐났다. 1958년, 진먼다오(金門島) 포격전이 벌어졌다. 진먼방위사령부 부사령관 3명 중 2명이 전사하고 나머지 한 명은 불구자가 됐다. 미국 대통령 아이젠하워는 대만방위를 강화했다. 타이난(臺南)의 공군기지에 핵무기를 배치했다. 타이중(臺中)의 미 공군기지는 동아시아 최대규모였다. 중국인민해방군의 위협을 감당하고도 남았다.

냉전 시절 미국은 중국 정보가 취약했다. U-2기 발진 기지도 대만이었다. 미 공군이 전담했던 대륙 관련 정보수집이 중앙정보국(CIA)으로 이관될 무렵, 대만의 국방회의 부비서장이 장징궈(蔣

經國)였다. 미 중앙정보국 대만분실장 크라인은 장징궈와 죽이 맞았다. 장징궈 사망 후 애도로 일관된 평전을 낼 정도였다. U-2기는 1961년 4월부터 1965년 3월 31일 인민해방군의 고사포 공격으로 추락할 때까지 5년간 대륙을 정찰했다. 중국의 두 차례 핵실험과 칭하이(靑海), 신장(新疆), 시베이(西北), 둥베이(東北), 둥난(東南) 일대, 베트남 국경 지역의 군사시설을 샅샅이 뒤졌다. 크라인은 U-2기가 수집한 정보를 장징궈와 공유했다.

대만이 유엔에서 쫓겨나고, 닉슨과 저우언라이가 상하이에서 공동성명을 발표한 후 미국은 대만의 소련 접근을 우려했다. 당시 국민당 상층부에는 장징궈를 비롯한 소련 유학생 출신들이 많았다. 장징궈의 부인도 소련 여자였다. 미국은 대륙과 대만에 양다리를 걸쳤다. 1974년 4월 1일 오전 주중대사 메카나기가 행정원장 장징궈에게 7월로 예정된 전투기와 핵무기 철수를 통보했다. 이틀 후 다시 메카나기를 만난 장은 한국을 거론했다.

"남한은 F-4 전투기 2개 중대를 보유하고 있다. 중화민국도 F-4 구매를 희망한다."

보고를 받은 닉슨은 메카나기를 태국대사 레오날드 운저로 교체했다. 타이베이에 부임한 운저는 보증서나 다름없는 키신저의 서신을 장에게 전달했다.

"우리는 1954년에 체결한 협약을 준수한다. 1972년 상하이에서 발표한 공동성명은 미국과 중화인민공화국의 정책과 행동을 문자로 표현한 것이다. 우리는 최근 수년간 중화민국의 지속적이고 경이로운 경제발전의 중요성을 인정한다. 앞으로도 중화민국과 계속된 합작을 희망한다. 우리는 우리의 우방을 버릴 의사가 추호도 없다. 중화민국 정부의 이익에 중대한 영향을 끼칠 행동을 하게 될 경우, 그 전에 중화민국 정부와 상의하겠다."

읽기를 마친 장징궈는 화를 냈다.

"아무리 읽어도 무슨 말인지 모르겠다. 부친이 공산당보다 미국을 더 증오한 이유를 이제야 알겠다."

틀린 말이 아니다. 장제스는 마오쩌둥이나 저우언라이보다 루스벨트와 트루먼을 더 싫어했다. 1974년 8월, 미국의 F-4 전투기와 U-2기가 대만에서 완전히 철수했다.

6차례 비밀담판

카터는 미·중 수교가 자신의 가장 큰 업적이 되리라는 확신이 있었다. 미·중 관계 정상화는 소련과의 전략적 우위 외에 경제적인 이점도 있었다. 중국은 미국의 자본가들이 군침을 흘리는 거대한 시장이었다. 당시 중국 시장은 서구와 일본이 점령하고 있었다. 1978년 상반기 일본의 중국 수출은 미국의 5배, 서구공동체는 3배였다. 1978년 초, 중국과 비밀담판을 구상했다. 1978년 5월, 베이징에서 열린 브레진스키와 덩샤오핑의 회담이 물꼬를 텄다. 브레진스키는 덩샤오핑의 매력에 흠뻑 빠졌다. 이런 일기를 남겼다.

"왜소한 체격에 담대함이 엄청났다. 생기가 넘치고, 노련하고,

1978년 5월, 인민대회당에서
브레진스키와 회담을 마친 덩샤오핑.
왼쪽 첫째가 미국의 베이징연락처 주임 우드콕.
수교 후 초대 중국대사를 역임했다.

민첩했다. 창문 열면 눈에 들어오는, 먼 산을 보는 느낌이었다. 한마디 한마디에 수많은 풍파와 곡절을 견디며 벌떡 일어섰던 지혜가 묻어났다. 가슴에 품은 원대한 꿈과 박력이 내게 깊은 인상을 남겼다."

1978년 7월부터 시작된 비밀담판은 6차례 열렸다. 장소가 베이징이다 보니 중국 측에서 비밀이 누설될 염려는 없었다. 미국은 달랐다. 카터는 국회를 멀리하고 국무부도 동원하지 않았다. 1978년 8월 일기에 이렇게 썼다.

"국무장관 밴스에게 비밀을 엄수하겠다는 서약을 요구했다. 국무부는 구성원들의 성향이 복잡했다. 자세한 내용은 알리지 않기로 결정했다. 덩샤오핑에게 제안할 문건은 나와 브레진스키가 초안을 만들었다. 발송도 남에게 시키지 않았다. 백악관에서 직접 베이징으로 보냈다."

카터는 최종 결정을 덩샤오핑에게 맡겼다. 중국 외교부장 황화와 미국의 중국연락처 주임 우드콕과 부주임 로이가 마주한 담판은 순조로웠다. 타협과 양보를 거듭했다. 12월 4일 열린 회담에서 외교부 부부장 한녠룽(韓念龍)이 우드콕에게 통보했다.
"중국 정부가 1979년 1월 1일을 중·미 관계 정상화의 기점으로 하자는 카터 대통령의 제안에 동의했다. 12월 13일, 중국 지도자 덩샤오핑 부총리가 두 사람의 접견을 허락했다."

우드콕과 로이를 만난 덩샤오핑은 거침이 없었다. 비밀 누설을 막기 위해 미국 동부 시간 1978년 12월 15일 밤 9시, 베이징 시간 12월 16일 오전 10시, 양국이 동시에 발표하자는 카터의 건의를 받아들였다. 1979년 1월 말, 미국을 방문해 달라는 요청도 흔쾌히 수락했다.

철혈 신임 총통 장징궈

1978년 2월, 중화민국 총통 옌자간(嚴家淦)이 행정원장 장징궈를 후임에 추천하고 하야했다. 5월 20일, 자녀는 물론 부인도 불참한 신임 총통 취임식이 열렸다. 철혈(鐵血)의 장징궈는 이튿날 총통부 명의로 언론매체에 서신을 보냈다.

"내게 영수(領首)라는 용어를 쓰지 마라."

국민당과 행정원에도 지시했다.

"1세대 혁명가들은 이미 역사 속으로 사라졌다. 나는 보통 당원이고 보통 국민이다. 어떤 장소건 '총통 만세' 외치며 주책 떨지 마라. 호칭도 선생으로 통일해라."

정부에서 새로 산 방탄 리무진도 부총통에게 양보했다.

장징궈의 개인 생활은 중산층만도 못했다. 노점 음식을 즐겼다. 남에게 보이기 위한 것이 아니라 타고난 성격이 그랬다. 권위 의식 집어던지고, 거리의 상인이나 노동자들과 애환을 함께했다. 부인도 한몫했다. 공식 석상에 단 한 번도 나타난 적이 없었다. 좋건 나쁘건, 화젯거리를 만들지 않았다. '침묵의 제1부인'에 만족했다. 권위가 저절로 생겼다.

1979년 1월 28일 오후 4시 30분, 부인 쮜린(卓林)과 함께
중국지도자로서는 처음으로 미국을 방문한 덩샤오핑.
쮜린 뒤의 미국 여인은 상하이에서 합류한 미 국무부 의전관.

취임식 날 장징궈는 희비가 엇갈렸다. 장년 시절, 노래와 미모가 빼어난 경극 배우를 어떻게 해보려다 미수에 그친 적이 있었다. 중국인이라면 누구나 다 아는 이 여인은 지혜로웠다. 수십 년간 장징궈의 장자도 입에 올리지 않았다. 60이 훌쩍 넘은 나이에 화사한 화장하고 나타나 새로운 지도자에게 축가 선물하고 잔을 올렸다. 장징궈는 30년 전의 무례와 치기를 용서받았다며 즐거워했다.

미국도 짓궂은 선물을 보냈다. 장징궈의 총통 취임 당일, 카터 대통령의 특사 브레진스키가 베이징에 도착, 덩샤오핑과 밀담을 나눴다. 장징궈는 짚이는 바가 있었다. 미국 사정에 정통한, 외교부 차장 첸푸(錢復)에게 일렀다.

"50년 전 덩샤오핑과 모스크바 거리를 휘젓고 다녔다. 성격을 누구보다 잘 안다. 마오쩌둥이나 저우언라이보다 더 지독한 사람이다. 대만 문제에 대한 카터의 의중은 명확하다. 양안 관계는 양안 인민들의 사정이니 중국인들끼리 알아서 처리하라는 투다. 덩샤오핑은 속임수를 융통성으로 포장하는 재능이 탁월하다. 양안 관계는 세월이 해결할 일이라며 수교에 동의했을 가능성이 크다. 미국이 단교(斷交)를 선언할 경우 초기 대응이 중요하다. 비망록 초안을 작성해라."

타이베이 주재 미국대사 레오날드 운저도 총통부로 초치했다.
"미국이 혼자 갈 길을 가더라도 중화민국과의 관계는 변치 않기를 희망한다."

부탁도 했다.

"늦어도 수교 발표 2주 전엔 내게 알려주기 바란다."

카터의 중국 접촉은 보안 유지가 철저했다. 미국 행정부와 의회에 인맥이 단단한 워싱턴의 중화민국 대사관도 미국과 중국의 비밀담판 내용을 알 길이 없었다. 장징궈는 카터 재임 중 베이징 측과의 수교 협상이 타결될 것이라는 짐작은 했지만, 상당한 시간이 걸릴 줄 알았다. 미국 지인들이 보내온 정보도 한결같았다. 장징궈의 지인들은 무기 판매를 1년간 중지하라는 덩샤오핑의 제안을 카터가 수용한 줄 몰랐다.

카터는 12월 15일 오후 9시(대만 시간 16일 오전 10시) 미·중 수교에 관한 공동성명 발표를 앞두고 대만 측에 비밀이 누설될까 우려했다. 중화민국 대사 선젠훙(沈劍虹)과 가까운 상원의원에게 전화를 걸었다. 선젠훙은 강연하기를 좋아했다. 상원의원이 제안한 강연을 겸한 부부동반 여행을 떠났다. 국무부에도 지시했다.

"발표 2시간 전에 장징궈에게 통보해라."

잠시 후 10시간 전으로 정정했다.

12월 15일 오후 2시 타이베이, 미국대사 운저가 장징궈의 비서를 겸하던 신문국장 대리 쑹추위(宋超瑜)에게 전화를 걸었다.

"내일 오전 9시 장징궈 선생을 만나야 한다. 안배해주기 바란다."

운저와는 오랜 기간 교분을 나눈 사이였다. 시간까지 지정하며 총통 면담을 요청한 적은 없었다. 시간도 묘했다. 장징궈는 오후에 외부인사 만나는 습관이 있었다. 첸푸와 상의했다.

"운저가 시간까지 정해 총통을 만나고 싶어 한다. 긴급사태가 발생했는지 궁금하다."

첸푸의 대답은 간단했다.

"별일 없다. 만일에 대비해 수시로 연락 유지하자."

총통 장징궈를 깨워라

쑹추위의 보고를 받은 장징궈는 운저의 접견 요청을 수락했다. 저녁 7시, 쑹추위가 첸푸의 전화를 받았다.

"주미 대사관에 특이한 동향이 감지되면 보고하라고 지시했다. 중공의 주미연락처 주임 차이쩌민(柴澤民)은 두문불출이다. 관원들도 외출한 흔적이 없다. 주미대사 선젠훙은 애리조나주에서 강연 중이다. 미국 정부의 외몽골 승인이 임박했다는 소문이 파다하다. 운저의 면담 요청이 외몽골 문제 때문인지 확인 중이다."

밤 10시, 미 국무부가 운저에게 긴급전문을 보냈다.

"미군사령부에 가서 전화를 기다려라."

1979년 5월 14일, 워싱턴의 한 호텔에서 운저가 『중국시보』(中國時報) 특파원에게 5개월 전 일을 회상했다.

"12월 15일 밤, 나는 타이베이 미국화교상인연합회가 주관한 댄스파티에 참석 중이었다. 미군사령부는 도청이 불가능했다. 16일 오전 10시 중화민국과 단교를 발표한다는 국무부의 전화 받고 쑹추위의 집에 전화를 걸었다. 총통 면담시간을 오전 7시로 바꿔 달라고 부탁했다. 쑹이 급한 일이냐고 묻기에 아주 급한 일이 아니면 이 시간에 전화했겠느냐고 반문했다."

쑹추위의 연락을 받은 첸푸는 무슨 일인지 직감했다. 쑹추위에게 총통을 깨우라고 지시했다. 쑹추위는 총통관저로 차를 몰았다. 시계를 보니 새벽 3시였다.

1978년 12월 16일 토요일 새벽 3시, 비서 쑹추위가 장징궈를 깨웠다.

"미국대사 운저가 급히 만나고 싶어 한다."

황급히 달려온 외교부 차장 첸푸가 장에게 보고했다.

"미국과 중공의 수교 선언이 임박했다."

잠시 후 운저가 도착했다. 쑹추위의 구술을 소개한다.

"운저는 총통을 만날 때마다 공사 윌리엄 브라운을 대동했다. 처음 보는 사람을 정치참사라 소개하며 이유까지 설명했다. '필리핀에서 수술받은 부인을 간호하기 위해 브라운은 타이베이에 부재중이다.' 총통은 브라운과 친분이 두터웠다. 입장이 난처해진 브라운이 자리를 피했다는 생각이 들었다. 총통의 거실로 이동하는 운저의 발걸음이 무거워 보였다."

운저가 장징궈에게 방문 목적을 설명했다.

"오전 10시, 카터 대통령이 미국과 중화인민공화국의 합의 내용을 직접 발표한다. 내년 1월 1일, 미국과 중공의 정식 외교관계가 시작되고 귀국과의 외교관계는 단절된다."

배석했던 첸푸의 회고록에 이런 구절이 있다.

1978년 12월 16일 오후, 기자들에게
우방 미국의 단교(斷交) 선언을 매섭게 비판하는
중화민국 행정원 신문국장 대리 겸 총통 비서 쑹추위.

"카터는 미국과 자유중국의 실질적인 관계와 민간교류는 보장했다. 공동방어조약은 폐기하되 다른 조약은 계속 유효하다는 묘한 태도였다. 무기 판매도 1년만 중지하겠다며 총통을 설득했다. 자유중국의 안전과 번영, 자립과 자강 정신을 높이 찬양했다."

운저는 카터가 발표할 내용과 미국과 대륙이 서명한 공동선언 사본까지 보여주며 신신당부했다.

"카터의 성명이 나오기 전까지 비밀을 유지해주기 바란다. 미국의 상·하원에는 보수세력이 많다. 대만에서 먼저 발표하면 카터의 입장이 난처해진다."

듣기만 하던 장징궈가 입을 열었다.

"중화민국과 미국은 오랜 기간 돈독한 관계를 유지했다. 단교(斷交)라는 중대한 결정을 7시간 전에 우리 측에 알려줬다. 심히 유감이며 상상도 못 했던 일이다. 대만의 안전과 지속된 발전에 기여하겠다는 카터의 말은 실현이 불가능하다. 중화민국은 미국의 충실한 동맹국이었다. 앞으로도 마찬가지다. 공산당은 절대 미국의 동맹국이 될 수 없다. 후회할 날이 온다. 나는 국정 최고 책임자다. 정부와 국민에게 알릴 의무가 있다."

운저는 10시 이후에 하라고 애원했다.
"미국에도 이 일을 아는 사람은 국무장관 밴스와 안보보좌관 브레진스키 외에는 없다."

장징궈는 한마디 남기고 자리를 떴다.

"카터는 우리 국민에게 타격을 가하고 나를 모욕했다. 내가 국민에게 설명할 기회도 용납하지 않았다. 나는 중화민국 총통이다. 국민의 안전을 위해 필요한 조치를 하겠다."

미국의 단교 선언

윈저는 3시 30분에 총통 관저를 떠났다. 집무실에 자리한 장징궈는 전 총통 옌자간에게 전화를 걸었다.

"오전 10시, 미국이 단교를 선언한다. 원로들을 진정시키고 의견을 취합해주기 바란다."

장징궈가 지정한 당과 정부 요인들의 집에 전화벨 소리가 요란했다.

"총통이 찾는다. 편한 복장에 택시를 이용해라."

총통관저에서 긴급회의가 열렸다. 장옌스 외교부장이 회의 소집 이유를 설명했다.

"6시간 후, 미국이 중공과 수교를 선언한다. 우리도 성명을 내야 한다. 신속히 국민당 중앙상무위원회를 열어 대책을 논의하자. 진행 중인 국민대회 대표와 입법위원 선거는 뒤로 미루자. 외교부장은 책임지고 사직한다."

열띤 토론이 벌어졌다. 합의에 오랜 시간이 걸리지 않았다.

"성명서는 첸푸가 영어와 중국어로 작성한다. 오전 7시 국민당 중앙상무위원회를 소집한다."

선거 연기는 찬반이 팽팽했다. 중앙상무위원회는 1주일 후에 열

워싱턴 주재 중국연락처 주임 차이쩌민.
수교 후 초대 주미대사를 역임했다. 인상은 난공불락이었지만
행동이 유연하고 서예도 일품이었다.

릴 선거를 만장일치로 중지시켰다. 외교부장 인책은 만류했지만 고집을 꺾지 못했다.

오전 10시, 장징궈는 위성으로 카터의 선언을 시청했다.

"1979년 1월 1일, 미국은 중화인민공화국이 중국의 유일한 합법 정부임을 승인한다. 대만과 외교관계를 중지하고, 미국과 중화민국이 체결한 공동방위조약도 중지한다. 교역과 문화교류는 계속 유지한다."

그날 밤 장징궈가 직접 TV에 모습을 드러냈다.

"미국이 조약을 위배했다. 자유세계에 불리한 일을 자초했다. 중화민국은 절대 중공 비적들과 담판하지 않고 대륙광복의 신성한 사명을 포기하지 않겠다. 국민은 안심하고, 모든 공직자는 노력을 배가(倍加)하기 바란다."

장징궈는 현실을 인정하고 인재를 존중하는 지도자였다. 행정원장에게 지시했다.

"공산 비적들은 30년간 미국과 등을 졌다. 지금 미국에는 성공한 화교들이 각 분야에 널려 있다. 미국에서 자리 잡은 중년 화교들은 특징이 있다. 중화민국이 대륙을 통치하던 시절 미국 유학 떠난 인재들이 대부분이다. 덩샤오핑은 교육과 과학에 관심이 많다. 미국과 수교 후 미국 유학을 개방하고, 화교 과학자 영입에 광분할 것이 분명하다. 큰 부자 한 명이 천 명을 먹여 살리는 시절은 끝났다. 수천만의 살림을 책임질 반도체 전문가를 미국에서 물색해라."

행정원장 쑨윈쉬안(孫運璿)은 장중머우(張忠謀)를 낙점했다. 6년 간 공을 들였다. 1985년, 장중머우는 54세의 나이에 대만으로 이주했다. 2년 후 그 유명한 타이지뎬(臺積電, TSMC)을 설립했다.

카터의 단교 선언 후 대만에 이상한 일이 벌어졌다. 해 질 무렵, 청년들이 떼를 지어 미국대사관으로 몰려갔다. 돌을 투척하고 계란을 집어 던졌다. 대사관을 지키던 미 해병대는 최루탄과 곤봉을 동원해도 역부족이었다. 외교부에 조심스럽게 항의했다.

"폭도들이 조직적이다. 국민당 외곽조직 구국단(救國團)이 배후에서 획책했다는 근거가 발견될까 우려된다."

효과가 있었다. 대사관 문전에 적막이 감돌았다. 대신 인도차이나반도가 들썩거렸다. 호찌민 사후 소련에 의존하던 베트남은 중공과 미국의 수교에 눈살을 찌푸렸다. 12월 25일 새벽, 중공과 가까운 캄보디아를 공격했다. 순식간에 프놈펜을 점령해 덩샤오핑과 카터를 놀라게 했다.

카터는 대만을 토닥거렸다. 12월 25일 오전, 운저가 외교부로 첸푸를 방문했다.

"국무차관 크리스토퍼가 인솔하는 특사 일행이 27일 밤 타이베이에 도착한다."

보고를 받은 장징궈가 첸푸에게 지시했다.

"네가 영접해라. 담판도 주도해라."

첸푸를 발탁한 이유는 명확했다. 모친의 교육이 추상같았다는 것을 잘 알고 있었다. 첸푸의 회고를 소개한다.

1978년 12월 27일 밤 10시,
참모총장과 함께 크리스토퍼(왼쪽 둘째) 일행을
마중 나온 첸푸(오른쪽 둘째).

"흔히들 어린 시절 회상하며 엄부(嚴父)와 자모(慈母)로 시작하는 것이 기본이다. 우리 집은 반대였다. 아버지는 자식들을 나무란 적이 없었다. 모친은 무시무시했다. 밥 한 톨만 흘려도 회초리 맞고, 복장이 단정하지 않아도 벌을 줬다. 전교 1등만 해도 칭찬 한마디 들어본 적이 없다. 남과 다투기라도 한 날은 협상할 줄 모른다며 날벼락이 떨어졌다. 나는 외교관이 된 후 모친의 고마움을 하루도 잊은 적이 없다."

미국과 대만의 단교

1978년 12월 16일, 미 39대 대통령 지미 카터는 의회 휴회 기간에 중화인민공화국 승인을 발표했다. 상·하 양원은 물론 민주당·공화당 할 것 없이 비난이 잇달았다. 베이징 주재 미국연락처 주임과 중앙정보국(CIA) 국장을 역임한 부시가 첫 방을 날렸다. 『워싱턴포스트』에 기고했다.

"베이징과의 교역은 얻을 것이 없다. 막대한 지출을 감수해야한다. 미국은 중국이 제안한 조건을 수락하고 우리에게 충실했던 대만을 버렸다. 우리 역사상 처음인 평화로운 시기에 맹방(盟邦)과의 조약을 파기했다. 아무런 이유와 이익도 없는 불가사의한일이다."

카터는 정식 단교를 앞둔 대만(중화민국)에 국무차관 크리스토퍼가 인솔하는 대표단 20명을 파견했다. 12월 23일, 대만 출발을 앞두고 크리스토퍼가 중화민국 대사관을 방문했다. 대사 선젠홍에게 타이베이에 가는 이유를 설명했다.

"특사 자격으로 대표단과 함께 대만에 간다. 관계 유지를 위한 토의가 주목적이다. 2개월 후 쌍방이 비관방(非官方) 기구를 설립해 대사관 업무를 접수하면 된다. 세부적인 토론은 나눌 단계가 아니다."

태평양지구 미군 사령관과 국무부 법률 담당 헐버트 한셀 외에 상무부와 국방부의 고위직이 포함된 미국대표단의 면면은 화려했다. 대만 측도 만만치 않았다. 외교부와 국방부, 경제부, 교통부, 신문국의 정예들이 만반의 준비를 했다. 장징궈가 담판 대표로 지목한 외교부 차장 첸푸의 회고에 이런 내용이 있다.

"크리스토퍼가 백악관에서 받은 훈령은 단순했다. 단교 이후 양국관계를 어떻게 안배하느냐가 다였다. 비관방 기관은 민간단체를 의미했다. 민간단체는 정부를 대표할 수 없었다. 우리 측에서 받아들이기엔 무리였다."

대만 외교부장 장옌스(將彦士)는 남의 의견을 경청하는 장점이 있었다. 미국특사 일행이 도착하기 전 학자와 전문가들을 초청해 좌담회를 열었다. 비분강개하는 사람이 한둘이 아니었다. 여성 참석자들이 특히 심했다.

"미국이 우리를 홀대했다. 우리 민중의 기세가 얼마나 무서운지 보여줄 필요가 있다. 대표단이 머무르는 동안 대규모 반미 시위를

1978년 12월 16일, 미·중 수교 선언 후
축배를 드는 덩샤오핑과
주중 미국연락사무처 주임 우드콕.

계속해 미국이 우리 의견을 받아들이게 하자."

장옌스는 말 같지 않은 소리에 당황했다. 첸푸를 힐끗 쳐다봤다. 첸푸가 입을 열었다.

"외교는 담판이다. 전문가들의 영역이다. 군중을 끌어들이는 것은 금물이다. 소란만 일어나고 될 일도 안 된다. 군중은 통제하기 힘들다. 들뜨게 하기는 쉬워도 진정시키기는 어렵다. 담판 석상에서 민의(民意)를 미국 측에 전달하겠다."

첸푸는 여성들에게 인기가 많았다. 한마디 하자 여인들은 고개를 끄덕이며 맥없이 주저앉았다. 혈기 왕성한 당원들은 달랐다. 이를 악물고 씩씩거렸다.

12월 27일 밤 10시, 크리스토퍼 일행이 타이베이에 도착했다. 당일 오후 신문국장이 첸푸에게 영문과 중문으로 작성한 성명서를 전달했다.

"총통이 오늘 밤 공항에서 사용하라고 했다."

초안 작성자를 물었다.

"당 원로들이 머리를 맞대고 만들었다"는 말에 불안한 느낌이 들었다. 읽어보니 엄숙하기 그지없는, 중국 고문(古文)이 아니면 표현이 불가능한 선전포고문 같았다. 장징궈에게 달려가 양해를 구했다.

특사 영접을 위해 공항으로 향하던 첸푸는 깜짝 놀랐다. 거리 양편에 군중과 학생들이 가득했다. 질서정연하고 차량 소통도 원활했다. 첸푸의 차를 향해 박수 보내며 파이팅을 연발했다. 첸푸는 불안했다. 질서가 정연한 것이 수상하다는 생각을 떨치지 못했다. 공항에 도착하자 미국대사 운저에게 다가갔다.

"밖에 사람들이 많다. 위험하다. 만에 하나, 불미스러운 일이 벌어질지 모른다. 공항을 떠날 때 후문을 이용하자."

운저는 화를 버럭 냈다.

"특사 명단에 내 이름도 있다. 우리는 정정당당한 미국 대통령의 특사다. 뒷문으로 나갈 수 없다."

첸푸는 답답했다. 휴대폰이 없던 시절이다 보니 두리번거리며 공사 브라운을 찾았다. 브라운이 첸푸를 안심시켰다.

"대사관은 정보기관과 밀접한 관계를 유지한 지 오래다. 소요 가능성이 없다는 통보를 받았다."

미국·대만 대표단의 어색한 만남

특사 일행은 구면이었다. 반갑게 인사를 나눌 사이였지만, 이날은 환영한다는 말이 입에서 나오지 않았다. 오는 동안 "별일 없었느냐"가 고작이었다. 어색한 악수 하고 기자실로 향했다. 첸푸가 크리스토퍼의 의견을 구하고 성명서를 펴들었다.

"지금 미국 특사 일행을 대하는 심정은 슬픔과 유감을 감당하기 힘들다. 중화민국은 독립된 주권국가다. 다년간 서태평양의 안전과 평화에 기여했다. 중화민국 총통 장징궈 선생은 중·미 양국이 연합하면 공동의 이익을 누리고, 갈라서면 양국의 피해가 막심하다고 했다. 불행하게도 미국 정부는 12월 15일 중공이 제시한 조건을 수락했다. 양국의 전통적인 우의와 화목을 파괴하

미·중 수교 1년 후 양국은 군사교류와 합작을 시작했다.
1980년 봄, 샌디에이고의 미군함대 레이더 시설을 참관하는
중국 부총리 겸 국방부장 겅뱌오(耿飇).

고, 아태(亞太)지역의 평화와 안전에 엄중한 손해를 끼쳤다. 카터 대통령은 인권이 미국 외교정책의 영혼임을 누차 강조했다. 무고한 살상을 남발하고, 인권을 무시하고, 인민의 자유를 박탈하는 중공과의 외교관계 수립은 한편의 코미디다. 중공은 허무맹랑한 구호로 세인의 눈과 귀를 어지럽히며 폭력혁명과 무력을 통한 대만해방을 포기하지 않았다."

첸푸는 미국과 중공의 군사동맹 체결 가능성도 우려했다. "미국은 1년 후 중·미 공동방위조약 종지(終止)를 결정했다. 아태지역의 안정과 평화를 위한 구체적이고 합리적인 대안을 촉구한다. 미국대표단은 우리의 희망을 미국 정부에 충실히 전달하기 바란다."

크리스토퍼의 성명은 간단했다. 장차 대만과의 관계에 비정식(非正式)이란 용어는 쓰지 않았다. 비관방만 강조했다. 묘한 여지를 남겼다.

덩샤오핑과 카터의 비밀회담

개혁은 별것 아니다. 개방하면 저절로 되는 것이 개혁이다. 중국의 개혁과 개방은 1979년 1월 1일 미국과의 외교관계 정상화로 시작됐다. 3주 후 중공 부주석 겸 국무원 부총리 덩샤오핑이 미국을 방문했다. 미국은 물론 전 세계를 진동시킨 대형 사건이었다. 중공 지도부는 덩샤오핑의 안전을 우려했다. 부주석 천윈(陳雲)은 잠을 설칠 정도였다. 간부들에게 옛일을 회상했다.

"항일전쟁 승리 후 마오 주석이 충칭에 가서 장제스와 담판했다. 장제스는 우리 당원들을 많이 학살했다. 동지들은 안전을 이유로 주석의 충칭행에 동의하지 않았다. 주석이 우리를 설득했다. '장제스가 내전 중지를 위한 평화회담 하자며 세 번 전보를 보냈다. 안 가는 건 예의가 아니다. 장제스는 공개적으로 나를 초청했다. 응하지 않으면 외부에 나쁜 인상을 준다.' 주석은 안전을 책임진 저우언라이 동지와 경호원들의 도움으로 무사히 담판을 마치고 돌아왔다."

천원이 경호 담당자에게 당부했다.
"미국 정부가 우리를 초청했다. 양국 국민의 우호와 왕래를 희망하기 때문이다. 미국은 인구 반 이상, 1억여 명이 총기를 소지한 나라다. 링컨, 카필드, 매킨리, 케네디 등 네 명이 암살당하고, 잭슨, 루스벨트, 트루먼 외에 포드 대통령도 자객의 습격을 받았다. 당과 인민이 덩샤오핑 동지의 안전을 주시한다. 진심진력(盡心盡力)해라. 여자라고 방심하지 마라. 포드는 여자 자객에게 목숨을 잃을 뻔했다."
정보기관이 보고서를 작성했다.
"대만 측에서 덩샤오핑 동지의 암살을 획책한다. 이탈리아 출신 킬러를 고용했다는 소문이 자자하다. 미국 화교와 대만 정부 유학생 중에도 위험분자가 많다. 1972년 닉슨 대통령의 중국 방문은 수행원 중 100명이 보안요원이었다. 우리도 대등한 숫자의 경호단을 파견할 필요가 있다."

미·중 수교 발표 후 대만의 중화민국 정부는
3일간 휴교령을 내렸다.
1978년 12월 17일, 대만대학 정문 앞.

보고를 받은 덩샤오핑은 생각이 달랐다.

"우리가 미국을 얼마나 믿는지 보여줄 기회다. 경호는 미국 측에 일임해라. 내 신변은 중앙경위국 요원 8명이면 족하다."

덩샤오핑의 직급은 국무원 부총리였다. 미국은 예우에 고심했다. 카터가 한마디로 단언했다.

"중국의 최고 지도자다. 최상급 국가원수로 예우해라. 예포와 3군 의장대 사열도 당연하다."

1월 28일 오후 4시 30분, 앤드류스 공군기지에 도착한 덩샤오핑은 부통령 먼데일, 국무장관 밴스, 대통령 안보보좌관 브레진스키와 악수하고 블레어하우스로 직행했다. 블레어하우스에 몸을 푼 덩샤오핑은 쉴 틈이 없었다. 대표단 일행과 통역만 대동하고 워싱턴 교외의 브레진스키 집으로 갔다. 1990년대, 주중대사를 역임한 전 미국연락처 주임 로이가 구술을 남겼다.

"도착 첫날 덩샤오핑은 심상치 않은 외출을 했다. 사적인 감정이 아닌, 정치적 의미가 다분한 만찬이었다. 다음 날 열릴 덩과 카터 회담의 예행연습이나 마찬가지였다."

덩샤오핑의 심상치 않은 외출

브레진스키의 부인 에밀리는 스테이크와 감자 요리를 준비했다. 딸 셋이 음식을 직접 날랐다. 브레진스키가 건배를 제의하며 덩샤오핑에게 물었다.

"카터는 귀국과의 수교가 국회에서 말썽을 부릴까 우려했다. 중국에도 그런 일이 있나?"

96

"있다"고 하자 다들 덩샤오핑을 주목했다.

"대만에 그런 사람들이 많다."

의미심장한 대답에 폭소가 터졌다. 만찬 기간 덩샤오핑은 자신의 청년 시절을 회상했다.

16세 때 아버지 따라 처음 가보는 지방에서 배를 탔다. 여러 날 만에 낯선 도시의 항구에 도착했다. 큰 배로 갈아타고 프랑스로 갔다. 제1차 세계대전 말엽이었다. 청년들이 전쟁터에 나가는 바람에 일손이 모자랐다. 낮에는 군수공장에서 일하고 밤에 학교에 다녔다. 당시 나는 어렸고 불어도 할 줄 몰랐다. 싸구려 임금에 항상 배를 곯았다. 말을 못 하다 보니 눈에 의존했다. 프랑스와 유럽의 국가들에 비해 중국이 형편없이 낙후된 나라라는 것을 눈을 통해 알게 됐다. 중국 학교에서 귀에 못이 박히도록 들었던, 중국이 위대한 국가라는 말이 거짓말이라는 것을 깨닫자 속았다는 생각이 들었다. 억울해서 엉엉 울었다. 공산주의에 매력을 느끼고 마르크스주의자가 됐다. 혁명을 통해 중국을 현대화시키겠다는 것이 유일한 이유였다. 군인은 직설적이다. 마오 주석과 저우 총리는 군인이었다. 나도 이념보다 실용에 충실한 군인 출신이다.

브레진스키가 다시 건배를 청했다.

"브레즈네프가 소련대사를 통해 보내준 보드카다. 오늘 다 마셔 버리자."

헤어질 무렵 덩샤오핑이 브레진스키에게 다가갔다.

"정식 회담 외에 대통령과 단둘이 만날 기회를 만들어주기 바란다."

문화협정에 서명하는 카터와 덩샤오핑.
1979년 1월 31일, 백악관.

보고를 받은 카터가 이유를 물었다. 브레진스키의 대답은 간단했다.

"내게 말하지 않았다. 베트남 문제 때문이라는 추측이 든다."

얘기는 20년 전으로 거슬러 올라간다. 1960년 중·소 관계가 종을 쳤다. 소련은 중국과 맺은 협약 100여 개를 휴지 조각으로 만들었다. 중국에 가 있던 소련 기술자를 철수하고 중요 설비를 월맹으로 이전시켰다. 소련의 지원을 받은 월맹은 하루가 다르게 강해졌다. 1975년 통일을 실현했다. 소련과의 우호 증대를 위해, 호찌민 생존 시절 형님으로 모시던 중국을 우습게 보기 시작했다. 화교들을 중국 간첩 취급했다. 150만 명을 추방해버렸다. 중국 국경지대에서 군사 충돌도 서슴지 않았다.

중국의 군사력은 베트남에 비할 바가 아니었다. 베트남을 공격하려면 소련이 문제였다. 덩샤오핑은 미국의 속내가 궁금했다. 미국 방문을 결정한 가장 큰 이유였다. 미국 방문을 마치고 귀국한 덩샤오핑은 베트남 공격을 단행했다. 카터와 단독으로 무슨 얘기를 나눴는지는 아직 미궁이다.

3차 베트남전쟁의 전주곡

1979년 1월, 덩샤오핑의 미국 방문은 중국과 베트남이 무장 충돌한 3차 베트남전쟁의 전주곡이었다. 배경이 복잡했다. 베트남전쟁 시절 중국의 북베트남 지원은 항미원조(抗美援朝)를 능가했다. 당시 화폐로 200억 달러를 웃돌았다. 1980년대 중반 중국의 4년간 국방예산과 맞먹는 액수였다. 그중 98%가 무상이었다. 이유는 마오쩌둥의 한마디였다.

"월남의 요구는 무조건 만족하게 해라."

마오의 지시는 하늘의 소리였다. 전국의 공장들이 북베트남 지원물자 생산에 날을 샜다. 3억m의 옷감과 3만여 대의 차량, 수백km에 달하는 철로와 침목을 포함한 기관차와 객차, 500만t의 양식, 연료 200만t 외에 현찰 수억 달러를 무상으로 북베트남에 지원했다. 운송은 하이난다오(海南島)와 통킹만에 있는 중국의 소도(小島)를 이용했다. 하이난다오의 군항(軍港)에 집결시킨 지원물자를 통킹만의 작은 섬으로 운송했다.

1966년 미국이 통킹만의 해상봉쇄를 강화하자 중국의 비밀 운송망은 파괴됐다. 중국은 대만으로 철수하던 국민당이 챙기지 못했던 외환(外換)을 풀었다. 물자 운송에 국제해운 형식을 취했다. 오성홍기(五星紅旗) 펄럭이는 화물선들이 캄보디아의 시아누크항에 연일 토해낸 화물의 최종 목적지는 남베트남이었다.

중국은 운송을 위한 길도 만들었다. 산간에 양(羊)의 내장처럼 꾸불꾸불한 호찌민 루트에 중국의 대형트럭도 다닐 수 있는 길을 닦았다. 훗날 북베트남군은 이 길을 이용해 남베트남에 진입, 미국을 상대로 작전을 폈다. 중국이 지원한 장비와 실탄은 아무리 써도 고갈된 적이 없었다. 미군과 장기전은 물론 막판의 대규모 기동작전도 너끈히 해냈다.

중국의 정식 출병은 그 유명한 통킹만 사건 이후였다. 미국이 북폭을 감행하자 북베트남은 중국과 소련에 구원을 청했다. 1965년 4월, 베트남공산당 영수 레주언이 베이징을 방문해 파병을 요구했

1980년 레이건에게 패한 카터는
중국을 방문해 국빈대접 받으며
유람을 즐겼다.
1981년 8월 28일, 시안(西安).

다. 2개월 후 북베트남 군복으로 갈아입은 중국인민해방군이 비밀리에 베트남으로 이동했다.

1973년 미군이 철수할 때까지 중국은 연 32만 명을 베트남에 보냈다. 비밀유지에 신경을 썼다. 북베트남 군복을 착용해도 하노이 출입을 엄금했다. 지휘관들의 중국대사관 출입도 물론이었다. 근처에도 가지 못했다. 공병도 남색의 노동자 차림으로 땀을 흘렸다. 8년간 1,100명이 사망하고 4,200명이 중상을 입었다. 사망자도 비밀유지를 위해 베트남에 매장했다.

1년도 버티기 힘들었던 북베트남의 승리는 중국의 지원이 아니면 불가능했다. 베트남 통일 4년 후 희극적인 일이 벌어졌다. 미국에 대항하며 생사를 함께하던 중국과 베트남의 군인들이 서로 총질을 했다. 말이 형제 국가지 밀월 기간에도 북베트남은 중국을 경계했다. 중요한 미사일 기지의 방공은 소련에 맡겼다.

중국과 베트남의 관계는 중국과 소련, 베트남과 크메르루즈의 관계와 흡사했다. 입으로만 마르크스주의와 국제주의를 외쳤다. 실상은 패권주의와 민족주의를 추구했다. 모순이 발생하면 왕년의 혁명 전우들과 너 죽고 나 살기가 일상사였다. 중·소 관계가 파열되자 동남아의 공산당도 출렁거렸다.

베트남공산당은 친소를 표방했다. 크메르루즈 지도자 폴포트는 중국에 붙었다. 중국 측 자료에 의하면 폴포트는 세 번 중국을 방문했다. 1965년 중국에 가서 3개월 머무르며 눈을 떴다. 마오쩌둥 선집을 보물단지처럼 모시고 돌아와 크메르루즈를 개조했다. 혁명노동당이었던 당명도 캄보디아공산당으로 바꿔버렸다. "농촌에 근거

클린턴은 대만에 우호적이었다.
주지사 시절 부인 힐러리와 함께
타이베이를 방문했다.

지를 구축해 도시를 포위한다"는 마오의 이론을 실천에 옮겼다.

3년 후, 1968년 1월 혁명근거지를 건립하고 캄보디아 혁명군을 결성했다. 정권탈취 계획이 수립되자 다시 베이징을 찾았다. 4인방의 일원인 장춘차오(張春橋)와 야오원위안(姚文元) 등 중국의 상층부와 교분을 텄다. 당시 중국은 문혁이 한창이었다. 폴포트는 홍위병운동에 감동했다. 죽지 않을 정도로 얻어터진 승려들이 "불경은 무슨 놈의 불경이냐"며 불교 경전 불사르는 모습에 감탄을 숨기지 않았다. 톈안먼 광장에 수녀복 입고 꿇어앉아 벌서는 외국 수녀들은 가관이었다. 어쩌나 재미있던지 한동안 자리를 뜨지 못했다.

전 세계에 중국 선풍 일으킨 덩샤오핑

중국은 폴포트를 신임했다. 지원을 아끼지 않았다. 1972년 크메르루즈 근거지를 둘러본 프랑스 학자의 답사기에 이런 내용이 있다.

"크메르루즈 군대가 조직적인 것을 발견하고 놀랐다. 무기도 중국이 자랑하는 AK-47 일색이었다. 중국이 베트남을 통해 지원했다는 느낌이 들었다."

베트남공산당도 크메르루즈 지원에 정성을 다했다. 흉내 내는 사람이 더 심한 법, 무력으로 정권을 탈취한 폴포트는 중국을 따라 했다. 아름다운 불교국가를 인간 지옥으로 만들었다. 200만 명을 도살했다. 이쯤 되면 중국에서 혁명 수입은커녕 재난을 수입한 꼴이 돼버렸다.

폴포트가 정권을 탈취하자 양국의 역사적인 민족모순이 고개를 들기 시작했다. 1978년 11월, 소련과 우호조약을 체결한 베트남이 중국의 지원을 받는 폴포트 정권 타도에 나섰다. 중국의 새로운 집권자 덩샤오핑은 소련과 결탁한 베트남의 캄보디아 침략을 감지하자 분노했다. 배은망덕한 베트남에 본때를 보여주려면 소련을 묶어놓을 필요가 있었다. 베이징을 방문한 카터 대통령의 특사 브레진스키에게 시간만 끌던 미·중 수교를 매듭짓자고 제안했다. 브레진스키가 반대할 이유가 없었다. 키신저가 중국의 지도자들에게 반소(反蘇)정서를 선동하고, 미·중 냉전의 위험성을 과대포장한 결과였다.

정치 지도자에겐 연기력도 필요하다. 삼류 연출가의 기획에 움직이는 국가원수의 깜짝쇼는 한두 번이면 모를까, 보는 사람을 피곤하게 하고 국격을 떨어뜨린다. 정식 수교 3주 후 미국을 방문한 덩샤오핑은 미국은 물론 전 세계에 중국 선풍을 일으켰다. 9일간 강행군에 몸살을 앓으면서도 품위를 잃지 않고 챙길 것은 다 챙겼다.

덩샤오핑의 미국 방문

"지식을 존중하고 인재를 존중해라.
인재는 보이지 않는 곳에 있다."

후계자를 양성하라

1976년, 마오쩌둥이 사망했다. 움츠리고 있던 1세대 혁명가들이 기지개를 켰다. 4인방을 끌어내리고 연금 상태였던 덩샤오핑에게 붉은 태양을 통째로 안겨줬다. 중국은 당이 지배하는 나라였다. 당장(黨章)에 몇 자를 추가했다.

"덩샤오핑 동지의 지도를 받는다."

덩샤오핑은 부총리에 만족했다. 공식직함은 중요하지 않았다. 중국의 실질적인 최고 통치자였다.

덩샤오핑은 개혁과 개방을 선포했다. 미국과 수교를 앞두고 고급 간부들에게 과기(科技)분야 후계자 양성을 강조했다.

"지식을 존중하고 인재를 존중해라. 무슨 일이건 제대로 하려면 사람이 있어야 한다. 4인방 몰락 후 옛 동지들이 제자리에 돌아온 것은 바람직하다. 문제는 연령이다. 경험은 풍부해도 체력이 예전만 못하다. 하루에 8시간 근무하기에는 문제가 많다. 우리에게 필요한 것은 젊은 간부들이다. 30대 전후의 간부들이 부족

중국 개방 후 1949년 자본주의의 상징으로 쫓겨났던
코카콜라가 다시 중국에 들어왔다. 언제 어떻게 바뀔지 몰라
다들 사 마시기를 주저했다.
첫해에 전국에서 25병을 팔았다.

하다. 나는 현재의 20대 청년들이 우리가 젊었을 때보다 못하다고 생각하지 않는다. 늙은것들이 다시 기어 나왔다는 소리 듣지 않으려면 후임자 양성과 발탁에 진력해라. 측근이나 옛 친구들과의 인연은 제쳐놔라. 인재는 보이지 않는 곳에 있다. 이 일에 성공하지 못하면 우리의 개혁과 현대화 작업은 공염불이다."

미·중 수교 3주 후 미국을 방문한 덩샤오핑은 워싱턴, 애틀랜타, 휴스턴, 시애틀 4개 도시를 순방했다. 9일간 정계인사 외에 기업인과 금융계 인물들 만나며 중국 바람을 일으켰다. 1979년 1월 29일, 백악관에서 열린 환영식과 국빈만찬은 미국 역사상 최대규모였다. 회담에 앞서 카터가 30년 전을 회상했다.

"1949년 4월, 공산당 부대가 칭다오(靑島)를 포위했을 때 나는 칭다오 앞바다의 잠수함에 있었다. 중공 승리 6개월 전이었다. 당시 부총리는 어느 부대를 지휘했나? 어쩌면 그때 봤을지도 모른다."

덩샤오핑도 지난날을 생각하며 웃었다.

"1949년 4월 22일, 나는 창강(揚子江) 도강작전을 지휘하고 있었다. 전선이 500km였다."

옆에 있던 브레진스키가 끼어들었다.

"현재 부총리는 우리 대통령의 손님이다. 30년 전, 칭다오에서 만났다면 어떻게 했겠나?"

카터가 "이랬을 거라"며 손을 내밀자 덩샤오핑도 "맞다"고 악수를 했다.

카터가 주관한 국빈만찬은 각료 전원과 상·하 의원 외에 각계를 대표하는 150명이 참석했다. 75세의 노부인이 덩샤오핑에게 다가 왔다. 덩샤오핑도 헬렌 포스터(『아리랑』의 저자 님 웨일스)를 한눈에 알아봤다. 포스터는 1938년 남편 에드거 스노의 옌안(延安) 방문 1년 후, 옌안에 와서 덩샤오핑을 만난 적이 있었다. 41년 전, 덩샤오 핑에게 써놓고 보내지 못했던 편지를 전달하며 눈시울을 붉혔다. 두 사람은 해도 해도 끝이 없을 얘기를 장시간 나눴다. 덩샤오핑은 여배우 셔리 맥레인의 팬이었다. 맥레인은 진보적인 배우였다. 덩 샤오핑에게 중국 농촌에서 감동한 얘기를 털어놨다.

"들판에서 감 재배하는 교수를 우연히 만난 적이 있다. 대학을 떠 나 편벽한 지역에서 농사짓는 이유를 물었다. 교수는 농민들과 함 께하는 것이 즐겁다고 했다. 농민들에게 배우는 것이 많다는 말에 감동했다."

듣기를 마친 덩샤오핑의 얼굴에 웃음이 사라졌다.

"그런 교수는 당장 대학에서 축출시켜야 한다."

놀란 표정 짓는 맥레인에게 카터가 입을 열었다.

"부총리 말이 맞다. 강단에서 후진을 양성하는 것이 교수의 의무 다. 조언이라면 몰라도 정치학자가 정계에 진출하고, 경제학자가 관 계에 나가면 국정을 엉망으로 만든다."

덩샤오핑이 함박웃음 지으며 카터에게 고개를 끄덕였다. 맥레인 도 덩의 한마디가 무슨 말인지 공감했다.

문혁 시절 100만 명의 지식인들이 농촌에 가서 재교육을 받았다. 우수 인력의 낭비였다. 고통받은 지식인들은 건강을 해치고 목숨도

부지하기 힘들었다. 살아남은 사람은 행운아였다. 덩은 좌풍을 혐오한 지도자였다.

"모두가 공평하게 빈곤에 허덕이는 것은 사회주의가 아니다. 진정한 사회주의의 목표는 모두가 잘사는 것이다. 다들 잘살려면 서구의 과학과 선진기술을 도입해야 한다. 서구 자본의 유입도 주저할 이유가 없다."

몽상가 덩샤오핑

블레어하우스에서 템플대학 명예법학박사 학위 수여식이 열렸다. 덩샤오핑의 수락 연설이 『뉴욕타임스』『워싱턴포스트』『월스트리트저널』을 도배했다.

"나는 정규교육을 받은 적이 없다. 사회가 내 학교였다. 마르크스주의와 마오쩌둥 사상의 신봉자에게 학위를 준 미국인의 개방적인 사고에 경의를 표한다. 미국 국민이 중국 인민에게 준 박사학위로 알겠다."

1월 30일 오전, 덩샤오핑은 카터와의 세 번째 회담에서 양국의 정치, 과학기술, 경제, 문화교류와 유학생 파견 등 12개 합의서에 서명했다. 카터의 환대는 극진할 정도였다. 2월 1일, 워싱턴 방문을 마친 덩샤오핑은 미 대통령 전용기를 타고 애틀랜타로 갔다. 애틀랜타는 카터와 흑인 인권운동가 마틴 루터 킹 목사의 고향이었다. 시장이 계획에 없던 킹의 묘지 참배를 건의했다. 덩은 중국 측 보안요원들의 만류를 한 귀로 흘렸다.

"킹 목사는 몽상가였다. 나도 몽상가다. 킹의 말처럼 I have a

Dream, 내게도 중국의 공업화와 현대화를 이루고 싶은 꿈이 있다. 킹 목사의 부친과 부인도 만나고 싶다."

휴스턴으로 이동한 덩샤오핑은 기업인 1,500명이 참석한 환영오찬에서 옥시덴탈 석유회사 회장 알몬드 해머를 만났다. 해머는 불청객이었다. 그럴만한 이유가 있었다.

친소자본가 해머

1979년 2월 2일, 미국을 방문 중인 덩샤오핑이 남부의 신흥공업도시 휴스턴을 찾았다. 내로라하는 기업인들이 중국의 실권자를 만나기 위해 대형 연회를 마련했다. 옥시덴탈 석유회사 회장 해머는 제외됐다. 해머는 백악관에 있는 친구 통해 입장 자격 얻으려 했지만 쉽지 않았다. '소련에서 치부한 친소기업인'이 이유였다.

해머는 뉴저지주 상원의원을 두 번 역임한『포브스』발행인 말콤 포브스와 함께 연회장으로 갔다. 미국 천지에 해머와 포브스를 모르는 사람은 없었다. 얼렁뚱땅 보안 절차를 통과했다. 덩샤오핑의 입장을 기다리던 재계의 거두들은 친소자본가의 출현에 경악했다. 해머는 개의치 않았다. 포브스와 대화 나누며 덩샤오핑이 나타나기를 기다렸다.

덩이 출현하자 장내에 박수가 요란했다. 덩의 미국방문 목적은 베트남 침공과 자본 유치였다. 배석자의 안내로 테이블 돌며 참석자들과 악수를 했다. 해머 차례가 오자 배석자의 소개를 제지했다. "누군지 안다"며 장시간 잡은 손을 놓지 않았다.

오찬이 시작되자 중국 측 보안요원들이 해머를 덩샤오핑의 테이

미국의 석유 황제 알몬드 해머는 세 차례
중국을 방문해 거액을 투자했다.
올 때마다 덩샤오핑의 환대를 받았다.

블로 안내했다. 같은 식탁의 미국 측 고관들은 해머를 제지할 방법이 없었다. 밥만 먹으며 모른 체했다. 해머의 회상을 소개한다.

"덩샤오핑 부총리의 친화력에 놀랐다. 기억력도 비상했다. 소련의 정책에 대처할 방법을 상세히 물었다. 젊은 시절 레닌을 도와줬던 것처럼 중국을 도와 달라며 베이징 방문을 제의했다."

해머는 러시아 이민자의 후예였다. 1898년 뉴욕에서 태어났다. 3형제 중 부모 말을 제일 안 들었다. 컬럼비아대학 의대 재학 시절에도 교수와 선배들의 조언은 무조건 무시했다. 록펠러와 카네기의 전기만 신줏단지처럼 모시고 다녔다. 의사였던 부친은 제약회사를 설립해 재미를 봤다. 돈이 들어오자 자신이 태어난 소련을 잊지 않았다. 볼셰비키 정권에 필수품을 공급하는 것이 환자 치료보다 우선이었다. 결국 의료사고로 감옥에 들어갔다.

부친의 속박에서 벗어난 해머는 살맛이 났다. 제약회사를 200만 달러에 처분했다. 소련 우랄 지역의 전염병 창궐 소식을 접하자 팔을 걷어붙였다. 제1차 세계대전 잉여물자 중 야전병원 시설과 약품을 헐값에 사들였다. 1만 5,000달러 주고 산 의료용 차량에 '미국 모스크바 의료단'이라고 큼지막하게 써 붙였다. 당시 신생국 소련은 다수의 서방국가와 단절 상태였다. 23세 청년 백만장자의 소련행은 달나라 탐험이나 다름없었다.

1921년 봄, 모스크바에 도착한 해머는 누적된 과로로 쓰러졌다. 병상에서 5개월간 러시아어 익힌 후 우랄 지역으로 갔다. 우랄은 물산이 풍부하고 백금·보석·모피가 무진장이었지만, 기아와 전염병에 허덕이며 생필품이 부족했다. 소련인에게 물었다.

"도처에 널려 있는 물건들 수출하고 곡물을 수입해라."

답변이 돌아왔다.

"불가능하다. 서구의 봉쇄가 최근에 와서야 풀렸다. 수출과 수입에는 오랜 시간이 소요된다. 당장은 질병보다 기아가 문제다. 해소시키려면 적어도 소맥 100만 부셀이 필요하다."

해머는 머리 회전이 빨랐다. 당시 미국은 몇 년간 풍년이었다. 소맥 1부셀이 1달러 내외였다. 소련 측에 제의했다.

"내게 100만 달러가 있다. 미국에서 긴급으로 소맥 100만 부셀을 구매해 레닌그라드로 보내겠다. 소련은 그에 해당하는 모피와 기타 화물을 미국으로 보내라."

사업을 정치와 연결한 해머

보고를 받은 레닌은 미국 청년의 호의에 감격했다. 해머를 모스크바로 초청했다. 친구로 지내자며 시베리아의 석면(石棉)광산 채굴권을 줬다. 소련 볼셰비키가 외국인에게 준 첫 번째 채굴권이었다. 미·소 무역이 시작됐다. 레닌이 스탈린에게 지시했다.

"해머는 우리 친구다. 무조건 지지하고 지원해라."

해머는 10년간 소련에 머무르며 미국 30여 개 기업의 소련 무역을 대행했다. 연필공장도 세웠다. 우연히 문구점에 갔다가 연필이 비싼 것을 알았다. 소련에는 연필공장이 없었다. 독일에서 만든 수입품에 의존했다. 독일과 영국에서 기술자를 초빙해 대형 연필공장

할리 데이비슨 몰고 만리장성에서 열기구 날리는 말콤 포브스.
『포브스』(福布斯) 잡지 명의로 중미우의(中美友宜)를 환호한다는 글귀를
담은 열기구가 인근 군부대에 떨어지자 군인 100여 명이 포브스에게
갈채를 보냈다. 포브스는 할리 데이비슨 3대와 열기구를 부대에 기증했다.

을 세웠다. 80%는 내수용이고 나머지는 수출했다. 귀국 후에는 무선통신과 황금 매매, 목축업, 주류 관련 사업과 명화 수집에 실력을 발휘했다. 1930년대 미국인의 평균수입은 878달러였다. 해머는 매년 1억 5,000만 달러를 상회했다. 천연가스와 석유사업에 뛰어든 것은 60세 이후였다. 1974년, 미·중 수교 5년 전 옥시덴탈석유의 수입은 60억 달러였다.

해머는 일반 기업인과 다른 점이 있었다. 모든 사업을 정치와 연결했다. 레닌, 스탈린, 루스벨트의 정책에서 새로운 사업을 시도해 성공했다. 덩샤오핑을 만나기 위해 기를 쓴 것도 이유가 있었다. 휴스턴에서 만난 덩에게 조언했다.

"지금 덩샤오핑 부총리가 추구하는 것은 60년 전 레닌의 정책과 흡사하다. 중국은 도처에 보물이 널려 있다. 해외에서 합작할 기업인을 찾아라. 30년 후 기술이전이 끝나면 완전히 중국 것이 된다."

덩의 중국 방문 요청도 수락했다.

"살다 보니 80세를 넘었다. 일반 여객기는 불편하다. 자가용 비행기 착륙을 허락해주면 기업인들과 함께 가겠다."

덩이 거절할 이유가 없었다.

"오기 전에 전보를 보내라."

포브스가 특이한 청을 했다.

"포드 대통령 부인 베티 여사는 베이징에서 중국 무용수들과 춤을 췄다. 나는 오토바이 타고 만리장성을 질주하고 싶다."

3개월 후 중국과 합작을 희망하는 미국 기업인 20명이 탄 해머의 전용기가 베이징에 도착했다.

동북 쟁탈전 2

"전쟁은 폭력 행위다. 폭력을 사용하지 않고
승리할 수 있는 작전이 정치작전이다.
사상전(思想戰), 조직전, 심리전, 모략전,
정보전, 군중전 등 6가지 전쟁에서
상대를 제압해야 한다."

대만 정치작전 대부 왕성

"깨라고 있는 것이 규정이다."

회오리바람 몰고 온 류샤오캉판공실

미·중 수교(1979년 1월) 후, 중국은 발톱을 오므렸다. 미국과 단교한 대만에 통전(統戰) 공세를 퍼부었다. 평화통일과 일국양제(一國兩制), 3통4류(三通四流)를 제안했다. 3통은 통우(通郵), 통상(通商), 통항(通航), 4류는 학술·문화·체육·과학기술 교류를 의미했다. '대만해방'이라는 전투적인 구호는 폐기했다. 전인대 위원장이 구체적으로 제시한 내용에 이런 대목이 있었다.

"대만이 어려울 경우 경제적 지원을 아끼지 않겠다."

대만인들은 실소를 금치 못했다. 당시 대만의 1인당 평균소득은 대륙의 30배였다. 대만 총통 장징귀는 중공의 통전 능력을 누구보다 잘 알았다. 1980년 1월, 육군 2급 상장(上將) 왕성(王昇)을 집무실로 불렀다.

"중공에 대응할 반(反)통전 공작이 중요하다. 지금부터 네가 책임져라."

왕성은 장징귀의 수제자였다. 두 사람의 인연은 43년 전 장시(江西)성 벽촌에서 시작됐다. 1936년 12월, 국·공 합작으로 항일전쟁이 시작되자 스탈린은 소련에 있던 장징궈를 귀국시켰다. 장시에 발을 디딘 장징궈는 농촌 청년들을 모아 학습반을 개설했다. 밭에서 땀 흘리던 소년과 목동, 화류계에 팔려 가기 직전인 소녀, 전쟁 고아들이 학습반에서 새로운 삶을 시작했다. 양장점에서 옷 수선하던 소년 왕성도 기회를 놓치지 않았다.

같은 밥 먹고, 같이 뛰고, 같은 방에서 자며, 지역에 만연하던 도박·매춘·아편에 철퇴를 가한 장징궈는 청년들의 우상이었다. 왕성은 천성이 부지런하고 매사에 적극적이었다. 장의 눈에 들기까지 오랜 시간이 걸리지 않았다. 입이 무겁고 수완도 좋았다. 장징궈가 비서 장야뤄(章亞若)와 눈이 맞았다. 쌍둥이 아들이 태어났다. 장야뤄가 의문의 죽임을 당한 후, 고아가 된 두 아들을 무사히 대만으로 데리고 나와 번듯이 키웠다.

1949년 대만으로 철수한 장제스는 젊은 간부들에게 활로를 열어줬다. '장징궈 시대'가 도래할 징조였다. 장징궈의 지위가 상승할수록 왕성도 따라 올라갔다. 국민당 중앙위원과 국방부 정치작전부 주임을 겸하며 육군 2급 상장으로 진급했다. 장제스의 차남 장웨이궈(蔣緯國)가 불만을 터뜨릴 정도의 파격이었다.

"나는 중장 계급 달고도 10여 년간 상장 진급을 못 했다. 대만에 실전 경험 없는 상장이 등장했다."

부친과 형에게 호된 질책 받은 장웨이궈는 부친 사망 후 쑹메이링(宋美齡)에게 매달렸다. 쑹메이링이 장징궈에게 부탁하는 바람에 2급 상장으로 진급했다.

대륙의 통전 공작에 대응하라는 장징궈의 명령에 왕성은 긴장했

장제스 사망으로 상(喪)중인
행정원장 장징궈를 대신해 국방부장에게
육군 2급 상장 계급장을 받는 왕성.
1975년 2월, 타이베이 중산당(中山堂).

미·중 수교 후, 미국은 군부대 훈련과 3군 사관학교를
중공 고위당원들에게 개방했다.
1979년 여름, 아나폴리스 소재 해군사관학교를 방문한
미국주재 중국대사 차이쩌민(柴澤民).

다. 용기를 내서 재고를 청했다. 장징궈의 뜻이 견고하자 꾀를 냈다.

"모든 업무를 국민당 중앙 비서장 통해 주석에게 보고하고 지시를 받겠다."

장징궈는 국민당 주석을 겸하고 있었다. "둘이 알아서 하라"며 수락했다.

왕성은 국민당 비서장 직속으로 '류샤오캉(劉少康)판공실'을 출범시켰다. 주임은 왕성, 서기는 장징궈가 왕롄(王廉)을 파견했다. 류샤오캉판공실은 대만에 회오리바람을 몰고 왔다.

판공실 운영은 대·미 단교 초기 화교와 대만 국민이 주동적으로 헌납한 돈으로 운영했다. 액수가 엄청났다. '중화민국단결자강협회'와 '삼민주의대동맹' 등 민간단체를 만들어 돈을 풀었다. 대만의 안정과 화교 사회 지지 확보가 목적이었다. 해외에서 활동하는 대만독립 주장 세력과 좌경인사의 대만 방문도 추진했다. 후한 대접하고 고가의 선물 안겨주면 열에 아홉은 나가떨어졌다. 한번 회유당한 사람은 관리만 잘하면 다루기 쉬웠다. 유관기관의 협조는 기대 이상이었다. 권력기관인 경비총사령부와 당 조사국도 류샤오캉판공실의 요청은 말이 떨어지기가 무서울 정도였다. 왕성의 위세는 하늘을 찔렀다. 참모총장과 국방부장도 '상장군'(上將軍)이라 부르며 먼저 경례를 했다. 대만 정계에 우스갯소리가 나돌았다.

"보채는 애들 힘들게 달랠 필요 없다. 왕성이 온다고 한마디 하면 뚝 그친다."

장징궈의 후계자는 왕성이라는 소문도 전혀 이상하지 않았다.

'평화통일'을 주장한 대륙은 대만의 반응에 촉각을 세웠다. 화답은커녕, 류샤오캉판공실의 전략이 성과를 거두자 전열을 정비했다. 대만의 반통전 역량 와해에 나섰다. 전국의 대소기관에 대만연구소를 설치하고 간부 10만 명을 배치했다. 반공의 상징이며 대만 정치작전의 대부 왕성을 제거하기 위해 타왕소조(打王小組)를 조직했다. 소조 지휘관 시중쉰(習仲勳)은 중공중앙 선전부장과 국무원 부총리, 중앙 정치국원을 역임한, 노련한 혁명가였다. 왕성을 낙마시키기 위해 수단과 방법을 가리지 않았다. 홍콩은 물론 미국과 일본의 화교와 대만 유학생에게 손을 뻗쳤다. 미국과 중국은 밀월 초기였다. 웬만한 정보는 교환했다. 왕성의 발언 내용과 동태를 미 국무부에 직접 전달했다.

왕성 제거 음모

1983년 초, 미재대만협회(AIT) 회장 데이비드 딘이 왕성에게 미국 방문을 요청했다. 미·중 수교 후 미국 정부가 대만의 현역 장성에게 보낸 최초의 호의였다. 딘은 왕성의 오랜 친구였다. 1964년 2월, 대만주재 미국대사관 근무 시절 중공 내부 상황을 파악하기 위해 왕성의 집무실 문턱을 자주 드나들었다. 월남전이 치열했을 때는 매주 한 번 미국대사관에서 회담하며 정보를 주고받던 사이였다. 보고를 받은 장징궈도 '정치적인 문제'라는 말을 반복하며 반대하지 않았다.

왕성은 정치가가 길을 잡아주지 않으면 엉뚱한 길로 빠지기 쉬운, 직진만 아는 전형적인 군인이었다. 장징궈가 반복한 말이 무슨 뜻인지 이해하지 못했다.

왕성의 미국방문 배경은 복잡했다. 대·미 단교 후 장징궈는 미국과 단절을 바라지 않았다. 1949년 5월부터 30여 년간 계속된 계엄령 해제와 민주화 요구를 제 손으로 풀고 싶었다. 미국이 물고 늘어지는 인권 문제도 마찬가지였다. 미국과 대륙이 연합한 왕성 제거 음모를 묵인했다.

왕성의 독무대

마오쩌둥은 베이징대학 도서관에서 도서 대출을 담당한 적이 있었다. 지식인들 뒤치다꺼리하다 보니 묘한 특성이 있다는 것을 깨달았다. 가장 비민주적인 사람들이 진보와 민주를 외치며 목에 핏대 세우는 꼴이 보면 볼수록 가관이었다. 필요할 때 써먹고 내던지기에 딱 좋은 부류였다. 장정 도중 당권을 장악하자 지식인들과 연합전선(통전) 구축을 모색했다. 둘러대기 잘하고, 정적에게 잔인한 저우언라이에게 중임을 맡겼다. 저우는 지식인이 우글거리는 학계와 언론계에 선전의 고수들을 침투시켰다. 암살, 테러, 매수, 미인계는 기본이고 미남계도 서슴지 않았다.

러브콜을 보냈다. 농민, 노동자, 중산층, 민족자본가와 함께한 연합정부 수립을 주장했다. 자칭 진보 인사와 삼류 언론인들이 뒤를 받쳐줬다. 국민당을 공격하고 정부를 모욕했다. 농민도 적절히 이용했다. 중국은 전통적인 농업 국가였다. 농민이 국민의 80% 이상이었다. 중공은 토지개혁가를 자칭했다. 농기구가 무기로 변했다. 훗날 전국을 장악한 중공이 농촌을 버릴 줄은 상상도 못 했다. 자칭 민주인사와 진보인사도 버림받기는 마찬가지였다.

대만으로 퇴각한 장제스는 정치작전이라는 새로운 전법을 제안했다.

"전쟁은 폭력 행위다. 폭력을 사용하지 않고 승리할 수 있는 작전이 정치작전이다."

왕성은 장제스의 '정치작전 6원칙'을 구체화하기로 작심했다. 온갖 자료 수집하며 연구에 매달렸다. 1959년 5월, 왕성이 펴낸『정치작전개론』이 서점을 장식했다. 정치작전과 군사작전의 구별이 눈길을 끌었다.

"군사작전은 전방과 후방이라는 일정한 공간이 있다. 정치작전은 공간의 제한이 없다. 군사작전은 동원과 전투 시기가 있기 마련이다. 정치작전은 수시로 펴고 멈추는 것이 가능하다. 무력을 통한 군사작전은 전방의 전투 인력과 후방의 생산자에게 일정한 연령과 성별을 요구한다. 정치작전 전사들은 남녀노소의 연령과 신체적 조건에 구애받을 이유가 없다."

장제스가 장징궈에게 지시했다.

"왕성과 함께 정치작전 간부 양성을 위한 군사학교를 개설해라."

타이베이 교외의 경마장 자리에 정치작전학교가 들어섰다. 문학·영화·미술·체육에 관심 있는 청춘 남녀들의 지원이 줄을 이었다. 왕성은 졸업생들을 각 부대와 정부기관에 배치했다. 정치작전학교 출신들은 소속 부대의 지휘관이나 기관장에게 보고할 의무가 없었다. 총정치부 주임을 겸한 왕성에게 직보하면 왕성은 장징궈에게 보고했다.

미·중 수교 후, 중공의 통전에 대응하기 위해 설립한 '류샤오캉 판공실'은 왕성의 독무대였다. 국가안전국과 외교부, 행정원 신문국, 국민당 중앙 직속인 대륙공작회와 문화공작회, 사회공작회 정예들을 닥치는 대로 징발했다. 요소에 정치작전학교 출신들이 눈을 번득였다.

1950년대 CIA 대만지부장을 역임한 제임스 릴리가 타이베이에 나타났다. 장징궈를 설득했다.

"민주화를 추진하는 것이 대만의 이익이다. 왕성이 걸림돌이다."

장징궈가 동의하자 왕성에게 미국 방문을 권했다. 미국 방문 기간 왕성을 수행했던 국가안전국 주미특파원 왕시링(汪希苓)이 구술을 남겼다.

"왕성의 미국 체류 비용은 초청자인 미재대만협회(AIT)가 부담하지 않았다. CIA가 준 현금을 내가 직접 지불했다. 흔적을 남기지 않기 위해 신용카드는 사용하지 않았다."

중앙정보국의 함정

왕성의 미국 방문은 미 CIA가 판 함정이었다. 왕성은 10일간 미국 정계와 학계의 중량급 인사를 두루 만났다. 국무차관보와 CIA 국장, 하원의원 솔라즈와 에드워드 케네디, 동북아 전문가 스칼라피노 등과 조심스러운 대화를 나눴다. 미국인들은 장징궈의 건강상태와 후계자에 관심이 많았다. 왕성의 답변은 한결같았다.

"중화민국 헌법에 의하면 총통 유고 시 부총통이 계승한다."

장징귀의 수제자 왕성(오른쪽)과 장징귀.

『타임』과『뉴스위크』의 표지를 왕성이 장식했다. 장징궈의 후계자라며 '류샤오캉판공실'을 거창하게 소개했다. 대만과 홍콩의 일간지와 잡지가 미국 양대 주간지의 기사를 전재했다. 중공 통일 선전부의 나팔수나 다름없는 홍콩의 언론매체가 왕성 관련 기사로 도배됐다.

"대만에서 왕성은 일인지하, 만인지상(一人之下, 萬人之上)이다. 무한한 잠재력을 갖춘 군 실력자"라며 '류샤오캉판공실'의 전횡과 비행을 까발렸다. 귀국한 왕성에게 장징궈가 한마디 했다.

"류샤오캉판공실을 해체하고 당분간 쉬도록 해라."

왕성은 토를 달지 않았다. 그날로 판공실 문을 내렸다. 칩거 중인 왕성을 행정원장이 불렀다.

"국방부 연합훈련부 주임을 맡아라. 총통의 명령이다."

왕성의 보직 이동에 전 군이 떠들썩했다. 부대마다 환송연 준비에 분주했다. 왕성은 엉뚱한 파장을 우려했다. 완곡히 거절하며 훈련부 밖을 나오지 않았다. 수십 년간 심혈을 기울인 정치작전학교의 송별연은 참석했다. 생도와 교관들이 30년 전 왕성이 작사한 교가를 열창하며 흐느끼자 감정을 자제하지 못했다. 연설 말미에 참았던 울분을 터뜨렸다.

"저들은 오늘 왕성 한 사람의 숨통에 비수를 꽂았지만, 내가 배출한 천천만만(千千萬萬)의 왕성은 건재하다."

내빈석상에 왕성의 몰락을 주도한 사람이 많았다.

참모총장이 왕성의 연설을 녹음했다. 장징궈에게 달려가 일러바쳤다.

장제스는 검소하고 나대지 않는 소련 며느리를 총애했다.
장팡량(蔣方良)이라는 중국 이름을 지어줬다. 장징궈와 친했던
CIA 부국장 크라인은 장팡량을
금세기 최고의 퍼스트 레이디라고 극찬했다.

장징궈의 사생활

미·중 수교 후, 대륙의 중공정권은 자신이 넘쳤다. 대만을 향해 연일 평화 공세를 날렸다. 대만의 국민당 반대세력은 대륙에서 불어오는 봄바람에 취했다. 조심스럽게 기지개 켜며 몸을 풀었다. 계엄령 해제와 야당 창당, 민주화가 목표였다. 총통 장징궈는 결자해지(結者解之), 민주화를 제 손으로 추진하고 싶었다. 중공의 평화 공세에 맞설 기구 창설과 운영을 정치작전학교 교장 왕성에게 일임했다. 왕성이 설립한 '류샤오캉판공실'은 그림자 내각이었다.

참모총장 하오보춘(郝栢村)은 전임 총통 장제스의 호위무사였다. 계급도 2급 상장인 왕성보다 높은 1급 상장이었다. 장제스 생전에 총애를 독차지하던 맹장 하오도 왕성과 마주하면 기가 죽었다. 왕성에게 거수경례했다는 소문이 나돌 정도였다. 하오는 장징궈가 '류샤오캉판공실'을 해체하자 행동에 나섰다. 사실에 근거한, 품위 있는 모함으로 왕성의 군복을 벗겼다.

장징궈는 왕성을 완전히 버리지 않았다. 파라과이 대사로 내보냈다.

"한동안 귀국할 생각 접어라. 너의 안전을 위해서다. 재외 공관장 회의도 참석할 필요 없다. 내가 죽어도 자리를 지켜라."

왕성은 장징궈의 최측근이었다. 초청자 없는 잔칫집에 갔다가 남이 흘린 돈지갑 챙기듯이 집권한 통치자라면 모를까, 최고 권력자의 측근은 수시로 바뀌는 것이 정상이다. 장징궈는 왕성을 끌어내린 후에도 챙기는 것을 잊지 않았다. 몇 권의 책으로도 모자란, 사적인 이유가 있었다.

대륙 시절, 장징궈는 남에게 털어놓지 못할 사연이 있었다. 소련에서 결혼한, 점잖고 약점 없는 소련인 부인 몰래, 3년간 동거한 중국 여인 사이에서 태어난 쌍둥이 아들이 있었다. 부친과 세상 눈치 보느라 돌보지 않은 두 아들이 번듯하게 성장하기까지는 왕성의 지극한 정성이 절대적이었다. 얘기는 40여 년 전으로 거슬러 올라간다.

장제스 권력의 원천은 황푸(黃埔)군관학교와 삼민주의청년단(三民主義靑年團)이었다. 황푸 출신들에게 장제스는 영원한 교장이었다. 국민당 군의 정식명칭인 국민혁명군의 중요 지휘관과 삼청단의 핵심에 포진한 황푸 졸업생들은 장제스를 위원장이라 부르지 않았다. 교장이라고 불렀다. 대륙 시절은 물론 대만으로 나온 후에도 변하지 않았다. 총통이 된 후에도 마찬가지였다.

장제스의 아들 장징궈는 15세 때 소련 유학을 떠났다. 장제스가 공산당과 결별하자 이국에서 온갖 신산 감내하며 청년 시절을 보냈다. 군사정변 일으켜 공산당원 도살하고, 쑹메이링에게 홀려 자신의 생모와 이혼한 부친을 쓰레기 취급했다. 전쟁터에서 만나면 적으로 대하겠다는 성명까지 발표했다.

국민당과 공산당이 일본과의 전쟁을 위해 합작을 선언하자 스탈린은 장징궈를 귀국시켰다. 12년 만에 중국으로 돌아온 장징궈는 국민당원도 아니고, 황푸군관학교 출신도 아니고, 삼청단 단원도 아니었다. 국민당 조직을 장악한 CC파 천커푸(陳果夫), 천리푸(陳立夫) 형제와도 아무런 인연이 없었다. 호적상으로 인척이 된, 금융계와 재계를 쥐락펴락하던 부친의 동서와 처남들도 남 보듯 했다.

외할머니와 외삼촌·외숙모의 손에서
성장하며 부모가 누군지도 몰랐던
장징궈의 쌍둥이 사생아(私生兒).

간부훈련반 이혼녀에게 반한 장징궈

장징궈는 자신의 정치적 기반을 자력으로 구축했다. 1937년 봄, 28세 때 소련인 부인과 아들 데리고 장시(江西)성에 첫발을 디뎠다. 성 주석은 머리가 잘 돌아갔다. 장징궈를 실습 나온 태자처럼 모셨다. 자신이 처장을 겸하던 성 보안처 부처장과 정치강습학원 원장 직을 안겨줬다. 보안처 부처장은 육군 소장이 가는 자리였다.

장시성은 전쟁의 참화가 다른 성에 비해 덜했다. 각지에서 피난 민들이 몰려들었다. 먹여주고 재워주는 정치강습학원이 피난 온 청년들의 안식처로 변했다. 규모가 커지자 정치강습학원을 청년복무단으로 개편했다. 신병 징집과 훈련을 위한 부대 신설 계획안도 제출과 동시에 허락이 떨어졌다.

소련 시절 장징궈는 스탈린의 영향을 받았다. "간부의 역할이 모든 것을 결정한다"는 스탈린의 한마디가 일찌감치 머리 한구석에 자리 잡았다. 간부양성을 소홀히 하지 않았다. 사전 작업을 위해 전시수도 충칭으로 갔다. '국민당 중앙훈련원 당정반(黨政班)'에 입소했다. 3개월간 교육받고 취득한 국민당 당원과 삼청단 단원 자격증 들고 장시성으로 돌아왔다. 장시성 남부 간저우(贛州)의 치주링(赤珠嶺)에 '삼민주의청년단 장시성지부 간부훈련반' 간판을 내걸었다.

간부훈련반 주임 장징궈는 소련에서 배운 군중 운동과 중국 비밀결사의 전통적인 운영방식을 적절히 혼용했다. 장시성은 의무교육을 제일 먼저 시작한 성이었다. 경제력보다 교육 수준이 높았다. 고등교육 이수한, 우수한 청년 남녀들이 간부훈련반의 문을 기웃거렸다. 장징궈는 200 대 1의 경쟁을 뚫은 청년들에게 강조했다.

"단장(장제스)에게 충성해라. 오늘부터 너희들은 단장의 귀와 눈이라는 것을 명심해라. 형제 이상으로 단결하고 환난을 함께해라."

호칭도 남녀 할 것 없이 형과 동생으로 통일시켰다. 5기까지 배출한 500명은 훗날 장징궈의 '직계 중의 직계'로 성장했다. 그중 대표적인 인물이 왕성이었다. 간부훈련반 외에도 비슷한 조직을 여러 개 출범시켰다.

인간 세상엔 예외가 있는 법, 간부훈련반에 장징궈의 눈을 화려하게 만든 이혼녀가 있었다. 개방적인 성격에 노래 잘하고 붓글씨도 일품이었다. 훈련반 마치면 장시성의 군과 기관에 파견하는 것이 규정이었다. 장징궈가 부관에게 지시했다.

"난창(南昌) 출신 장야뤄(章亞若)를 비서실에 배치해라."

고지식한 부관이 토를 달았다.

"규정에 어긋난다."

장징궈는 한마디로 묵살했다.

"깨라고 있는 것이 규정이다."

장제스 집안의 족보가 복잡해질 징조였다.

장징궈의 두 아내

"문밖에서 문 안에 들어오기까지 60년이 걸렸다.
들어와 보니 문 안에 아무도 없었지만 희열을 만끽했다."

장징궈의 여인 장야뤄

중화민국 총통 장제스는 남다른 습관이 있었다. 매일 밤 일기를 쓰고 잠자리에 들었다. 28세 때부터 시작해 57년간 하루도 거르지 않았다. 당 고위층과 각료들에게도 일기 쓰기를 권했다. 새해가 임박하면 상무인서관(商務印書館)에서 발행한 일기장을 선물했다. 아들 장징궈도 예외가 아니었다.

장제스는 중국 근대사에서 가장 중요하고, 가장 복잡한 사람이었다. 청년 시절 혁명가, 유학을 신봉하는 도학가(道學家), 상하이 조계(租界)의 플레이보이, 증권시장의 투기꾼, 사창가에서 밤을 지새우는 난봉꾼 등 신분이 다양했다. 청년 장제스는 자신이 모순덩어리라는 것을 알았다. 일기를 이용해 자신과 투쟁하며 병적일 정도로 무모하고 황당한 사생활을 고치려고 노력했다. 아들도 그러기를 바랐다. 가끔, 장징궈의 일기를 몰래 훔쳐보곤 했다.

장징궈는 부친이 자신의 일기를 본다는 것을 알고 있었다. 1950년대 말, "장징궈에게 사생아(私生兒)가 있다"는 소문이 나돌자 이런 일기를 남겼다.

장징궈는 1주일에 하루는 민원을 청취했다.
공직자의 비행이 발견되면 직접 달려가
해결했다. 민원인 선정 책임자가 장야뤄였다.

"간저우(贛州) 시절, 성실했던 친구 지춘(繼春)이 세상을 떠났다. 지춘과 가깝게 지내던 장(章)씨 성의 여인이 태기가 있다는 말에 모른 체할 수 없었다. 구이린(桂林)에 있는 병원에 입원시켰다. 아들 쌍둥이가 태어나자 입원 보증인이었던 내가 애 아버지라는 그릇된 소문이 나돌았다. 얼마 후 산모는 병으로 세상을 떠났다. 지금 그 애들은 십여 세가 되었다. 옛 친구와의 정 때문에 애들 생활 유지에 신경 쓴 적이 있다."

일기에 등장하는 여인은 다른 사람이 아니었다. 장징궈와 3년간 동거 후 쌍둥이 아들 나은 지 6개월 만에 온갖 의문 남기고 인간 세상과 하직한 삼청단(삼민주의청년단) 간부훈련반 1기 출신 장야뤄였다.

삼청단은 정보원 양성이 목적이었다. 교육한 후 전국에 산재시켰다. 장징궈는 간부 훈련에 역점을 뒀다. 1938년 말, 자신의 근거지 치주링(赤珠嶺)에 삼청단 간부훈련반을 별도로 만들었다. 장징궈는 간부훈련반을 '삼청단 내의 삼청단'으로 만들고 싶었다. 1기 입학생 중 눈길을 끌던 왕성을 불렀다.

"남녀 불문하고 10명을 추려서 10인단을 만들어라. 비밀리에 결의 형제를 맺어라. 장야뤄도 빠뜨리지 마라."

왕성이 만든 10인단은 간부훈련반의 핵심이었다. 장야뤄 나이가 제일 많았다. 누님이 아닌 큰형님으로 자처했다.

장징궈는 장야뤄의 성격과 미모에 홀딱 빠졌다. 가는 곳마다 데리고 다녔다. 도박장 덮칠 때도 같이 가고, 구보도 같이 하고, 산악

훈련도 같이 받았다. 장야뤄가 보이지 않으면 불안해하는 모습이 처량해 보일 정도였다. 그럴 만도 했다. 장야뤄는 젊고 예쁜 과부였다. 주변에 얼쩡대는 놈팡이가 한둘이 아니었다. 장징궈는 과붓집 문전 조용할 날 없다는 모스크바 유학 동기의 농담 듣고 긴장했다. 급한 지시라도 있는 것처럼 장야뤄의 집으로 갔다. 말로만 듣던 청년의 방문에 가족들은 놀라고 장야뤄는 홍조를 감추지 못했다. 지방 순시 도중 용기를 냈다. 장야뤄가 만든 개고기 장조림 먹으며 젊은 과부의 넋을 빼앗았다.

"12년간 소련을 떠돌았다. 귀국한 지 2년이 지나도 나를 설레게 한 중국 여인을 만나본 적이 없다. 함께 고향에 있는 모친을 만나러 가자. 모친은 중국 며느리 보는 것이 소원이다."

장야뤄는 노련했다. 한동안 젊은 상관을 빤히 쳐다봤다. 아랫입술 지그시 깨물며 천천히 고개를 숙였다.

1939년 11월 2일, 일본 폭격기의 공습으로 장징궈의 생모 마오푸메이(毛福梅)가 세상을 떠났다. 장징궈는 소련인 부인과 어린 아들 데리고 고향으로 달려갔다. 장야뤄는 실망했다. 명랑했던 얼굴에 웃음기가 사라졌다. 장례를 마치고 온 장징궈는 원래의 모습을 되찾았다. 각계 인사 초청한 좌담회 석상에서 기염을 토했다.

"관할 지역의 모든 사람이 취업하고, 밥 굶지 않고, 헐벗지 않고, 집을 소유하고, 독서에 열중할 수 있도록 노력하겠다."

무시무시한 청년의 괴력에 익숙해진 참석자들은 요란한 박수로

장제스의 손자들은 샤오(孝)자 항렬이었다.
장제스는 장야뤄의 소생인 쌍둥이 형제에게
샤오옌(孝嚴)과 샤오츠(孝慈)라고 이름을 지어줬다.

삼청단 간부훈련원 시절
모친과 함께한 장야뤄(왼쪽).

화답했다.

쌍둥이 아들

장징궈는 목표가 정해지면 달성해야 직성이 풀렸다. 성과가 눈에
보이자 장야뤄의 집으로 갔다. 모친의 유품이라며 원앙이불을 건넸
다. 장야뤄는 감격했다. 울고 웃기를 그칠 줄 몰랐다. 이날을 계기
로 늦은 밤참과 이른 조찬을 함께하기까지 오랜 시간이 걸리지 않
았다. 1941년 여름, 장야뤄의 신체에 변화가 오기 시작했다. 장징궈
의 보고를 받은 장제스는 단호했다.

"네 처는 약점이 없는 현명한 여자다. 내조한다며 우리 망신시
킨 적이 없다. 소련에서 너 하나 보고 중국까지 왔다. 이혼하면 돌
아갈 곳이 없다. 너는 다수를 위해 현지의 지주와 자본가, 공직자
들에게 원한을 샀다. 사실이 알려지면 어디서 돌팔매가 날아올지
모른다. 장야뤄를 비밀리에 다른 지역으로 이전시켜 순산할 날을
기다리는 것이 현명하다."

장징궈는 장야뤄를 설득했다.

"구이린에 있는 광시(廣西)성 성립(省立)의원 산부인과의 시설
과 의술이 믿을 만하다. 천연동굴이 많다 보니 공습경보에 대처
하기도 용이하다. 낯선 고장이라 아는 사람도 없다. 안전과 비밀
유지에 적합한 지역이다. 왕성 외에 소수의 무장 경호원만 딸려

보내겠다."

구이린에 도착한 장야뤄 일행은 깜짝 놀랐다. 묵고 있는 호텔에 순산을 기원한다는 화환과 선물이 넘쳐났다.

1942년 1월 15일 장야뤄가 사내 쌍둥이를 순산했다. 장징궈가 구이린에 달려오고, 쑹메이링도 간호사를 파견했다. 장야뤄는 희망에 들떴다. 6개월 후 엄청난 일이 닥칠 줄은 상상도 못 했다.

장제스의 중국인 며느리

1940년대 초 장시(江西)성 남부, 약칭 간난(贛南)은 장징궈 천하였다. 중심지 간저우(贛州)에 집무실을 차린 장징궈의 행보는 전 중국의 관심을 끌었다. 정보기관들도 긴장했다. 다투듯이 간저우에 거점을 마련했다. 군통(국민당 중앙군사위원회 조사통계국), 중통(국민당 중앙위원회 조사통계국), 삼청단(삼민주의청년단), 헌병사령부 정보처 외에 '국민당 장시성지부 조사통계실' '성 보안사령부조사실' 요원들이 미래의 실력자 주위를 맴돌았다. 장징궈에 관한 정보를 수집하기 위해 고관들이 파견한 사람도 한둘이 아니었다. 군통 간저우 지부장 부인은 장징궈의 연인 장야뤄의 친구들에게 접근했다. 언니 동생 하기까지 오랜 시간이 걸리지 않았다. 장야뤄의 임신 소식을 남편보다 쑹메이링에게 먼저 보고했다.

소문이 퍼지자 장징궈가 암수(暗數)를 썼다. 중성미 넘치는 여인을 물색해 남장을 시켰다. 장야뤄와 찍은 사진을 측근들에게 보여 줬다.

"야뤄가 이 남자와 결혼했다. 신랑과 함께 광시(廣西)성 구이린에 가서 은신하겠다며 즐거워했다. 송별연을 열어줘라."

믿는 사람이 없었다. 왕성이 난감해하자 화내며 소리를 꽥 질렀다.

귀는 속여도 눈은 속일 수 없었다. 장야뤄가 구이린으로 떠나자 간저우에 우글거리던 정보기관 요원들도 장야뤄의 뒤를 따랐다. 장징궈는 장야뤄를 주책없을 정도로 좋아했다. 변장하고 자주 구이린으로 갔다. 1986년 가을, 장징궈의 간저우 시절 운전기사가 44년 전을 회상했다.

"구이린에서 재회한 장징궈와 장야뤄는 부부 같았다. 장야뤄는 구이린을 싫어했다. 다시 간저우로 가겠다며 떼를 썼다. 장징궈가 총명한 애들이 태어날 테니 걱정하지 말라며 위로하자 알겠다며 고개 끄덕이던 장야뤄의 모습이 지금도 눈에 선하다. 두 사람은 절에 가서 향 사르고 산책도 했다. 구이린을 뒤로 하는 장징궈의 발걸음이 무거워 보였다."

장야뤄가 아들 쌍둥이 낳았다는 소식 접한 쑹메이링은 기분이 좋았다. 장제스와 오찬하며 입을 열었다.

"징궈가 쌍둥이 아들을 봤다. 손자가 두 명 늘어났다. 축하한다."

밥 먹기를 그친 장제스는 한동안 말이 없었지만 기쁜 기색을 숨기지 않았다. 한 차례 깊은 한숨 내쉬고 국방부장을 불렀다.

"구이린 판공청에 군사회의를 준비하라고 지시해라."

장제스 사후 쑹메이링은 미국에 상주했다.
100세 생일날 대만당국을 대표해 선물을 전달하는
국민당 비서장 장샤오옌. 쑹메이링은 장샤오옌이
55년 전 자신이 챙겼던 장야뤄와 장징궈의 소생인 줄 몰랐다.
1997년 3월 20일, 뉴욕 맨해튼.

산모와 아들 보러 구이린에 와 있던 장징궈는 부친의 회의 소집 통보를 받고 짐작이 갔다. 쉬는 시간에 부친과 정원 거닐며 이실직고했다. 장제스는 긴말하지 않았다.

"모자를 잘 보살펴라. 한동안 소문을 차단해라. 지금 중국은 전쟁 중이다. 애들 키우기에 적합하지 않다. 모자를 스위스에 보내는 것도 염두에 둬라. 이름은 내가 지어주마. 애들 성은 모성을 따르도록 해라."

장야뤄는 실망이 컸지만 잠시였다. 외국어 서적 사고 가정교사 초청해 외국어 공부에 열중했다. 지방관들은 장제스의 중국인 며느리에게 신경을 썼다. 깍듯하고 극진했다. 고관 부인들은 더했다. 장야뤄가 마작하자고 부르면 나는 듯이 달려왔다. 앞으로 뭐가 될지 모르는 31세의 여인에게 고개를 숙였다. 강보에 싸인 두 아들에게 온갖 미사여구도 아끼지 않았다. 장야뤄는 이목을 두려워할 이유가 없었다. 장징궈의 부인으로 자처하며 광시성 명사들의 모임에 얼굴을 내밀었다. 마작과 만찬 초청에 응하느라 외출이 빈번했다.

급사한 장야뤄

분만 6개월 후, 1942년 8월 14일 해 질 무렵, 장야뤄는 애들을 동생에게 맡기고 외출했다. 심야에 돌아와 밤새도록 토하며 몸을 가누지 못했다. 이튿날 새벽 동생과 함께 병원에 갔다. 의사가 왼손에 주사를 놓고 나간 지 몇 분 후 갑자기 두 팔 휘저으며 "눈앞이 칠흑 같다. 아무것도 보이지 않는다"고 절규하더니 몸이 축 늘어졌다. 의사와 간호사들이 달려왔다. 코에 손대보고 진맥하더니 옆에 있던 동생에게 통보했다.

"혈액중독이다. 사망했다."

장야뤄의 동생이 장징궈에게 전화했다.

"방금 언니가 사망했다. 온몸이 흑색으로 변했다."

장징궈는 책상에 머리를 파묻고 통곡했다. 친구였던 광시성 행정처장에게 전화로 부탁했다.

"일이 산적해 자리를 뜰 수 없다. 뒷일을 부탁한다."

장징궈는 장야뤄의 모친에게 두 아들 장샤오옌(章孝嚴)과 장샤오즈(章孝慈)의 양육을 부탁했다. 형제는 외할머니와 이모의 품에 안겨 사방을 떠돌며 어린 시절을 보냈다. 일본 패망 후, 네 살 때 난징(南京)에서 생부를 처음 만났다. 철혈(鐵血)의 장징궈도 혈육 앞에서는 어쩔 수 없었다. 끌어안고 대성통곡했다. 목이 메었던지 말도 제대로 못 했다. 겨우 한다는 말이 애들 이모를 훌쩍이게 하고도 남았다.

"네 엄마와 나를 반씩 닮았구나. 눈언저리와 이마는 나를 닮았고, 하반부는 네 엄마와 똑같다. 자력으로 잘 성장해서 지하에 있는 엄마를 기쁘게 해라."

1948년 말, 국민당의 패색이 짙어지자 장징궈가 심복 왕성을 불렀다.

"장(章)씨 형제와 외할머니, 외삼촌을 대만으로 이주시켜라."

대만에 둥지를 튼 장징궈는 이목을 피하기 위해 신주(新竹)에 형

간난 시절 지역을 순시하는 장징궈(오른쪽 다섯째).
일곱째가 장징궈의 최측근 왕성.

제의 거처를 마련해줬다. 당시 신주는 한적한 시골이었다. 대만은 소문이 빨랐다. 형제와 만날 엄두를 못 냈다. 형제는 남들은 다 있는 부모가 없는 것이 궁금했다. 밖에서 놀다 들어오면 엄마 아빠가 누군지 외할머니를 물고 늘어졌다. 외할머니의 대답은 한결같았다.

"지금 대륙에 있다. 너희들 엄마는 예쁘고 똑똑하다. 아빠와 할아버지도 아주 유명한 분들이다."

1960년대 초, 홍콩 신문이 장야뤄의 사망에 의문을 제기했다. 대만이 발칵 뒤집혔다.

소문만 무성한 장야뤄의 사망 원인

장징궈의 연인 장야뤄의 사망 원인은 밝혀진 것이 없다. 수십 년간 대륙·대만·홍콩 할 것 없이 소문만 난무했다. 실명 밝히며 증언 남긴 인물도 한둘이 아니었다. 장징궈 비서실 주임의 구술부터 소개한다.

"장징궈와 장야뤄는 금실 좋은 부부 같았다. 입소문이 요란하자 장징궈는 당황했다. 장야뤄를 구이린에 은신시켰다. 나는 장야뤄를 보호하라는 지시받고 구이린으로 갔다. 장야뤄가 장징궈의 쌍둥이 아들 순산한 지 6개월 후 장징궈의 측근 두 명이 내 집 무실에 나타났다. 씩씩거리며 계획을 늘어놨다. '장야뤄와 야유회 가러 왔다. 경치 좋은 절벽에서 밀어버릴 거다.' 이유도 설명했다. '장징궈는 간저우(贛州)에서 신정(新政)을 폈다. 난잡한 남녀관계를 엄격히 단속한 사람이 젊은 과부와 바람이 나서 아들 쌍둥이가 태어났다. 사실이 알려지면 장징궈의 앞날이 우려된다. 화근을 뿌리째 뽑아버려야 한다. 며칠 후, 장야뤄가 급사했다."

장징궈의 옛 부하들도 충성이 지나친 장징궈의 수하들이 자발적으로 장야뤄를 살해했다는 추측에 동의하는 사람이 많았다.

"장야뤄 사망 소식을 접한 장징궈의 애통해함은 보는 사람이 힘들 정도였다. 유물을 수습하며 어찌나 우는지 측근들도 자리를 피했다."

온갖 소문이 떠돌았지만 장징궈는 아무 말도 하지 않았다. 사인(死因)을 알려고 하지 않았고, 병원에 조사관을 파견하지도 않았다. 소문이 잠잠해지자 충성이 지극했던 모스크바 유학 동기들을 한지(閑地)로 내보냈다.

장제스가 아들의 앞날을 위해 군통(국민당 중앙군사위원회 조사통계국) 국장 다이리(戴笠)에게 했다는 말도 오랜 기간 사람들 입에 오르내렸다.

"애들은 중국 여자 사이에서 태어난 내 친손자다. 털끝도 건드리지 마라. 애 엄마는 알아서 처리해라."

1980년대 말, 대만과 대륙의 교류가 활발해지자 장야뤄의 이름이 다시 오르내렸다. 기자의 방문을 받은 전 정치작전학교 교장 왕성이 입을 열었다. 하늘 같은 장제스와 장징궈 부자를 옹호했다.

"장야뤄는 급성 이질로 사망했다. 항생제를 제때 투여하지 못했다."
아무도 믿지 않았다.

대만으로 나온 장야뤄의 모친은 외손자 장샤오옌(章孝嚴)과 장샤오즈(章孝慈) 형제를 엄격하게 키웠다. 외조모는 의지력이 강철 같았다. 열악한 환경이었지만 머리를 숙이는 법이 없었다. 고등학교 졸업할 무렵 형제에게 부모 얘기를 해줬다.

"너희들 모친은 하늘에 떠도는 구름 같은 여자였다. 부친은 바람 같은 사람이었다. 호적에 등재된 부모는 외삼촌과 외숙모다. 너희들은 장(章)씨가 아니다. 부디 성공해서 원래의 성을 되찾아(歸宗) 내 딸의 한을 풀어줘라."

생부가 누구인지는 무덤까지 안고 갔다.

1961년 외할머니가 세상을 떠났다. 초라한 빈소에 왕성이 나타났다. 형제에게 놀라운 사실을 알려줬다.

"나는 너희들 모친과 간부학습반 동기생이다. 항간에 떠도는 행정원장 장징궈 선생의 사생아(私生兒)가 바로 너희들이다. 학업에 열중해서 지하에 있는 모친을 위로해라."

장징궈는 지독한 사람이었다. 홍콩 언론매체가 자신의 쌍둥이 사생아에 관한 기사로 도배해도 눈 한번 꿈쩍하지 않았다. 장징궈는 매년 푸싱강(復興崗)의 정치작전학교 졸업식에 참석해 훈시하는 습관이 있었다. 대학을 우수한 성적으로 졸업한 장샤오옌이 푸싱강에서 1년간 훈련을 마치고 졸업하는 날은 참석하지 않았다.

장샤오옌은 정치와 외교에 관심이 많았다. 동생 샤오즈는 법률가가 되기를 희망했다. 병역을 마친 형제의 미국 유학을 앞두고 왕성이 장징궈에게 샤오옌과 샤오즈의 근황을 전했다. 장의 반응이 평소와 달랐다. 책상에 머리 묻고 한동안 어깨를 들썩거렸다. 그게 다였다.

유학을 마친 장샤오옌은 외교부에 들어갔다. 동생 샤오즈는 대학 교수로 사회생활을 시작했다. 장샤오옌의 신분을 아는 외국 기자가 공공장소에서 부친이 누구인지 물었다. 샤오옌은 발끈했다.

"국가 대사를 논하는 자리다. 사적인 질문은 피해주기 바란다."

보고를 받은 장징궈는 씩 웃었다.

장징궈의 3남 1녀 모두 불우한 생활

1975년 4월, 총통 장제스가 세상을 떠났다. 주미 대사관에 근무하던 장샤오옌이 대사에게 일시 귀국을 청원했다. 영문을 모르던 대사는 거절했다. 사표를 써놓고 귀국한 샤오옌이 총통의 빈소에 앉아 있는 신문을 보고 짚이는 바가 있었다. 짐 정리하러 돌아온 샤오옌을 공항까지 마중 나갔다. 자세히 보니 행정원장 장징궈와 용모가 비슷하다는 것을 발견하고 진땀을 흘렸다.

장징궈는 슬하에 3남 1녀를 뒀다. 장남 샤오원(孝文)은 청년 시절 술집에서 여종업원에게 심한 추태를 부렸다. 신고받고 출동한 헌병의 따귀를 후려갈겼다.

"내 할아버지와 아버지가 누군지 아느냐."

만취 상태에서 난폭하게 몰던 차에 행인이 치어 죽는 사고도 일으켰다. 장징궈는 격노했다. 샤오원을 산속에 유폐시켰다. 차남 샤오우(孝武)도 불우했다. 대형사고에 연루돼 대사급인 싱가포르 연락사무소 소장으로 쫓겨나다시피 했다. 삼남 샤오융(孝勇)은 형들보다는 덜해도 잊을 만하면 물의를 일으켰다. 장징궈가 장야뤄를 그리며 작명한 천하절색 외동딸 샤오장(孝章)은 장의 귀여움을 독

장징궈(둘째 줄 중앙)는 서민 정치가였다.
항상 이런 모습으로 서민들과 어울렸다.

차지했다. 미국 유학 중, 두 차례 이혼 경력이 있는 장징궈의 친구와 결혼해 실망도 시켰다.

내던져진 장샤오옌과 장샤오즈는 생부를 만족하게 했다. 외교계와 교육계에서 승승장구했다.

생부 성 찾은 쌍둥이 형제

2002년 12월 12일 오전, 평소 한산했던 타이베이 호적등기소 문전이 북적거렸다. 문이 열리자 대만은 물론 대륙과 홍콩에서 출장온 기자들이 물밀듯이 빨려 들어갔다. 14년 전 작고한 전 대만 총통 장징궈의 대형 사진 앞에 앉아 있는 국민당 부주석 장샤오옌(章孝嚴)은 넋이 나간 모습이었다. 사회자가 말할 틈도 주지 않았다. 벌떡 일어나 장샤오옌(蔣孝嚴)으로 성이 바뀐 새 신분증 번쩍 들고 흥분을 감추지 못했다. 부모 성명란에 '부친 장징궈, 모친 장야뤄(章亞若)' 10자가 선명했다. 웃음과 울음이 뒤섞인 음성으로 기자들에게 입을 열었다.

"60년 만에 모친의 염원을 이뤘다. 동생 장샤오즈는 6년 전에 세상을 떠났다. 함께 귀종(歸宗) 못해 유감이다. 앞으로 나를 장(蔣)샤오옌이라 불러주기 바란다. 장(章)샤오옌이라 부르면 대답하지 않겠다."

장징궈는 대만으로 나온 후 쌍둥이 사생아를 돌보지 않았다. 온갖 소문이 난무해도 눈 하나 깜짝하지 않았다. 부친 장제스의 사망으로 그 누구도 넘볼 수 없는 지고무상(至高無上)의 권력을 장악한 후에도 마찬가지였다. 세상이 다 아는 쌍둥이 사생아의 존재를 인정하지 않았다. 생부가 그러건 말건, 장(章)샤오옌은 외교부에서 핵심 보직 거치며 능력을 인정받았다. 외교부 상무차장이 공석이 되자 행정원이 장샤오옌을 후임으로 천거했다. 상무차장은 총통의 외빈 접견 배석이 관례였다. 장징궈는 난처했다. 다른 후보 물색하라며 호통을 쳤다. 행정원이 고집부리자 조건을 달며 허락했다.

"소련과 중동 관련 일만 맡겨라."

소련과 중동은 대만과 왕래가 전무했다. 부자의 어색한 만남을 피할 수 있었다.

1987년 말, 건강이 악화한 장징궈는 죽음이 임박했다는 것을 직감했다. 결자해지에 나섰다. 38년간 지속된 계엄령을 해제하고 정당 설립도 묵인했다. 대륙에 있는 민간인의 친인척 방문도 제한을 두지 않았다. 장징궈의 병세는 호전될 기미가 보이지 않았다. 가끔 정신이 들면 평소 안 하던 행동을 했다. 갓 태어난 쌍둥이 아들 안고 있는 젊은 여인의 빛바랜 사진 보며 눈시울을 붉혔다. 이듬해 1월 6일, 병간호로 진이 빠진 부인 장팡량(蔣方良)이 갑자기 쓰러졌다. 병원 가기 싫어하던 장징궈는 난생처음 의사의 권고를 뿌리치지 않았다. 부부가 함께 병원에 입원했다.

입원 당일, 장징궈는 혼수상태에 빠졌다. 임종 직전, 50년간 마음 한구석에 숨겨두었던 비밀을 자기도 모르게 토로했다. 1988년 1월 13일 12시 55분, 외교부 차장 장샤오옌과 동오(東吳)대학 총장 장샤오즈의 생모 "야뤄"를 몇 차례 부르고 눈을 감았다. 국상(國喪) 기간, 외교부 상무차장 장(章)샤오옌은 공항에서 분주했다. 문상 오는 외빈들 빈소까지 안내하며 날을 샜다. 언론이 쌍둥이 형제의 근황을 상세히 보도했다. 총통직을 승계한 부총통 리덩후이(李登輝)가 형제의 신분에 관한 성명을 냈다.

"장샤오옌과 장샤오즈는 장징궈 선생의 친아들이다."

빈소를 지키던 장징궈의 3남 장샤오융(蔣孝勇)은 이복형제들을 형이라 부른 지 오래였다. 부친의 마지막 모습을 보라고 연락했다. 장샤오옌의 회고를 소개한다.

"밤 11시 무렵, 동생과 함께 싸늘하게 식은 부친의 모습을 대했다. 아버지라고 불러보고 싶었지만 해본 적이 없는 말이라 혀가 돌아가지 않았다. 무릎 꿇고 통곡만 했다."

장샤오융도 구술을 남겼다.

"우리 가족은 형제의 존재를 알고 있었다. 입에 올리지 않는 것이 묵계처럼 된 지 오래였다. 부친도 그랬고 모친도 그랬다."

2남 장샤오우(蔣孝武)도 장샤오옌에게 이런 말을 했다.

"장(蔣)씨 집안의 자손으로 귀종은 당연하다. 형제자매는 물론 우리 애들도 그렇게 되기를 희망한다. 모친의 건강이 문제다. 워낙 속이 깊은 분이라 내색은 안 하지만, 장(蔣)씨 성 찾기 위해 귀종을 요구하면 충격이 어떨지 헤아리기 힘들다. 모친은 문맹에 가깝고 중국어도 서투르다. 외부 출입도 안 하고 공식 석상에 모습을 드러낸 적도 없다. 애들이 눈에 보이면 즐거워하고 마작이 유일한 낙이다. 모친이 생존하는 동안은 귀종 미루기를 건의한다."

장팡량은 농촌 출신이었다. 보수적이고 자존심이 강했다. 나대는 법이 없다 보니 본인은 몰라도 저절로 권위가 생겼다. 샤오옌도 웃으며 승낙했다.

장징궈 사망 후, 장씨 집안에 변고가 그치지 않았다. 8년 사이에 장(蔣)씨 3형제가 사망하고 장(章)샤오즈도 세상을 떠났다. 장징궈의 아들 중 남은 사람은 장샤오옌이 유일했다. 외교부장과 국민당 중앙상무위원 역임하며 주목을 받았다. 여배우와의 스캔들도 "장제스의 손자며 장징궈의 아들답다"며 오래가지 않았다.

2000년 여름, 60을 눈앞에 둔 장샤오옌이 가족들과 함께 대륙을 방문했다. 광시(廣西)성 구이린의 생모 무덤을 참배하고 대성통곡했다. 저장(浙江)성 펑화(奉化)의 장(蔣)씨 사당에서 조상들에게 제를 올렸다. 생부가 태어난 조부 장제스의 옛집에서 마을 노인들에게 부친의 어린 시절 얘기 들으며 한나절을 보냈다. 귀종 1년 후, 다시 구이린을 찾았다. 자신의 성과 모친과의 관계를 분명하게 밝혔다. "장태부인아약"(章太夫人亞若)이었던 비문을 "선비장모장태부인지묘"(先妣蔣母章太夫人之墓)로 바꿔버렸다.

지난 일을 바꾸는 것은 불가능하다. 장야줘도 장(蔣)씨 집안의 가족이 되고 싶었던 꿈을 이루지 못했다. 장샤오옌은 달랐다. 회고록한 구절을 소개한다.

"문밖에서 문 안에 들어오기까지 60년이 걸렸다. 들어와 보니 문 안에 아무도 없었지만 희열을 만끽했다."

만주사변의 서막

"일본은 만주와 몽골에 책임이 있다.
특히 동북지역은 일본의 생명선이다."

피비린내 진동한 만주

메이지유신 이후 일본은 기형(畸形)국가로 변했다. 봉건주의에서 완전히 탈피하지 못하고 자본주의의 발전과 군비 확장, 전쟁 준비에 머리를 싸맸다. 조선 침략과 중국 정복이 목적인 대륙정책도 고개를 들기 시작했다. 실현을 위해 1894년 갑오년, 중국(청나라)과 전쟁을 일으켰다. 청 제국의 발상지 동북(만주)에 피비린내가 진동했다. 중국은 연전연패(連戰連敗), 순식간에 안둥(安東), 다롄(大連), 뤼순(旅順)을 점령당했다. 대가는 개떡 같았다. 은 2억 냥 외에 대만(臺灣), 펑후(澎湖)열도, 랴오둥(遼東)반도를 일본에 떼줬다.

동북에 군침을 흘리던 러시아는 일본의 동북 진출에 긴장했다. 독일, 프랑스와 손을 잡았다. 랴오둥반도를 포기하라고 기한까지 정해서 일본을 압박했다. 일본은 3국의 간섭에 손을 들었다. 다시 청나라를 협박했다. 은 3,000냥을 뜯어냈다. 3국 간섭에 공을 세운 러시아는 뤼순과 다롄을 강점, 랴오둥반도까지 세력을 확장했다. 중국과 일본 간의 모순이 격화됐다. 일본과 러시아도 동북의 이권을 놓고 으르렁거렸다.

만주사변을 일으킨 관동군은 청나라 마지막 황제
푸이(중앙)를 내세워 만주국을 선포했다.
국제연맹 조사단이 승인하지 않자
일본은 국제연맹에서 탈퇴했다.

일본은 러시아와 전쟁을 준비했다. 이토 히로부미가 미국을 끌어들였다. 미국 대통령 시어도어 루스벨트와 하버드대학 동기인 귀족원 원장을 미국에 파견했다. 러시아와 전쟁이 벌어질 경우 조정에 나설 수 있는지를 타진했다. 미국이 거절할 이유가 없었다.

중국 영토인 동북에서 러시아와 일본이 자웅을 겨뤘다. 청나라 정부는 자국 경내에서 벌어진 북극곰과 섬나라 원숭이의 싸움에 끼어들지 않았다. 중립을 선언하고 방관했다. 동북 주민들만 골탕을 먹었다. 승리가 일본 쪽으로 기울자 미국이 조정에 나섰다. 코딱지만 한 군항 도시 포츠머스에서 러시아와 일본의 강화회담이 열렸다. '포츠머스조약'은 러시아와 일본의 중국 동북지역 이익 나눠 먹기였다.

"러시아 정부는 뤼순과 다롄 및 부근의 영토와 영해의 조차권(租借權)을 일본에 양도한다. 러시아는 창춘(長春)과 뤼순과의 철로와 지선의 부속 권리, 광산 채굴권 등 모든 특권과 재산권을 무상으로 일본에 양도한다."

부칙도 있었다.

"양국은 각자의 철로를 보호하기 위해 무장수비대를 주둔시킬 권리가 있다."

대한제국을 일본의 감독하에 두기로 한 것은 덤이었다. 이쯤 되면 날강도들과 별 차이 없었다. 그때는 그런 시대였다.

일본과 러시아가 동북을 탐낸 이유가 있었다. 동북은 땅이 넓고 물산이 풍부했다. 면적이 일본의 2.6배, 프랑스와 독일을 합한 것보다 넓었다. 도처에 수력 자원과 삼림이 널려 있고, 석유·석탄·금속의 매장량은 가늠이 불가능할 정도였다. 철도망도 발달했다. 중동

철도와 후일의 남만주철도(南滿洲鐵道)인 난만다오(南滿道), 베이징과 선양(瀋陽)을 잇는 징펑(京奉)철도의 지선을 제외한 총길이가 3,200km를 웃돌았다. 철도는 사람과 물자를 실어 날랐다. 역 주변에 인구가 몰리고 시장이 섰다. 새로운 도시가 모습을 드러냈다.

러·일전쟁 승리 후 랴오둥반도를 손에 넣은 일본은 남만주철도의 보호와 권익 확대를 위해 식민통치기구를 출범시켰다. 랴오둥수비사령부와 군정부(軍政部)를 설립하고 참모총장을 군정장관에 임명했다. 뤼순과 다롄의 조차지를 관동주로 명명한 후엔 관동도독부를 설치해 관동총감이 관동주(關東州)와 남만주철도 연변의 군정과 민정을 총괄했다.

1919년 일본 정부는 관동도독부 군정부를 관동군사령부로 독립시켰다. 민정 업무는 민정청을 신설하고 문관을 민정장관에 임명했다. 관동도독부는 간판을 내렸다.

관동군은 관동주와 남만주에 주둔하는 육군부대였다. 관동주 방위와 남만주철도 보호가 임무였지만 말로만 그랬다. 일본 군국주의의 동북 침략 최선봉이었다. 사령관도 천황이 직접 임명했다. 남만주철도주식회사(滿鐵)도 일본이 동북을 침략하기 위해 다롄에 설립한 기구였다. 훗날 초대 조선총독과 총리대신을 역임한 육군 대신 데라우치 마사타케(寺內正毅)가 설립위원회 위원장이었다. 창춘에서 다롄, 안둥에서 선양까지의 철도와 동북 최대 규모의 푸쑨(撫順)탄광, 안산(鞍山)철강, 다롄항 외에 창고·전기·메탄가스 등 10여 개 대기업을 경영했다.

다롄에 있는 만철조사부는 정보기관이나 다름없었다. 선양, 지린

(吉林), 하얼빈(哈爾賓), 베이징(北京), 상하이(上海) 등지에 지부를 설립했다. 중국의 군사·정치·경제에 관한 정보를 수집하고 정치제도와 풍속, 생활습관도 면밀히 조사했다. 만주국 연구의 1차 자료인 『만철조사월보』(滿鐵調査月報)는 물론 『만주일일신문』(滿洲日日新聞)과 『성경시보』(盛京時報)도 발간했다.

만철은 일본이 동북에 세운 국책회사였다. 1,100km에 달하는 철도 주변의 농토와 연병장, 광산, 시가지를 만철 부속지 명목으로 닥치는 대로 침점(侵占)했다. 통계에 의하면 1930년 초, 만철 부속지 면적이 482.96km², 직원은 3만 4,800명이었다. 만철 부속지에 일본 군경(軍警)과 특무기관, 극우단체가 파견한 대륙낭인, 정체를 숨긴 침략기관이 약방, 서점, 연구소 등 그럴듯한 간판을 내걸었다.

청·일전쟁 승리 33년 후, 1927년 6월 말, 일본 정부는 도쿄 외무대신 관저에서 동방회의를 소집했다. 주중공사, 펑톈·우한(武漢)·상하이 총영사, 관동군 사령관, 조선총독부 경무국장 등 회의 참석자들은 총리의 말에 공감했다.

"일본은 만주와 몽골에 책임이 있다. 특히 동북지역은 일본의 생명선이다. 중국 본토와 단절시켜 중국의 주권이 미치지 못하게 하는 것이 우리의 의무다. 일본의 보호를 받는 독립국가를 선포할 방법을 강구하기 바란다."

동방회의 4년 후, 1931년 9월 18일, 일본 관동군이 동북군을 공격했다. 만주사변의 막이 올랐다.

동북은 일본의 생명선

만주(지금의 동북3성)를 중국에서 분리하자는 주장은 20세기 초부터 있었다. 마지막 황제 선통제(宣統帝) 재위 기간, 일본에 망명 중인 동맹회(同盟會) 고위층이 청(淸) 말의 풍운아 숙친왕(肅親王) 산치(善耆)에게 서신을 보냈다.

"황실을 선양(禪讓)하고 발상지 동북으로 돌아가라."

방법도 구체적으로 제시했다.

1911년 10월 10일 밤, 후베이(湖北)성 우한에서 혁명군이 깃발을 날렸다. 웅크리고 있던 북양신군 영수 위안스카이(袁世凱)는 기회를 놓치지 않았다. 혁명세력을 어르고 달랬다. 혁명가들이 주장하던 공화제를 수용하고 민국(民國) 수립을 선포했다. 봉건의 상징인 선통제 푸이(溥儀)에게도 사탕발림을 안겨줬다. 자금성(紫禁城)에서 황제놀음 즐기되 외부출입은 금지했다.

눈만 뜨면 공화제를 노래하던 쑨원(孫文)은 맥이 빠졌다. "위안스카이 대총통 만세"를 외치며 혁명파들이 씌워준 임시 대총통 모자를 제 손으로 벗어 던졌다.

민국 초기 숙친왕은 베이징을 떠났다. 동북의 다롄(大連)에 근거지를 마련하고 종사당(宗社黨)을 출범시켰다. 일본을 등에 업고, 만주와 몽골을 중국에서 분리하기 위한 무장 폭동을 도모했다. 결과는 백일몽이나 다름없었다.

한반도 침탈 후 일본은 만주와 몽골에 집착했다. 관동군 참모가 그럴듯한 이유를 글로 남겼다.

"만주와 몽골은 제국의 조선 통치에 중요한 지역이다. 소련군이

일본은 인구가 많고, 농지가 부족했다.
중국 동북 지역에 개척단 명의로
대규모 노동이민을 권장했다.
산간에서 노동 중인 일본개척단.

국경을 넘어오면 조선 점령은 시간문제다. 만몽(滿蒙)은 일본의 생명선이다. 무슨 일이 있어도 점령해야 한다."

일본은 조선인의 만주 이민도 장려했다. 1930년, 간도(間島)와 안둥현 일대에 자리 잡은 조선인이 80만 정도였다. 중국은 조선인을 일본의 앞잡이 정도로 치부했다. 일본은 조선인을 보호한다는 이유로 조선인과 중국인을 이간질했다. 충돌이 그치지 않았다. 만주를 침략하기 위한 명분을 만들기에 충분했다.

관동군의 동북 침략

1930년 봄, 산시(山西) 군벌 옌시산(閻錫山)이 펑위샹(馮玉祥)과 연합했다. 장제스에게 반기를 들었다. 마지막 군벌전쟁인 중원대전(中原大戰)의 막이 올랐다. 국가주의자 오가와 슈메이(大川周明)가 참전을 저울질하던 동북의 지배자 장쉐량(張學良)에게 추파를 던졌다.

"만주의 황인종이 소련 백인종의 식민지 백성 취급에서 벗어날 좋은 기회다. 난징 국민정부에 예속된 만주를 해방한 후 '만주자주국'(滿洲自主國)을 선포하고 국가원수에 취임해라."

30세 생일을 앞둔 약관의 청년 원수(元帥)는 만주의 독립과 국가원수 따위에는 관심이 없었다. 장제스를 지원하기 위해 막강한 동북군을 중원대전에 투입했다. 중원대전은 장제스와 장쉐량의 승리로 싱겁게 끝났다. 육·해·공군 부총사령관에 취임한 장쉐량은 베이징 이북과 만주 전역의 통치권을 확보한 중국의 실질적인 2인자였다. 베이징에 거주하며 아편·독서·여자에 몰두했다.

1930년 10월, 일본 육군성 군사과장 나카다 데스잔(永田鐵山)이

공무로 동북을 방문했다. 관동군 작전참모 이시하라 간지(石原莞爾)가 동북 문제에 관한 자신의 구상을 제출했다.

"동북3성을 중국에서 이탈시킨 후 친일 독립정부 수립을 서둘러야 한다. 국가원수는 동북 계열의 원로 중 친일파를 내세우는 것이 합당하다."

이듬해 3월 관동군은 동북 침략을 기획했다. 외곽 조직인 재만일본인자주동맹(在滿日本人自主同盟)을 전면에 내세웠다. 도쿄 히비야공원에 71개 사회단체를 소집해 국민대회를 열었다. '신국가 건립'을 정부에 요구했다. 관동군은 본국의 우려를 무시했다. 1931년 6월 말, 작전계획을 완성했다.

"만철(남만주철도주식회사) 관할 지역인 선양(瀋陽) 북부 류탸오호(柳條湖)에서 철로를 폭파하고 동북군 주둔지 북대영(北大營)을 점령한다."

시간은 9월 28일로 정했다.

중국은 홍수로 난리였다. 후베이성은 60%가 물에 잠겼다. 수재민 2,000만 명에 확인된 사망자가 만 명을 넘었다. 행방불명은 헤아릴 방법이 없었다. 다른 성들도 비슷했다. 이 와중에도 동북에 전쟁이 일어날 것이라는 소문은 그치지 않았다. 1931년 8월 25일, 선양 공안국이 관계 기관에 비밀 전문을 발송했다.

"일본이 도발하면 대응을 자제해라. 저항은 금물이다."

이틀 후, 관동군은 선양의 일본 교민들에게 총을 지급했다.

9월 2일, 관동군이 선양공병창과 북대영 인근에서 야전 훈련을 했다. 다롄의 관동청이 도쿄의 외무성에 긴급 전문을 보냈다.

"관동군 소장파 장교들이 중국 군대와 충돌을 도모한다."

외무성이 선양 총영사에게 보낸 훈령을 소개한다.

"근래에 관동군이 비축했던 자금을 푼다는 정보가 있으니 확인해서 보고해라. 국수주의자 낭인들이 중국과 전쟁을 획책 중이다. 낭인 단속을 철저히 하기 바란다."

9월 6일, 베이징에 있던 장쉐량이 전화로 동북에 지시했다.

"일본인이 무슨 일을 저질러도 용인해라."

9월 12일, 허베이(河北)성 스좌장(石家庄)에 장제스가 나타났다. 황급히 달려온 장쉐량에게 당부했다.

"일본군의 동북 공격이 임박했다는 정보를 입수했다. 아직 우리는 역량이 부족하다. 일본과의 전쟁은 불가능하다. 대항하지 말라고 동북의 전군에 지시해라. 지금 우리에게 절실한 것은 공산비적 섬멸이다. 내부의 적을 소탕한 후에 침략자와 맞서는 것이 현명하다."

9월 15일, 관동군 고급참모 이타가키 세이시로(板垣征四郎)가 선양 특무기관에서 긴급회의를 열었다. 작전 개시를 예정보다 열흘 앞당긴 9월 18일, 토요일 밤 10시 30분으로 확정했다. 9월 17일 밤, 선양의 일본재향군인회가 충혼비 앞에서 흑두건 뒤집어쓰고 집회를 열었다. "일본 권익 침해하는 천하의 난봉꾼 장쉐량 타도"를 두 번 외치고 흩어졌다.

9월 18일, 세계를 진동시킬 새날이 밝았다.

무저항장군 장쉐량

"무기를 무기고에 안치해라. 국가를 위해 희생해라.
천둥소리가 클수록 비는 많이 내리지 않는 법이다."

중국 최강 부대

1931년 2월, 베이징 협화의원(協和醫院)에 입원한 장쉐량은 3개월 만에 건강을 되찾았다. 퇴원과 동시에 국민정부 소재지 난징으로 갔다. 장제스와의 회담은 물론 국가의 통일과 평화를 기원하는 연설로 갈채를 받았다. 5월 20일 난징을 떠날 때는 장제스가 직접 공항에 나와 베이징으로 떠나는 30세의 청년 원수 장쉐량을 배웅했다. 1주 후, 장쉐량도 환대에 보답했다. 광둥(廣東) 토벌에 나선 장제스에게 항공기 20대를 선물로 보냈다.

베이징으로 돌아온 장쉐량은 고열에 시달렸다. 독일 의사가 입원을 건의하자 소리 꽥 지르며 거절했다. 6월 1일 새벽, 혼수상태에 빠진 장쉐량을 태운 승용차가 순승왕부(順承王府)를 빠져나왔다. 동북군 장갑차와 기관총부대가 협화의원을 봉쇄했다. 장쉐량의 부인과 동생, 3명의 심복 외에는 병원 출입을 금지했다. 의사들의 불만이 이만저만 아니었다. 의사 한 명을 몽둥이찜질하자 다들 입을 닫았다.

장쉐량의 완치는 또 3개월이 걸렸다. 건강이 회복된 장쉐량은 온몸이 근질거렸다. 9월 18일 황혼 무렵, 품위 있는 부인과 공개된 애인 데리고 메이란팡(梅蘭芳)의 경극(京劇)을 보러 갔다. 공연이 무르익을 무렵 부관이 달려왔다.

"관동군이 북대영(北大營)을 공격했다."

장쉐량은 왕부로 돌아왔다. 전화로 동북변방군(東北邊防軍) 참모장에게 지시했다.

"무기를 무기고에 안치해라. 국가를 위해 희생해라. 천둥소리가 클수록 비는 많이 내리지 않는 법이다."

싸우지 말고 조용히 있으라는 의미였다.

북대영은 동북군 7여단 주둔지였다. 여단 참모장 자오전판(趙鎭藩)이 구술 회고를 남겼다.

"1931년 9월 18일 밤, 여단 숙소에서 잠을 자던 중 고막이 터질 것 같은 포성에 눈을 떴다. 시계를 보니 10시 20분이었다. 5분후 남만주철도의 남만역(南滿驛) 부설 여관에 관동군이 설치한 포병진지의 일본군이 북대영 쪽으로 사격을 퍼부었다. 여단장 왕이저(王以哲)는 부재중이었다. 일본군 보병이 탱크의 엄호를 받으며 북대영으로 오고 있다는 정보참모의 보고에 정신이 번쩍 들었다. 동북변방군 총참모장 녜룽전(聶榮臻)에게 전화를 걸었다. 저항을 불허한다. 국가를 위해 살신성인(殺身成仁)하라는 황당한 지시에 당황했다. 11시쯤, 사방에서 총성이 울렸다. 룽전이 전화로 상황을 물었다. 적이 서·남·북, 3면에서 공격한다고 보고하자 동쪽으로 이동하라고 지시했다. 날이 밝자 룽전은 백기를 들고 투항했다."

만주국 집정(執政) 취임식을 마친 푸이.
1932년 3월 9일, 만주국 수도 창춘(長春).

장쉐량의 무저항

9·18사변 당시 관동군 병력은 1만 2,000명 정도였다. 관동군을 지원한 조선군까지 합쳐도 2만이 채 안 됐다. 장쉐량이 지휘하는 동북군은 40만이었다. 동양 최대 규모의 동북병공창에서 생산한 무기로 무장한 육해공군을 완벽하게 갖춘 중국 최강의 부대였다. 관동군에게 저항 한 번 못 하고 동북을 포기한 장쉐량은 무저항장군(無抵抗將軍)이라는 오명(汚名)을 피할 방법이 없었다.

선양(瀋陽) 주재 일본 총영사는 전형적인 직업외교관이었다. 관동군 사령관에게 부대이동을 중지하라고 경고한 적이 있었다. 북대영을 공격하자 조정에 나섰지만 관동군 참모들은 막무가내였다. 외무성에 보고하는 것 외에는 할 일이 없었다.

"만철 전 구간에 군대가 동시에 출동했다. 관동군의 독단과 불법행동을 저지할 힘이 없다."

9월 19일 새벽, 관동군은 선양을 완전히 점령했다. 랴오닝(遼寧)성 성장을 구금하고 관동군 사령관이 서명한 포고문을 발표했다. 어쩔 수 없는 군 출동이니 이것도 안심하고, 저것도 안심하라는, 그렇고 그런 내용이었다. 이날 오전, 육군대신 미나미 지로(南次郞)가 내각 긴급회의 결정을 관동군 사령관에게 전문으로 지시했다.

"사태를 확대하지 마라. 만주 전역 점령을 불허한다. 정부와 유사한 기구의 성립을 엄금한다."

조선군 사령관도 본국의 지시를 무시했다. 공군 2개 중대와 20사단, 19사단 일부를 동북에 파견해 관동군을 지원했다.

19일 밤, 관동군 참모들이 사태 해결을 위한 토론회를 열었다.

입장이 같다 보니 의견 일치에 오랜 시간이 걸리지 않았다.

"지린(吉林)성과 하얼빈(哈爾賓)으로 진군한다. 청나라 마지막 황제 푸이(溥儀)를 영입해 만주에 새로운 국가를 수립한다."

참모들은 톈진에 있는 푸이와 접촉을 시도했다. "지방행정은 치안유지에 한정하라"는 육군성의 훈령과 "본래의 임무에 충실하며 사태의 변화에 대비하라"는 참모본부의 지시는 무시했다. 이쯤 되면 완전 하극상이었다.

동북이 풍전등화였던 9월 18일 밤, 장제스는 장시(江西)성 후커우(湖口)의 군함에서 홍군 포위 작전을 지휘하고 있었다. 관동군의 북대영 공격을 알 턱이 없었다. 19일 오후 하선한 후에야 상하이에서 보낸 전보를 보고 동북에 사건이 터진 줄 알았다. 내용도 간단했다. "도쿄의 소식통에 의하면 동북군이 남만주 철도의 철로를 폭파했다"가 다였다. 이 정도면 흔히 벌어질 수 있는 일이었다. 장쉐량에게 전문을 보냈다.

"일전에 지시한 대로 일본군에 대응하지 마라. 반격할 경우 전쟁을 일으킬 빌미를 준다."

장쉐량의 답전을 본 장제스는 경악했다. 전화로 호통을 쳤다.

"일본군이 걸어오는 사소한 도발에 대응하지 말라는 지시를 잘못 이해했다. 계획된 전면 도발을 총 한 방 쏘지 못했으니 공산 비적들에게 선전 거리만 제공했다."

장제스의 예측이 적중했다. 사경을 헤매던 공산당은 장쉐량의 무저항에 만세를 불렀다. 호재도 이런 호재가 없었다. 대도시의 지하당원들이 부지런히 움직였다. 진부(眞否)를 식별할 수 없는 온갖 소문이 떠돌았다. 시위가 줄을 이었다. 장제스와 장쉐량을 비판하는 학생들이 총리 대행인 외교부장 왕정팅(王正廷)의 집무실에 난입했다. 말이 필요 없었다.

52년간 연금 중인 장쉐량의 생일

1990년 2월 타이베이, 103세 생일을 앞둔 총통부 고문 장췬(張群)이 연판장을 돌렸다.

"6월 1일, 장쉐량 선생의 구순(九旬)이 임박했다. 대수(大壽) 축하연을 열 생각이다. 준비위원회 참여 희망자의 서명을 구한다."

행정원장과 국민당 중앙위원, 각 군 참모총장, 국민당 원로급 인물 전원이 참여를 자청했다. 대만 천도 40년간 장제스 외에, 그것도 52년간 연금 중인 노인의 생일을 앞두고, 전현직 정계 요인들이 팔을 걷어붙인 적은 단 한 번도 없었다.

대륙도 무심치 않았다. 5월 30일, 전 중공(중국공산당) 정협(정치협상회의) 주석 덩잉차오(鄧穎超, 저우언라이 부인)가 장쉐량에게 보낸 축하 전문을 발표했다.

"54년 전, 선생은 국·공합작과 항일전쟁을 성사시켰다. 대만에 간 후에도 장기간 불공정한 대우를 받았지만 영리(榮利)에 담백하고, 동정받는 것을 치욕으로 여겼다."

14년 전 세상 떠난 남편의 소회(素懷)도 빠뜨리지 않았다.

"저우언라이는 선생 생각이 날 때마다 천고(千古)의 공신(功臣)이라며 가슴을 쳤다. 나와 우리 연배의 동지들은 고인의 말을 되새기며 선생의 장수와 건강을 기원한다."

총통 리덩후이의 행동도 심상치 않았다. 5월 31일 밤, 부총통 편에 대형 생일 케이크와 고려인삼을 선물로 보냈다. 미국에서 미리와 있던 쑹메이링도 분주했다. 애들 엉덩이만 한 다리(大理) 복숭아 9개와 꽃을 장쉐량의 부인에게 전달했다.

6월 1일 오전 10시, 장쉐량이 총통의 부액(扶腋)을 받으며 연회장에 나타났다. 내로라하는 참석자들의 축사가 요란했다. 장쉐량의 답사는 간단했다.

"나는 세상과 단절된 죄인이다. 모든 기억을 바람에 날려버린 지 오래다."

귀부인들의 곡성이 터졌다.

장쉐량의 부인이 작성한 원고, '장쉐량은 어떤 사람인가'를 참석자들에게 돌렸다.

"장쉐량과 60년을 함께했다. 누구보다 잘 안다고 자부한다. 열일곱 살 때 아이스크림 가게에서 처음 만났다. 어마어마한, 북양정부 국가원수의 아들인 줄 몰랐다. 이 사람 원래의 꿈은 의사였다. 열아홉 살 때 '동북강무당'에 들어가 군 생활을 시작했다. 졸업 후 내전에 참가한 것은 명예나 이익이 아닌, 부친의 뜻을 존중했기 때문이다. 부친이 일본군에게 모살(謀殺)당하자 자신의 지위와 권력을 내던졌다. 국가의 통일을 위해 중앙정부와 합작, 항일의 길로 나서기를 희망했다."

1931년 9월 18일 일본 관동군의 동북 침략과 1936년 12월 12일,

관동군에게 투항한 동북의 4거두, 왼쪽 첫째가 시차.
둘째는 헤이룽장(黑龍江)성 주석 장징후이(張景惠).
만주국 2대 총리를 역임했다.

장쉐량이 장제스를 감금, 국·공합작과 항일전쟁을 촉구한 '시안(西安)사변'도 완곡하게 언급했다.

"9·18사변 후 일본이 동북을 점령했다. 장쉐량은 동포들끼리 서로 죽이고, 국가의 항일 역량이 소모되는 되는 것을 참지 못했다. 내전 중지와 항일을 위한 단결을 역설했다. 특정 정당과 계파를 편애하지 않고 국가와 동포를 사랑했다. 국가의 이익을 위해 즐거운 마음으로 자신을 희생하며 항일을 청원했다."

장쉐량이 일본 NHK가 요청한 인터뷰를 수락했다. 긴장한 기자에게 익살을 떨었다.

"베스트 셀러 작가가 되고 싶으면 내 여자관계를 질문해라. 성실히 대답하겠다. 내가 아직 살아 있는 것은 오랜 연금생활 덕이다. 아니었으면 마흔도 되기 전에 아편과 여자에게 곯아 죽었을지 모른다."

약관의 나이에 동북의 대권을 장악한 경위도 설명했다.

"28세 때 부친이 세상을 떠났다. 나도 참석한 회의에서 동북의 원로들이 지린(吉林)성 주석 장쭤샹(張作相)을 대원수(大元帥)로 추대했다."

설명이 필요하다. 장쭤샹은 장쭤린(張作霖)과 동년배였다. 이름 탓에 형제나 인척으로 오인하기 쉬웠지만 남남이었다. 기와 굽는 노동자에서 마적으로 변신, 장쭤린과 함께 만주벌판을 종횡무진한 당대의 풍운아였다. 대원수직을 수락한 후 입을 열었다.

"나는 장쭤린의 부하였다. 명령만 받았지 가르침을 받은 적은 없다. 대원수에게 온갖 꾸지람 들으며 보고 배운 사람은 장쉐량이 유일하다. 아버지가 세상을 떠나면 아들이 계승하고, 아들은 원로들의 의견을 존중하는 것이 동북의 전통이다. 우리의 새로운 지도자로 적합한 인물은 장쉐량이다. 나이는 상관없다."

장쉐량은 관동군의 침략에 대응하지 않은 이유도 설명했다. 동북인의 체면을 손상하지 않고, 장제스도 두둔했다.

"사람들은 나를 동북왕(東北王)이라고 불렀다. 동북군은 내 명령이 떨어져야 움직인다. 장제스도 이 점을 잘 알고 있었다. 평소 관동군이 도발해도 저항하지 말라고 권고만 했지 명령은 내리지 않았다. 특정 조직에 인재가 몰리면 그 조직은 괴물이 된다. 일본 관동군은 괴물이었다. 군복과 계급장도 일반 일본군과 달랐다. 본국 대본영의 훈령에 대답만 했지 무시하기 일쑤였다. 1931년 9월 18일 밤, 관동군의 도발에 대응하지 말라는 지시는 내가 내렸다. 괴물의 광적(狂的)인 행동을 예상 못 한 판단 착오였다. 나는 역사의 죄인이다."

60년 전 장쉐량의 무저항으로 동북을 점령한 관동군은 장쉐량의 관저를 털었다. 지하창고에 있던 황금 16만 냥과 대형 나무상자 40개에 가득한 위안스카이의 얼굴이 새겨진 은화(大洋), 헤아리기 힘들 정도의 골동품과 서화(書畵) 수만 점, 미화 1,200만 달러를 약탈했다. 동북병공창이 만든 총 4만 정과 수백만 발의 실탄, 박격포, 항공기 200대는 덤이었다. 관동군 수뇌부는 쾌재를 불렀다. 이 정도 면 동북에 새로운 국가를 만들고 가상적(假想敵) 소련을 대항하기 에 충분했다.

관동군은 선양(瀋陽)을 펑톈으로 개명하고 특무대장 이다가키 세 이시로를 시장에 임명했다. 공문서에 일본 연호를 명기하라고 지시 한 이다가키는 청조의 마지막 황제였던 푸이에게 밀사를 파견했다.

혼돈에 빠진 만주 3

"폐국(만주국)은 국방과 치안유지를
귀국(일본)에 위임한다. 소요 경비는 폐국이
부담한다. 폐국은 귀국 군대가 국방에 필요한
모든 행동을 승인한다. 철도, 항만, 수로, 항공의
관리권과 도로 수축을 귀국 혹은 귀국이
지정한 기관에 위임한다. 폐국은 귀국 군대가
필요하다고 인정한 각종 시설을 적극적으로
지원한다."

만주의 구세주

"중국의 혼란은 황제가 없기 때문이다.
난국을 수습할 사람은 청 제국의 황제 선통제 외엔 없다."

푸이에게 눈독들인 일본

1924년 11월 5일, 베이징정변에 성공한 펑위샹이 푸이를 자금성 (紫禁城)에서 축출했다. 일본 공사가 기회를 놓치지 않았다. 공사관에 거처를 마련하고 성명을 냈다.

"선통제를 우리가 보호 중이다."

뒤죽박죽이던 중국 천지가 더 복잡해질 징조였다.

1993년 7월, 베이징의 저명한 문화인 예주푸(葉祖孚)가 푸이와 일본의 인연을 구술로 남겼다.

"일본은 푸이에게 눈독을 들였다. 환관(宦官)들의 방해로 접근이 쉽지 않았다. 뇌물을 써도 밑 빠진 독에 물 붓기였다. 푸이가 영국 유학자금 마련하기 위해 건복궁(建福宮)에 쌓여 있는 서화(書畵)를 외부로 빼돌리자 환관들이 장난을 쳤다. 모조품을 진품과 교체했다. 한 도시를 사고도 남을 보물들이 골동품 시장에 나돌았다. 1923년 6월 27일, 건복궁이 화마(火魔)에 휩싸였다. 건물 6채가 잿더미로 변했다. 일본 공사가 푸이의 측근을 매수했

9·18사변 2개월 후인 1931년 11월 중순,
국민정부 수도 난징에서 대책을 숙의하기 위해 만난
국민당 중앙군사위원장 장제스(오른쪽)와
부위원장 장쉐량.

다. '증거를 없애기 위한 환관들 소행이다. 황제에게 보고해라.'
푸이도 짚이는 바가 있었다. 환관 700명을 자금성에서 내쫓았다.
이 일을 계기로 푸이는 일본을 신뢰하기 시작했다. 3개월 후 일
본 관동지방에 대형지진이 발생하자 미화 30만 달러를 지원했다.
이듬해 봄, 일본을 거쳐 중국에 온 인도의 시철(詩哲) 타고르에게
일본 애기 나누며 장시간을 보냈다."

1925년 2월, 일본 공사관에서 20세 생일을 보낸 푸이는 톈진의
일본 조계로 거처를 옮겼다. 일본 총영사 요시다 시게루(吉田茂)가
푸이를 홀렸다. '일본인소학교' 참관을 청했다. 일정을 마친 푸이는
양편에 도열한 학생들의 '황제 폐하 만세'에 감격을 주체하기 힘들
었다. 군벌 전쟁으로 전화(戰火)가 톈진을 압박했다. 조계의 각국 주
둔군이 연합군을 결성하자 불안해하는 푸이를 일본 주둔군 사령관
이 안심시켰다.

"중국 군대가 한 발도 들여놓지 못하게 하겠다. 폐하는 마음을 놓
기 바란다."

신문에 실린 일본군 참모의 기고도 푸이를 들뜨게 했다.

"중국의 혼란은 황제가 없기 때문이다. 난국을 수습할 사람은 청
제국의 황제 선통제 외엔 없다."

푸이는 일본군의 존경과 지지에 으쓱했다. 막강한 일본군과 손잡
으면, 청 황실이 다시 일어나는 것(復辟)은 시간문제라고 확신했다.
천장절 기념식에도 빠지지 않았다. 열병을 마친 일본군 사령관이
다가와 경례하자 참석자들과 함께 '덴노 헤이카 반자이'를 열창했

다. 동북에 사람을 파견해 정황을 살피게 했다. 반응이 빨랐다. 2개월 후, 동북의 최강자 장쭤린이 톈진에 왔다. 푸이에게 아홉 번 절하고 황금 9,900냥(兩)을 바쳤다. 황제 예우를 받자 기분이 좋았다. 장제스가 지휘하는 북벌군의 기세가 만만치 않았다. 뤼순(旅順)에 있던 청의 유로(遺老)들이 편지를 보냈다. 뤼순으로 오라는 간곡한 내용이었다. 푸이는 일본을 믿었다. 유로들의 청을 거절했다.

장제스를 믿지 않은 푸이

푸이는 측근 정샤오쉬(鄭孝胥)를 일본에 파견했다. 일본에 간 정샤오쉬는 분주했다. 우익단체 흑룡회(黑龍會)와 참모본부의 대표적인 인물과 회담하며 복벽 지원을 호소했다. 귀국한 정샤오쉬는 푸이에게 희망을 안겨줬다. 생각지도 않았던 대형사건이 터졌다. 북벌군에게 밀려 동북으로 돌아가던, 북양 정부 국가원수 장쭤린의 전용 열차를 일본 관동군이 날려버렸다. 북벌군에는 별난 지휘관이 많았다. 존재감이 약한 쑨뎬잉(孫殿英)이 건륭(乾隆)황제와 자희(慈禧)태후의 능을 도굴했다.

푸이는 조상 볼 면목이 없었다. 식음을 전폐하고 복수를 다짐했다. 동생 푸제(溥杰)와 처남 룬치(潤麒)를 일본 육군사관학교에 입학시켰다. 오스트리아 귀족도 고문으로 위촉했다.

"현지에서 서구의 중국 관련 정보를 수집해 보고해라."

동북의 실력자들도 회유했다. 장쉐량을 후계자로 추대한 지린(吉林)성 주석 장쭤샹(張作相)과 헤이룽장(黑龍江)성 주석 장징후이(張景惠) 등 동북의 원로들은 푸이가 보낸 친필서신과 선물 받고 몸을

동북 도착 후 관동군 수뇌부와 마주한 푸이(오른쪽 둘째).
오른쪽 넷째가 정샤오쉬. 만주국 초대 국무총리를 역임했다.

황제 자리에서 두 번 물러난 후
톈진에 체류 중인 26세의 청년 푸이(오른쪽)와
일본 경험이 풍부한 복벽주의자 정샤오쉬.

제대로 가누지 못했다. 후들거리는 다리 버티며 톈진을 향해 아홉 번 절하고 주저앉았다.

1931년 7월 10일, 9·18사변 2개월 전, 일본 육군사관생도 푸제가 푸이에게 편지를 보냈다.

"일본은 장쉐량에게 불만이 많다. 후일을 도모할 계획에 착수하기 바란다."

푸이는 물난리 난 지역부터 챙겼다. 큼지막한 상자에 진주를 가득 담아 수해지역 지방관들에게 보냈다. 일본은 "황제의 혈통은 어쩔 수 없다"며 푸이를 높이 평가했다. 9월 30일, 톈진 주재 일본군 사령관이 푸이를 방문, 큰 봉투를 전달했다. 지린성 주석 장쭤샹의 참모장 시차(熙洽)가 보낸 편지였다.

"장쭤샹은 부재중이다. 희생자 없이 성 전역을 관동군에게 내줬다. 장쉐량의 폭정(暴政)에 동북인의 불만이 폭발 직전이다. 조상의 발상지에 돌아와 일본의 도움으로 만주를 점거한 후 중원으로 진출하자. 선양(瀋陽)에 도착하는 즉시 지린성은 복벽을 선언하겠다."

시차는 청 황실의 후예였다. 시차의 편지를 받은 날 밤, 일본 측이 푸이에게 동북으로 갈 것을 건의했다.

11월 2일 오전, 장제스가 푸이에게 특사를 파견했다.

"청 황실 우대조건을 회복시키겠다. 톈진을 떠나지 말기 바란다."

푸이가 특사에게 했다는 장제스의 인물평을 소개한다.

"믿을 수 없는 사람이다. 수완이 악랄하고 지독하다는 말을 여러 사람에게 들었다. 발처(髮妻)를 버리고 천하디천한 미국의 앞잡이 쑹메이링과 결혼한, 근본이 없는 사람이다. 일본이 두렵다 보니 나와 일본의 접근을 막기 위해 안달이다. 내가 장제스의 말을 수용하면 빈 껍데기나 다름없는 황제 칭호 주고, 나를 농락한 후 제거할 심산이다. 답변할 가치도 없는 제안이다."

같은 날 밤 푸이는, 중국인 복장으로 톈진에 온 일본 관동군 특무기관장 도이하라 겐지(土肥原賢二)와 밀담을 나눴다. 일단 선양에는 가기로 합의했다.

꼭두각시 국가원수 물색

만주(동북)는 발해(渤海), 요(遼), 금(金), 청(淸)이 국가를 건설한, 중국과 무관한 지역이었다. 중국이 혁명의 소용돌이에 휘말린 후에도 장쭤린이 통치한 독립국이나 마찬가지였다. 막강한 군사력과 경제가 한 국가를 형성하기에 충분했다.

당시 중국은 일본 타도와 공산당 타도가 최우선이었다. 만주는 달랐다. 공산당 문제는 중요하지 않았다. 중국공산당은 만주에 기반이 약했다. 강대국 소련과 일본 사이에 끼어 있다 보니 특수한 외교정책 취하지 않으면 안전 유지가 불가능했다. 전문 관료들이 '보경안민'(保境安民), 영토 수호와 국민의 안전을 역설하며 양책을 진언했지만 만주의 지배세력은 귀담아듣지 않았다. 산하이관 내에 진출해 천하를 호령했던 기마민족의 전철을 밟으려 했으나 실패했다.

일본 관동군은 만주가 농산물과 자원의 보고라는 것을 꿰뚫고 있었다. 1920년대 만주의 콩 생산량은 전 세계의 60%였다. 벌목이 가능한 36억m³의 목재와 250억t의 석탄, 철광 20억t이 인간의 손길을 기다리고 있었다.

만주의 문인 관료들이 제창한 '보경안민운동'은 '만주독립운동'과 별 차이가 없었다. 군벌의 몰락과 구세주의 출현을 기대하던 만주인들을 들뜨게 했다. 일본 군사 엘리트의 집결지 관동군의 좌관급(우리의 영관급) 참모들은 자신이 만주의 구세주라고 자임했다. 하늘이 낸 보물창고에 식민지가 아닌 새로운 국가를 건설하면 인간 낙원을 만들 수 있다고 착각했다.

무력으로 만주를 점령하고, 시키면 시키는 대로 할 국가 원수감을 물색했다. 황제 자리에서 두 번 물러난 후 톈진에 체류 중인 26세의 청년 푸이 외에는 적합한 인물이 없었다. 만주에 끌어들이기만 하면 회유는 시간문제였다.

'동방의 로렌스' 도이하라 겐지(土肥原賢二)가 총대를 멨다. 도이하라는 열아홉 살 때 중국에 첫발을 디뎠다. 18년간 관동군에 근무하며 장쭤린과 밀접한 관계를 맺었다. 군벌 전쟁 시절 장쭤린을 지원한 것도 도이하라고 장쭤린의 폭사(爆死)도 도이하라의 작품이었다. 9·18만주사변은 말할 것도 없었다. 중국 방언을 자유롭게 구사했고 광활한 만주벌판을 제 손바닥 보듯 하던, 일본 군부의 대표적인 중국통이었다.

푸이와 도이하라의 회담

1931년 11월 2일 밤, 푸이를 만난 도이하라는 건강을 물은 후 본론을 꺼냈다.

"9월 18일 발생한 일본의 군사행동은 학정에 시달리는 만주의 3,000만 명 주민을 구하고, 일본 거류민의 권익과 생명, 재산을 보호하기 위한 부득이한 출병이었다. 관동군은 만주의 영토에 야심이 없다. 성심과 성의를 다해 만주인들의 새로운 국가 건설을 돕고 싶을 뿐이다. 만주는 만주인이 다스려야 한다. 하루빨리 조상의 발상지로 돌아와 새로 탄생할 국가를 이끌어주기 바란다. 수도는 창춘(長春)으로 할 생각이다."

푸이는 신중했다.
"관동군은 일본 정부를 대표하는 기관이 아니다."
도이하라의 한마디가 푸이를 안심시켰다.
"천황폐하는 관동군을 믿는다."
가볍게 고개를 끄덕인 푸이가 민감한 질문을 던졌다. 푸이의 회고록에 실린 두 사람의 대화를 소개한다.
"새로운 국가는 어떤 형태의 국가인가?"
"선통황제가 주인인 군대를 보유하고 외교권을 갖춘 자주 독립국이다."
"그건 중요하지 않다. 공화국인지 제국인지를 알고 싶다."
"그 문제는 선양(瀋陽)에 오면 해결된다."

푸이는 완강했다.

"복벽(復辟)이면 가겠다. 아니면 갈 이유가 없다."

"당연히 제국이다. 아무 문제 없다."

"제국이라면 가겠다."

"16일 전에 만주에 도착할 수 있도록 안배하겠다."

도이하라는 당부도 잊지 않았다.

"일본 총영사관에는 비밀로 해라. 외교관들은 세상 물정을 모른다. 휴지 조각이나 다름없는 국제공약 들먹거리며, 일만 복잡하게 만드는 훈수꾼이 대부분이다. 정샤오쉬(鄭孝胥) 외에는 그 누구와도 의논하지 마라."

푸이도 같은 생각이었다. 정샤오쉬는 일본 경험이 풍부한 복벽주의자였다.

11월 6일 상하이의 언론이 푸이와 도이하라의 회담을 보도했다. 베이징에서 달려온 푸이의 사부 천바오첸(陳寶琛)이 정샤오쉬를 닦달했다.

"지금 반일(反日) 정서가 극에 달했다. 경거망동은 백해무익이다. 때가 오기를 기다리자. 우방의 믿음을 상실하고 민중의 환심을 저버리는 우(愚)를 자초할까 두렵다. 일본 내각의 뜻이라면 몰라도, 일본군 대좌의 말에 현혹된 것이 아닌지 재삼 숙고하기 바란다."

정샤오쉬가 천바오첸을 진정시켰다.

"우리에겐 우방이 없다. 관동군의 만주 침략에 소련은 중립을 선언했다. 미국과 영국도 입을 닫았다. 머뭇거리면 일본 관동군이 다른 황족을 옹립할 가능성이 크다."

천바오첸은 할 말을 잃었다. 가슴 치며 텐진을 뒤로했다.

푸이를 만나겠다는 사람들이 줄을 이었다. 거절하다 보니 보도를 인정하는 꼴이 돼버렸다. 장쉐량의 특사를 만났다. 특사는 동북과 일본만 아니면 유럽 어디를 가도 좋으니 희망하는 곳 말하라며 빈정거렸다. 푸이는 냉소했다.

"나는 중국을 떠날 계획이 없다. 너는 아직도 대청제국의 구신(舊臣)이다. 일개 군벌의 말을 내게 전하는 것이 가당한지 생각해봐라."

푸이의 거처에 선물과 편지가 답지하기 시작했다. 경호원들이 전 동북보안사령부 고문이 보낸 꽃다발에서 소형 폭탄 두 개를 발견했다. 일본 경찰과 일본군 사령부의 조사 결과가 일치했다.

"장쉐량의 동북병공창에서 만든 폭탄이다."

푸이는 일정을 앞당겼다. 도이하라가 지정한 연락관에게 통보했다.

"당장 텐진을 떠날 생각이다. 수행원은 정샤오쉬 부자면 족하다."

11월 10일 새벽, 낡아빠진 승용차 한 대가 텐진의 일본 조계를 빠져나왔다. 트렁크에 청 제국의 마지막 황제가 짐짝처럼 쭈그리고 있을 줄은 아무도 상상 못 했다.

헌병대위 아마카스

> "만주국 14년간 만주의 낮은 관동군이 지배하고
> 밤은 아마카스의 천하였다."

승용차 트렁크에 숨은 푸이

텐진에 있는 푸이를 동북(만주)으로 빼돌리기 위한 관동군의 계략은 치밀했다. 실직한 전 베이징 경찰국장에게 돈뭉치를 안겨줬다.

"일본 조계(租界)에서 대형 소란을 일으켜라."

1931년 11월 8일 밤, 중국 보안대 2,000여 명이 일본군 무기고를 습격했다. 일본 주둔군은 일본 조계에 계엄을 선포하고 외부와 교통을 단절시켰다. 일본군 사령관이 성명을 발표했다.

"중국 보안대의 유탄에 일본 군인과 민간인이 부상을 당했다. 보안대가 일본 조계에서 300m 밖으로 철수할 것을 요구한다. 중국 당국은 오해 없기 바란다."

훗날 푸이는 회고록에서 텐진사변을 회상했다.

"관동군 특무부대장 도이하라 겐지가 연출한 걸작이었다. 11월 10일 밤, 차량 통행이 금지된 거리를 낯선 기사가 운전하는 낡은 승용차의 트렁크에 몸을 숨겼다. 중도에 전신주를 들이받아 머리가 깨지는 줄 알았다."

아마카스는 영화가 선전도구로 쓰일 수 있다는
확신이 들자 프랑스에서 돌아왔다.
전역한 후에도 군복 착용을 즐겼다.

일본 요릿집에 도착한 푸이는 일본군 장교로 둔갑했다. 대위 복장에 군모까지 쓰고 승용차에 올랐다. 일본 특무들이 탑승한 차량의 호위를 받으며 선착장에 도착했다. 기다리고 있던 정샤오쉬 부자를 보자 가슴을 쓸어내렸다. 12일 새벽, 텐진 주재 일본 총영사가 도쿄 외무성에 전문을 보냈다.

"간편한 복장의 승객 수명과 일본 군인 5명이 탑승한 소형 선박이 영국 조계의 부두를 출발했다. 폐제(廢帝) 선통(宣統)이 배 안에 있다는 소문은 추측에 불과하다."

만주의 밤을 지배한 아마카스

13일 새벽, 푸이가 탄 선박이 랴오닝(遼寧)성 잉커우(營口)의 남만주철도(만철) 부두에 닻을 내렸다. 푸이의 회고를 소개한다.

"동북의 첫발을 선양(瀋陽)이 아닌 잉커우에 디딘 것은 의외였다. 마중 나온 사람은 일본인 몇 명이 고작이었다. 텐진 시절 통역이 아마카스 마사히코(甘粕正彦)를 소개했다. 당시 나는 아마카스가 얼마나 유명한 사람인지 몰랐다."

아마카스는 육군사관학교 재학 시절 교관 도조 히데키(東條英機)의 총애를 한 몸에 받았다. 헌병 병과였던 도조는 아마카스도 같은 길 가기를 원했다. 어릴 때부터 말을 좋아하던 아마카스는 도조의 기대를 저버렸다. 기병과를 택했다. 이 총명한 기병장교는 자신도 모르는 약점이 있었다. 말을 좋아만 했지 다룰 줄은 몰랐다. 훈련 중

낙마로 왼쪽 다리가 망가졌다. 도조는 한번 정을 준 사람을 버리는 법이 없었다. 아마카스에게 희망을 안겨줬다.

"불구가 됐다고 실망하지 마라. 기병이나 보병은 불가능해도 헌병은 상관없다."

1923년 9월 일본 관동지방에 대형지진이 발생했다. '조선인이 우물에 독을 풀었다'는 등 흉악한 소문이 나돌았다. 헌병대위 아마카스는 무정부주의자들의 혹세무민(惑世誣民)이 도를 넘었다고 단정했다. 온종일 팔굽혀펴기로 몸을 풀었다. 해 질 무렵 대표적인 무정부주의자 오스키 사카에(大杉榮)의 집으로 갔다. 오스키의 목을 숨이 끊어질 때까지 졸랐다. 함께 있던 오스키의 정부 이토 노에(伊藤野枝)와 이토의 어린 조카도 봐주지 않았다. 시신들은 우물에 던져 버렸다.

소란이 진정되자 아마카스의 잔혹함에 일본 전역이 떠들썩했다. 일본 정부는 아마카스를 재판에 회부했다. 검찰이 무기징역을 구형하자 군부가 술렁거렸다. "아마카스는 충군(忠君)과 애국(愛國)의 상징이다. 천하디천한, 권력의 개들이 인간이 되려고 기를 쓴다"며 구명운동에 열을 올렸다. 법원이 10년 형을 선고하자 군인들이 뒷구멍으로 부지런히 움직였다. 복역 2년 10개월 만에 보석으로 출소했다.

도조는 아마카스를 프랑스로 보냈다.

"하고 싶은 공부 하며 자신을 세상의 이목과 차단해라."

3년에 걸친 아마카스의 유학 생활은 흔히 말하는 유학(留學)과는 거리가 멀었다. 대학과는 담을 쌓았다. 낮에는 거리의 화가들과 어울리고 해가 지면 연주회에서 시간을 보낸, 유학(遊學)으로 일관했다. 전통을 자랑하는 비밀결사 프리메이슨에 가입한 후에는 흑백영화에 매력을 느꼈다. 영화가 선전도구로 쓰일 수 있다는 확신이 들자 귀국을 서둘렀다.

일본으로 돌아온 아마카스는 만주로 갔다. 가명으로 선양의 일본 헌병대 군속 숙소에 짐을 풀었다. 사관학교 동기생이 구술을 남겼다.

"아마카스는 매일 동분서주했다. 앉은 자리가 더워질 틈이 없을 정도였다. 무슨 일을 하는지 말하는 법이 없었다. 마치 한 국가를 태동시키기 위해 기를 쓰는 사람 같았다. 만주국 수립 후 전면에 나선 것을 보고 내 추측이 맞았다는 생각이 들었다."

맞는 말이다. 만주국 14년간 만주의 낮은 관동군이 지배하고 밤은 아마카스의 천하였다.

동북의 낯선 부두에서 만난 아마카스의 첫인상은 푸이의 호감을 사고도 남았다. 공포의 대상이 되기까지 오랜 시간이 걸리지 않았다.

푸이 투숙 여관 봉쇄

중국은 2,000여 년간 봉건사회가 지속됐다. 봉건의 상징은 황제였다. 황제를 용(龍)과 동일시했다. 용도 보통 용이 아니었다. 발톱이 5개인 황색 비늘의 오조룡(五爪龍)에 빗대며 진용천자(眞龍天子)라 칭했다.

청 제국의 마지막 황제 푸이는 중국 역사상 마지막 진용천자였다. 마지막이다 보니 곡절이 많았다. 1908년 겨울 3세 젖먹이 시절부터 1945년 8월 16일 40세까지 37년간, 세 차례 등극과 퇴위를 반복했다. 첫 번째 4년은 중국과 국제사회가 인정하는 진용천자였다. 혁명으로 공화제가 실시된 후에도 푸이의 생활은 변하지 않았다. 자금성 안에서는 여전히 황제였다. 12세 때 세상 변한 줄 모르는 군벌이 베이징에 입성해 복벽(復壁)을 선언하고 청 황실을 다시 일으켰다. 황위를 되찾은 푸이는 12일 만에 군벌이 패하자 다시 퇴위했지만 자금성에서 완전히 쫓겨나 평민이 된 것은 1924년 가을, 19세 때였다.

관동군 참모부의 정예들이 평민 푸이에게 정성을 쏟았다. 무력으로 동북(만주)을 점령한 후 새로운 정부를 출범시키려면 간판이 필요했다. 만주의 국가원수로 푸이를 능가할 인물은 없었다. 톈진의 일본 조계에 호화저택을 마련하고 상전 모시듯 했다. 푸이의 문턱을 드나드는 청말의 구신(舊臣)들에게도 소홀히 하지 않았다. 정샤오쉬를 손아귀에 넣었다.

정샤오쉬는 보통 인물이 아니었다. 남정북우(南鄭北于), 남은 정샤오쉬 북은 위유런(于右任)이라는 말이 나돌 정도의 대시인이며 한 글자에 황금 천 냥을 호가하던 대(大)서예가였다.

1931년 11월 중순 톈진을 탈출, 정샤오쉬와 함께 동북의 항구도시 잉커우에 도착한 푸이는 '황제 폐하 만세'를 외치는 동북인들의 열렬한 환영을 받을 줄 알았다. 기대가 크다 보니 실망도 컸다. 음산한 새벽의 부두에 마중 나온 중국인은 단 한 명도 보이지 않았다. 관동군 참모 이타가키 세이시로가 파견한 아마카스 마사히코가 인솔하는 일본인 몇 명이 다였다. 푸이의 회고록 한 구절을 소개한다.

  "아마카스가 나와 정샤오쉬 부자를 탕강쯔(湯崗子)의 온천 휴양지로 안내했다. 남만주철도(만철)가 운영하는 일본풍의 서구식 여관 2층에 몸을 풀었다. 일본군 장교와 만철 간부, 중국의 고급 관료 외에는 투숙이 불가능한 최고급 여관이었다."

  미리 와 있던 푸이의 옛 신하가 상황을 설명했다.
  "관동군 측과 복벽을 상의 중이다. 동북에 온 사실이 누설되면 안 된다."
  푸이는 맛대가리 없는 일본요리로 저녁을 때웠다. 창밖의 야경을 즐긴 후 일기장을 펼쳤다.
  "동북 도착 당일 선양(瀋陽)의 고궁에서 대청황제(大淸皇帝)의 복위를 만천하에 선포할 줄 알았다. 열렬한 환영이 없었던 이유를 알 만하다. 관동군과의 담판이 순조롭지 않다는 느낌이 들었다. 사람들은 내가 이곳에 온 줄을 모른다."
  푸이는 새벽잠이 없었다. 세수 마친 후 수행원을 불렀다.
  "산책하러 나가겠다. 아래층에 통보해라."
  엉뚱한 답이 돌아왔다.
  "아마카스에게 한 사람도 내려오지 말라는 지시를 받았다. 밑에 있는 사람도 올라올 수 없다."
  잠시 후 부르지도 않은 아마카스가 올라왔다.

"외출을 불허한다는 이타가키 대좌의 지시를 받았다."

이유도 설명했다.

"선통황제(宣統皇帝)의 안전을 위해 어쩔 수 없다."

도청을 당해 기분이 상했던 푸이는 황제 소리 듣자 기분이 좋았다. 더는 묻지 않았다.

정샤오쉬는 발끈했다.

"언제까지 이곳에 머물러야 하나?"

아마카스의 답은 한결같았다.

"이타가키 대좌의 지시를 기다리면 된다. 황제의 거동은 신중히 해야 한다. 때가 되면 황제를 다른 곳으로 정중히 모시겠다."

정샤오쉬의 아들이 말꼬리를 잡았다.

"다른 곳이 어딘지 말해라."

아마카스는 묻는 사람을 맥 빠지게 만드는 재능이 탁월했다.

"나는 집행하는 사람이다. 결정하는 사람이 아니다. 이타가키 대좌의 명령을 기다리는 중이다. 황제의 안전을 위해 여관을 봉쇄했다. 아무도 나가지 못하고 들어올 수도 없으니 이해 바란다."

정샤오쉬가 황후 완룽(婉容)의 근황을 물었다.

"톈진에 있는 황후를 당장 동북으로 모셔와야 한다."

아마카스는 거침이 없었다.

"중국 역사를 보면 결정적인 순간에 부인들이 일을 망친 경우가 허다했다. 제대로 배우지 못했거나 내조를 잘못 해석했기 때문이다. 다른 곳으로 이동이 결정되면 황후와 폐하의 여동생들을 폐하가 있는 곳으로 이동시키겠다."

1931년 11월 하순, 뤼순에 도착한 푸이는 12월 초 황후 완룽과
합류했다. 아마카스는 뤼순을 떠날 때까지 두 사람을 격리했다.

완룽은 감정의 기복이 심했다. 오밤중에 나간 푸이가 며칠이 지나도 돌아오지 않자 일본 공사관으로 달려갔다. 황제를 어디로 빼돌렸느냐며 울고불고 난리를 부렸다. 공사가 뒷문으로 도망칠 정도였다.

관동군이 시간을 끈 이유가 있었다. 본국의 직업외교관들이 목청을 높였다. 이탈리아 대사 요시다 시게루(吉田茂)가 군인들의 정치 관여를 비판하며 사직원을 제출하자 영국, 프랑스 대사 등이 동조했다. 육군대신 미나미 지로(南次郎)는 이들을 달래느라 애를 먹었다. 관동군 사령관에게 전문을 보냈다.

"헤이룽장(黑龍江)성에 진출한 관동군을 철수해라."

외교관들이 잠잠해지자 아마카스가 소문을 퍼뜨렸다.

"9·18만주사변의 주역 도이하라 겐지 대좌가 모든 책임을 지고 할복자살을 기도한다."

효과가 있었다. 대본영도 관동군을 자극하지 않았다.

사태가 진정되자 이타가키가 푸이에게 전화를 걸었다.

"뤼순(旅順)에서 만나자. 황후도 뤼순으로 이동 중이다."

만주국 집정 푸이 옹립

"명분이 바르지 않으면 말이 바르지 않고,
말이 바르지 않으면 일이 이루어지지 않는 법이다."

외부와 단절된 푸이

1919년 4월 일본 육군성은 1907년 뤼순에 설립한 '관동도독부 육군부'(關東都督府陸軍部)를 개편, 관동군사령부를 출범시켰다. 1931년 9월 만주사변을 일으킨 관동군이 만주국(滿洲國) 선보이기까지 12년간, 관동군의 존재는 만철(남만주철도주식회사)만 못했다. 만철 총재가 주관한 연회에서 관동군 사령관의 자리는 늘 말석이었다. 만주철도 수비가 임무이다 보니 당연했다.

러·일전쟁 승리 후 일본은 러시아가 만주에서 누리던 특권을 독차지했다. 혁명으로 집권한 소련은 러시아와 달랐다. 중국에 추파를 던졌다. 러시아가 중국과 체결했던 불평등 조약을 폐기했다. 제1차 세계대전 이후 민족자결주의가 세계를 휩쓸었다. 중국도 민족주의가 고개를 들기 시작했다. 일본상품 배척과 요동반도의 항구도시 뤼순과 다롄(大連)의 일본 조차권(租借權)을 회수하라는 국권회복운동이 벌어졌다. 일본은 반일민족주의를 무력으로 해결하려 했다. 관동군의 권한을 대폭 확대했다. 육군사관학교와 육군대학을 거치며 군국주의로 무장된 젊은 장교들이 관동군에 자리 잡기 시작했다.

일본 최대의 가상적(假想敵)은 소련이었다. 1928년, 소련이 1차 5개년 계획을 시작하자 관동군 참모부는 긴장했다. 본국에서 멀리 떨어진 해외 주둔군이다 보니 공감대 형성에 오랜 시간이 걸리지 않았다.

"소·만 국경은 일본의 최전선이다. 소련의 5개년 계획이 끝나기 전에 만주를 점령하지 않으면 영원히 소련에 대항할 방법이 없다."

만주를 점령한 관동군은 새로운 국가를 건설하고 청나라 마지막 황제 푸이를 국가원수에 추대할 계획을 세웠다. 이유가 있었다. 푸이는 청나라 황제를 역임한 만족(滿洲族) 최고의 명망가였다. 동북 지역은 만주인들의 고향이었다. 만주인을 국가원수로 내세우면 국제사회의 비난을 잠재울 수 있다고 판단했다. 푸이는 국민당 정부에 대한 반감이 이만저만 아니었다. 장제스나 장쉐량과의 합작을 걱정할 필요가 없었다. 동북의 새로운 실력자들의 지지를 받았지만 정치력이 부족했다. 자리를 보존하려면 관동군에게 의지할 수밖에 없었다.

관동군은 푸이만 염두에 둔 것도 아니었다. 산둥(山東)성에서 하는 일 없이 온갖 대접을 받으며 놀고먹는 공자(孔子)의 후손과 공친왕(恭親王)의 아들도 후보에 올랐지만 푸이만 못했다. 푸이 자신도 모르는, 푸이만이 가진 무형의 자산과 관동군의 구상이 맞아떨어졌기 때문이다. 관동군은 몽골(內蒙古)을 만주국에 병합시킬 구상을 했다. 청 황실은 몽골과 인연이 깊었다. 건국 초기, 황후 대부분이 몽골 여인이었다. 몽골 왕후(王侯)의 딸이라면 무조건 황후로 맞아들였다. 분수 모르고 국정에 끼어들 것은 우려했다. 중국말 못하는

평민이 된 푸이(중앙)와 여동생(왼쪽 셋째와 오른쪽 둘째)들은
일본의 보호를 받았다. 왼쪽 첫째는 푸이의 스승 천바오첸.
오른쪽 셋째가 푸이의 경호를 담당했던 일본대사관 수비대장.

것은 기본이고 멍청하기까지 하면 금상첨화였다. 미추(美醜)는 가리지 않았다.

관동군이 만주에 수립될 새로운 국가의 원수로 푸이를 영입하려 한다는 계획을 몽골 측에 흘렸다. 효과가 있었다. 몽골 부족대표들이 공동으로 성명을 냈다.

"역사상 위대한 과거가 있었던 우리 몽골족은 가혹한 정치로 피폐해진 지 오래다. 하늘과 조상들의 도움으로 기회가 왔다. 동북 민중과 일치단결해 만·몽(滿·蒙) 대지에 이상적인 새로운 국가가 탄생하기를 기원한다. 우리는 만·몽 인민의 복지와 선정(善政)을 위해 선통황제(宣統皇帝)를 추대한다."

반대 세력도 만만치 않았다. 관동군에게 우호적인 조선 총독 우가키 가즈시게(宇垣一成)조차 이런 일기를 남길 정도였다.

"선통제는 이미 시대의 조류에 부합되는 인물이 아니다. 군벌만 아니면 누구를 세워도 상관없다. 새로운 인물일수록 좋다."

해외와 국내 여론도 반대 입장을 분명히 했다.

"푸이 옹립은 청 황실의 부활을 상징한다. 시대의 조류에 역행하는 관동군은 자성하기 바란다. 일본 해군도 톈진을 탈출하는 푸이에게 함정을 제공해 달라는 관동군의 요청을 거절했다."

외무대신 시데하라 기주로(幣原喜重郎)는 톈진 총영사에게 보낸 전문에서 관동군의 위험한 발상을 우려했다.

"현재 만주 주민은 한화(漢化)된 한족이 대부분이다. 선통제 옹립

210

에 대한 평가가 부정적이다. 장차 제국의 만·몽 경영에 화근이 될까 우려된다."

1931년 11월 하순, 뤼순에 도착한 푸이는 3개월간 외부와 단절됐다. 일본인들이 만주에 선보일 새로운 국가의 형태를 결정하지 않았다는 생각이 들자 초조했다. 만나기로 했던 이타가키 세이시로의 연락 오기만 기다렸다. 앞날이 궁금했다. 톈진에서 들고 온 예언서 추배도(推背圖)만 뒤적거렸다. 1932년 2월 9일, 27세 생일 다음 날 동북행정위원회가 만주에 공화국 설립을 결의했다는 소식을 접했다. 제창자가 이타가키라는 말에 속이 끓었다. 훗날 당시를 회상했다.

"나는 제정신이 아니었다. 도이하라 겐지와 이타가키가 옆에 있으면 죽여버리고 싶었다. 톈진의 아름다운 정원이 그리웠다. 황제가 되지 않으면 톈진을 떠나 만주에 올 이유가 없었다. 중국을 떠나고 싶었다. 소장 중인 서화 몇 점만 매각하면, 동생들과 영국이나 프랑스에 가서 평생 살 수 있다는 생각이 들었다."

행동은 생각과 달랐다. 관동군에게 장문의 서신을 작성했다.

최후통첩

1932년 2월 중순, 관동군의 위성기구 '동북행정위원회'가 '만·몽(滿·蒙) 독립선언'과 공화국 수립을 의결했다. 뤼순에서 만주국 황제에 추대될 날만 기다리던 푸이에겐 청천벽력이었다. 평소 만주에서 발흥한 청나라 황실의 정통이라는 자부심이 강했다. 관동군 사령

아마카스가 총무였던 친일단체 협화회(協和會)의 회의 광경.

관에게 보낼 서신을 작성했다. 만주에 선보일 새로운 국가가 공화제가 아닌 제제(帝制)라야 하는 이유를 열거했다.

"중국은 20여 년간 민주제도의 극심한 피해를 보았다. 사리사욕에 눈먼 소수 투기꾼 외엔 공화제를 혐오한다. 만·몽은 고유의 습관을 간직한 곳이다. 전통적인 통치 방식이 아니면 복종을 끌어내기 힘들다. 청 제국은 200년간 중화(中華)의 역사를 장식했다. 베이징에 입성하기 전, 100년간은 만주의 역사를 새로 만들었다. 인민의 풍속과 습관을 지고의 보물로 받들며 백성의 심리를 안정시키고 동방의 정신을 보존했다. 귀국과 우리의 황통을 공고히 하려면 왕정을 복고해야 한다. 몽골의 왕공(王公)들은 세습이 전통이다. 공화제 실시로 작호(爵號)가 소멸하면 통제가 불가능하다."

푸이는 서신을 측근 정샤오쉬 편에 이타가키 세이시로에게 전달했다. 선물도 황실 소장품 중에서 직접 골랐다. 훗날 밝혀진 일이지만 정샤오쉬는 이타가키에게 선물만 전달했다. 푸이의 의중과 서신 내용은 언급도 하지 않았다. 큰소리만 쳤다.

"황제는 백지나 마찬가지다. 관동군이 뭐를 그려도 상관없다. 직접 만나봐라. 현실과 동떨어진 주장 하면 듣기만 해라. 뒷일은 내가 책임진다."

1932년 2월 23일, 뤼순의 숙친왕 관저에서 이타가키와 푸이의 회담이 열렸다. 말이 좋아 회담이지 통보나 마찬가지였다.

만주국은 미국과 체육 교류가 활발했다.
1934년 9월 만주국 체육연맹 초청으로 신징을 방문한
미국육상대표단과 함께한
만주국 총리 정샤오쉬(앞줄 왼쪽 셋째).

"장쭤린과 장쉐량 부자의 학정은 민심을 얻지 못했다. 보장받아 마땅한 일본의 정당한 권익도 인정하지 않았다. 일본은 왕도낙토(王道樂土)를 건설하려는 만주인들의 염원을 돕고자 한다. 새로운 국가의 국명은 만주국, 수도는 창춘(長春)으로 정했다. 이에 창춘을 신징(新京)으로 개명했다. 만주국의 중요 구성원은 만족(滿族), 한족(漢族), 몽골족(蒙古族), 일본족(日本族), 조선족(朝鮮族)이다. 일본인들은 수십 년간 만주 발전에 심혈을 기울였다. 관리 등용에 다른 민족과 동등한 대우를 받을 자격이 있다."

이타가키가 만·몽인민선언서(滿蒙人民宣言書)와 집정즉위선언(執政卽位宣言), 만주국 국기를 푸이의 면전에 펼쳐놨다. 푸이는 청제국이 아닌 만주국과 집정이라는 용어에 기분이 상했다. 손으로 선언문과 국기를 밀어내며 물었다.

"청제국이 아니란 말인가?"

이타가키는 침착했다.

"대청제국의 복벽이 아닌, 동북행정위원회가 의결한 새로운 국가다. 이 위원회는 동북 인민을 대표한다. 만장일치로 각하를 새로운 국가의 원수, 집정에 추대했다."

평소 선통제나 황제 폐하라 부르던 일본인의 입에서 각하라는 말이 나오자 푸이는 당황했다. 논어의 한 구절 인용하며 낯선 칭호에 항의했다.

"명분이 바르지 않으면 말이 바르지 않고, 말이 바르지 않으면 일이 이루어지지 않는 법이다. 만주인이 바라는 것은 나 개인이 아닌

청 제국의 황제다. 관동군은 숙고하기 바란다."

이타가키가 두 손 조아리며 말을 받았다.

"만주인들이 각하를 추대한 이유는 민심이 각하에게 있기 때문이다. 관동군의 동의는 당연하다."

푸이는 뜻을 굽히지 않았다.

"일본도 천황제를 신봉하는 제국이다. 관동군이 공화제에 동의하는 이유를 모르겠다."

이타가키도 만만치 않았다.

"공화제가 아닌 집정제다."

푸이가 한숨을 내쉬었다.

"그간 귀국의 성의와 도움에 감사를 표한다. 집정만은 받아들일 수 없다. 황제는 조상들이 내게 물려준 신성한 호칭이다. 집정직 수락은 선조들에 대한 불충(不忠)이며 불효(不孝)다. 황제가 아니면 톈진으로 돌아가겠다."

이타가키가 대안을 제시했다.

"1년 후 헌법을 개정하고 의회에서 국가원수개정안을 통과시키면 된다."

푸이가 계속 물고 늘어졌다.

"황제는 의회라는 잡배 집단 이봉하는 자리가 아니다. 2,000년간 이어온 존엄의 상징이다."

3시간에 걸친 입씨름에 이타가키는 진이 빠졌다. "내일 다시 얘기하자"며 자리를 떴다.

이튿날 새벽, 이타가키가 푸이의 측근 한 사람을 불렀다.

"군부의 결정은 바꿀 수 없다. 집정을 거부하면 적으로 대하겠다."

보고를 받은 푸이의 얼굴에 핏기가 사라졌다. 정샤오쉬의 아들이 푸이를 진정시켰다.

"호랑이 굴에 들어가야 호랑이를 잡을 수 있다. 지금 우리는 일본인의 수중에 있다. 일본과 결별하면 후사를 도모할 수 없다. 1년간 고통과 치욕을 삼키자. 1년 후 약속 지키지 않으면 퇴위를 선언하자."

고개를 가볍게 끄덕인 푸이의 눈길이 정샤오쉬를 향했다.

"이타가키를 만나라. 과도기는 1년을 넘길 수 없다."

회담을 마치고 온 정샤오쉬의 보고는 간단했다.

"이타가키가 동의했다. 오늘 밤 미래의 집정자를 위해 작은 연회를 준비했다며 참석을 간곡히 요청했다."

그날 밤, 연회를 주관한 이타가키는 참석자 전원에게 일본 기녀(妓女)를 한 명씩 배정했다. 자신은 양옆에 기녀를 끼고 호기를 부렸다. 푸이 옆에 앉은 기녀는 말 없는 청년의 정체가 궁금했다. 어눌한 중국어로 말을 걸었다.

"이 안에서 가장 젊은 사람이 너무 의젓하고 만면에 세월의 풍상이 가득하다. 원래 중국인이냐? 뭐 하는 사람이냐?"

만주국의 수도

만주국 설립을 준비하던 일본 관동군은 수도를 어디로 할지 고심했다. 선양(瀋陽), 하얼빈(哈爾賓), 지린(吉林), 세 곳을 놓고 저울질했다. 선양은 중국 내지와 너무 가까웠다. 베이징에서 정펑(京奉) 철도를 이용하면 26시간이 고작이었다. 유사시에 대비할 여지가 없었다. 하얼빈은 내지와 멀리 떨어져 있었지만 약점이 있었다. 오랜 세월 제정러시아와 소련의 세력 범위였다. 수도로 삼기엔 찜찜했다. 지린은 지린성(省)의 성도였지만 도시가 협소하고 교통의 요지와는 거리가 멀었다. 갑론을박 끝에 지린성 창춘(長春)으로 결정했다. 이유가 있었다.

지린성 경내의 창바이산(長白山)과 쑹화강 유역은 청나라 황실의 발상지였다. 청나라 폐제(廢帝) 푸이를 영입해 농락하기가 수월했다. 성 중앙에 자리한 창춘은 인구 13만의 작은 도시였다. 장점이 한두 가지가 아니었다. 광활한 면적에 사람 구경하기 힘들고 땅값도 저렴했다. 교통이 사통팔달이고 정치적 색채도 두리뭉실했다. 쑹화강이 인근에 있다 보니 수리(水利)와 전력(電力) 공급을 걱정할 이유가 없었다. 토지가 비옥하고 물산도 풍부했다. 식민지의 정치·군사·경제·문화의 중심지로 손색이 없었다.

1932년 3월 1일, 일본 내각이 '만주국 건립안'을 만장일치로 통과시켰다. 일주일 후, 푸이가 탄 열차가 창춘에 모습을 드러냈다. 열차가 멎기 전부터 군악대의 환영 음악이 요란했다. 도열한 일본 헌병대의 사열을 마치자 중국 전통 복장과 양복, 화복(和服)을 착용한 환영객들의 만세 소리가 음악을 삼킬 정도였다. 지린성 주석 시차(熙洽)가 다가왔다. 손으로 일장기 사이에 끼어 있는 황룡기(黃龍旗)든 군중을 가리키며 아부 실력을 뽐냈다.

"200년 전 대륙을 석권한 팔기군(八旗軍)의 후예들이다. 20년간 황제 폐하의 강림을 고대한 보람이 있다며 뜬눈으로 밤을 지새웠다."

황제 소리 들으려 동북 영토·주권 내줘

3월 9일, 관동군이 얼렁뚱땅 준비한 만주국 집정(執政) 취임식이 열렸다. 일본 측은 남만주철도(滿鐵) 총재를 필두로 관동군 사령관과 참모 전원이 참석했다. 중국 측 참석자는 푸이의 측근과 청조(淸朝)의 구신(舊臣), 몽골 왕공(王公), 동북 군벌, 톈진 시절 푸이와 황비 원슈(文繡)의 이혼 소송을 담당했던 변호사 등 다양했다. 개국원훈들에게 푸이는 집정이 아닌 황제였다. 머리 조아리고 세 번 절하기를 세 차례 반복한 후, 황색 비단으로 감싼 '집정인장'을 헌상했다. 일본인들은 재미있어하며 방관했다. 국무총리 정샤오쉬가 대독한 '집정선언'도 황당하고 거창했다.

"오국(吾國)은 도덕(道德)과 인애(仁愛)를 장려해 종족 간의 이견과 국제사회의 분쟁을 제거하고 왕도낙토(王道樂土)를 건설하려한다."

만주국 건국과 창춘의 신징(新京) 개명을 기념하기 위해 만철이 설립한 신문의 창간사가 눈길을 끌었다.

"일본제국은 북남(北南) 1,700km, 서동(西東) 1,400km에 거주하는 3,000만 만주인들을 해방시켰다. 천황 폐하의 찬란한 빛을 받은 만주와 만주인들에게 새로운 시대가 열렸다. 서방세계의 식민지 확장과 소련의 베이징 침공, 난징에 포진한 국민당의 폭정을 우려할 이유가 없어진 만주인들의 위대한 만주건설을 기대한다."

취임 이튿날 푸이는 분주했다. 오전에 정샤오쉬가 관동군이 작성한 각료와 성장 명단을 들고 왔다. 얼굴 한번 못 본 사람이 한둘이 아니었다. 묻고 따질 이유가 없었다. 거의 보지도 않고 서명했다. 오후도 한가할 틈이 없었다. 관동군 사령관과 맺을 조약 중 가장 중요한 밀약(密約) 문구를 직접 작성했다. 내용이 엄청났다.

"폐국(만주국)은 국방과 치안유지를 귀국(일본)에 위임한다. 소요 경비는 폐국이 부담한다. 폐국은 귀국 군대가 국방에 필요한 모든 행동을 승인한다. 철도, 항만, 수로, 항공의 관리권과 도로 수축을 귀국 혹은 귀국이 지정한 기관에 위임한다. 폐국은 귀국 군대가 필요하다고 인정한 각종 시설을 적극적으로 지원한다. 폐국 참의부는 귀국의 저명하고 식견 있는 인사를 참의로 영입한다. 중앙과 지방 관서의 관리도 귀국인 임명이 가능하다. 인선과 선정은 귀군 사령관에 의존한다. 해직도 귀군 사령관의 동의를 거침이 마땅하다. 장차 양국의 조약 체결 시 위에 열거한 각항의 종지(宗旨)와 규정을 부본(附本)에 명기하고 준수해야 한다."

이쯤 되면 1년 후 황제 소리 듣기 위해 동북의 영토와 주권을 깡그리 일본에 내준 것과 마찬가지였다. 일본 군부는 푸이의 충성에 감복했다. 1933년 5월, 푸이가 바라던 만주국의 제제(帝制) 실행에 동의했다. 황제 등극까지는 또 10개월이 걸렸다.

관동군과 만철이 구상한 만주건설은 자금이 필요했다. 일본은 막부 말년 아편 엄금을 실시해 성공을 거둔 나라였다. 식민지에선 달랐다. 착취를 위해 농민들에게 앵속(罌粟)재배를 권장했다. 만주벌판과 한반도 일부 지역에 양귀비가 발할 징조였다.

악독한 아편 정책

일본 관동군과 극우 정객들은 일본을 만주로 옮길 생각이었다. 1932년부터 45년까지 14년간 푸이를 전면에 내세워 만주국을 간접 통치했다. 중국인이 맡았던 부장은 허깨비였다. 실권은 차관 격인 일본인 차장이 쥐고 있었다.

수도 신징(新京)은 만주 통치의 상징이었다. 도쿄보다 쾌적한 생활공간을 마련하겠다며 거금을 쏟아부었다. 한 예로 도쿄의 공원 점유율이 28%였던 시절에 신징은 72%였다. 하수도 시설도 완벽했다. 폭우가 쏟아져도 물 고이는 곳이 없었다.

당시 '북방'의 진주라 불리던 다롄(大連)의 남만주철도(滿鐵)부속병원은 어마어마했다. 수세식 화장실과 중앙 난방시설을 완비한 동양 최대 규모의 의료기관이었다. 모든 자금의 출처는 아편이었다.

청나라 말기만 해도 만주(당시는 동북3성)의 앵속(罌粟) 재배 면적은 대단치 않았다. 북양군벌 통치 기간 내전 경비 조달 위해 재배를 종용하는 군벌이 간혹 있었다. 동북 군벌 장쭤린도 주제총국(籌濟總局)을 신설해 앵속 재배를 관리하고 아편에 세금을 부과했지만 오래 하지 않았다. 이유가 있었다. 세무국장이 거둬들인 세금을 들고 미국으로 도망갔다. 샌프란시스코에 정착한 후 장쭤린에게 편지를 보냈다.

"지저분한 돈이라도 전쟁터에서 탕진하는 것이 분했다. 고아원 인수해 화교 고아들을 돌보겠다."

장쭤린이 경호 대장을 불렀다.

"샌프란시스콘지 뭔지에 가서 세무국장의 행적을 관찰해라. 하는 일 없이 흥청거리면 귀신도 모르게 처리해라. 고아원 차렸으면 그냥 돌아와라."

귀국한 경호대장의 보고를 받은 장줴린은 기분이 좋았다. 이왕할 거면 번듯하게 하라며 황금 3,000냥을 보내줬다. 아편에 징수하던 세금도 없애버렸다. 재배도 소비자의 수요에 맞을 정도만 허락했다. 중국 내지 반출도 금지했다.

일제는 식민지 대만에서 체득한 경험이 있었다. 아편 흡입을 방치하자 중독자가 늘어났다. 대만 전역에 폐인(廢人)이 속출하자 근절을 촉구하는 여론이 들끓었다. 단속하자니 사회혼란이 올까 두려웠다. 전매제도를 실시해 재미를 봤다. 만주국도 대만을 모방했다. 건강을 위해 덕정을 베푼다며 큰소리쳤다. 뒤로는 달랐다. 악독한 아편 정책을 폈다. 만주국 선포 8개월 후인 1932년 11월, 아편조례를 발표했다.

"전매공서(專賣公署)를 설립하고 32곳에 분서(分署)를 둔다. 별도로 2개의 공사(公司)를 설립해 아편의 생산과 가공, 판매를 관리한다. 생산된 아편은 정부의 허가를 득한 도매상에 정가로 공급한다. 도매상은 허가증을 소지한 자영업자에게 정해진 가격으로 아편을 판매한다. 자영업자는 등기된 사람에 한해 아편을 팔 수 있다. 앵속 재배 지역은 정부가 정한다. 아편은 인체를 손상하는 독극물이다. 흡독자(吸毒子)와 앵속 재배 면적을 감소시켜 아편을 근절시키는 것이 정부의 목적이다."

'전매공서'는 아편 흡입자로 등기된 고객에게 흡연증(吸煙證)을 발부했다. 흡연증은 호신부였다. 일본 특무기관이나 만주국 경찰은 아편 흡입자를 폐인 취급했다. 반항 정신이 손톱만큼도 없는, 진정한 순민(順民)이라며 관심을 두지 않았다. 만주 도처에 앵속화(양귀비)가 만발하고, 도처에 흡연관(吸煙館)이 문을 열었다.

만주국의 수입도 금고가 터질 정도였다. 2년 만에 중독자나 다름없는 흡연증 소지자가 100만 명을 돌파했다. 흡연증 없는 중독자는 더 많았다. 한동안 세 사람이 길을 가면 그 안에 내 스승이 있다는 고사성어 삼인행필유아사(三人行必有我師)가 세 사람 중 한 명은 아편 중독자란 의미로 둔갑할 정도였다.

1936년, 일본 쇼와(昭和)시대의 요물(妖物) 기시 노부스케(岸信介)가 만주국 산업부 차장으로 부임했다. 기시는 관동군 참모장 도조 히데키(東條英機)의 보호를 받았다. 앵속 재배면적에 제한을 두지 않았다. 중국 내지 방출을 묵인하고 홍콩을 통해 수출도 했다. 모르핀과 헤로인이 범람해도 단속은커녕 판매를 독려했다. 중동지역에서 유입된 다량의 대마(大麻)를 만주 전역과 몽골에 배포한 장본인도 기시였다. 독극물 판매로 굴러들어온 엄청난 자금은 관동군의 군비 확장과 기밀비, '만주 경제개발 5개년 계획'에 투입했다.

국민당 중앙군사위원회 위원장 장제스가 발끈했다. 민족 영웅 임칙서(林則徐)의 '영국 아편 소각 기념식'에 참석해 울분을 터뜨렸다.

"왜구들의 독화정책(毒化政策)은 우리 동포의 위대한 저항정신을 소멸시키지 못한다. 적개심만 가중할 뿐이다. 적들은 모르핀, 금단(金丹), 백환(白丸) 등 각종 독품(毒品)으로 민간의 주머니를 약탈하고 외환을 탈취해서 군용물자를 매입했다. 아름다운 동북의 삼림을 벌겋게 만들고 이상한 꽃을 만발케 해 동포들을 유혹하고 역겨운 연기가 동북 하늘을 자욱하게 만들었다. 저들은 호수에 빠진 물고기나 다름없다. 빠져나오려 기를 쓰다 보면 국내 경제가 파탄하고 말라버린 호수의 물고기 될 날이 머지않았다. 동포들은 분발하기 바란다."

만주의 200만 명 조선족은 아편 흡입자가 많지 않았다. 강원도 금화에서 태어나 일곱 살 때 부모 따라 랴오둥(遼東)성 환인현(桓仁縣)으로 이주한 경제학자의 두툼한 회고록 어디에도 아편 얘기는 단 한 줄도 찾아볼 수 없다. 초등학교 시절 회상이 인상적이기에 소개한다.

"조선인학교는 조선어를 금지했다. 교사들도 일본어만 사용했다. 어쩌다 조선말 쓰면 국어사용 네 글자가 선명한 목판 들고 벌을 섰다. 여기서 국어는 일본어를 의미했다. 교문만 나서면 조선어로 학교 향해 욕을 퍼부었다. 조선인 교사들도 웃기만 하고 모른 체했다. 부모님과 형수는 일본어를 한마디도 못 했다."

만주에 둥지 튼 일본 개척단

"만철의 임무는 철마鐵馬 경영과 광산개발, 이민,
목축업 발전 네 가지다. 그중 가장 중요한 것이 이민이다."

만주 이민 장려

1904년 2월 초순 인천 앞바다, 미국과 영국의 지지를 확인한 일본 해군이 러시아 함정을 격침했다. 육군도 여세를 몰았다. 러시아 관할구역 뤼순을 봉쇄했다. 러·일전쟁의 막이 올랐다. 교전 쌍방이 중국 경내를 전투지역으로 선택한, 유례를 찾아보기 힘든 별난 전쟁이었다. 청나라는 자국 영토에서 벌어지는 백곰과 원숭이의 싸움을 강 건너 불 보듯 했다. 중립을 선언했다. 승리한 일본은 러시아의 독무대였던 동북 남부(남만주)의 실질적인 통치자로 군림했다.

러·일전쟁 발발 전, 뤼순과 다롄 지구에는 300명가량의 일본인이 있었다. 대부분 철도·광업 관련 기술자 등 월급쟁이였다. 자영업자와 머리구조 복잡한 대륙낭인(大陸浪人)은 극소수였다. 남만주철도(만철) 초대 총재 고토 신페이(後藤新平)는 만주의 잠재력에 입이 벌어졌다. 가는 곳마다 일본 국민의 만주 이민을 권장했지만 허사였다. 일본인들은 부득이한 경우가 아니면 고향을 떠나려 하지 않았다. 형수나 숙모, 옆집 부인과 눈이 맞거나 대형 사고를 치지 않는 한 만주 이민은 턱도 없었다.

소풍 나온 개척여숙의 일본인 개척단원.
여성 개척단원들은 중국어와 댄스 교육을 받고
개척단원과 가정을 꾸렸다.

1930년, 전쟁 승리 근 30년이 지나자 다롄 일대의 일본인이 21만 5,000명으로 늘어났다. 당시 만주에 이민 온 일본인들은 수준이 높고 자부심이 강했다. 일본 매체에 대놓고 중국인을 무시하는 경우가 빈번했다. "우매하고, 더럽고, 게으르고, 산만한 민족이다. 일본 같은 고등민족이 구원해주지 않으면 대책이 없다"는 투였다.

1931년 9월, 만주사변을 일으킨 일본 관동군이 광대한 동북을 점령했다. 일본은 동북에서 약탈한 소금, 콩, 석탄, 광물을 다롄항 통해 일본 국내로 운송했다. 양이 엄청났다. 석탄은 만일의 사태에 대비해 바닷가에 방치할 정도였다.

고토 신페이의 예언이 적중했다며 일본에 만주 바람이 불기 시작했다. 1932년 10월 초, 일단의 일본 퇴역군인들이 다롄항에 모습을 드러냈다. 5일 후 쑹화강 하류의 자무쓰에 도착, '자무쓰둔간대대'(佳木斯屯墾大隊)라는 간판을 내걸었다. 지린성에도 간척사업 하겠다는 일본인들이 몰려들었다. 4년 만에 일본 이민이 50만 명으로 늘어났다. 그중 3,000명은 철도 연변에 진을 친 무장이민이었다. 철공소와 탄광, 유리, 방직, 시멘트, 성냥공장에서 일본인을 공모한 결과였다.

이쯤 되자 일본 내각과 관동군이 만주 이민을 국책으로 추진하기 시작했다. 1935년 만주국, 남만주철도, 미쓰이(三井), 미쓰비시(三菱)가 공동으로 출자해 만주척식주식회사(滿拓)를 설립했다. 만척의 중요 임무는 만주 이민 모집이었다. 20년 안에 100만 가구 500만 명의 만주 이전이 최종 목표였다. 당시 일본 척무성의 발표를 소개한다.

"현재 만주국의 인구는 약 3,000만 명이다. 20년 후 5,000만 명으로 증가한다. 일본인이 명실공히 만주의 5개 종족 중 하나로 정착하려면 적어도 500만 명은 돼야 한다."

대륙신부 정책

일본은 만주 이민 장려하며 선전에 열을 올렸다.

"이민자들에게 충분한 토지와 주택, 마차, 농기구를 제공한다. '개척단'으로 참가하는 청년 남성들에겐 병역을 면제하고 10년간 세금을 징수하지 않는다."

만주 곳곳에 일본개척단이 둥지를 틀기 시작했다. 개척단은 외부와 단절된 세계였다. 철조망과 토담 쌓고 중국인 출입을 금지했다. 내부에 간장 공장, 양조장, 병원, 학교 등 있을 건 다 있었다. 매주 한 차례 의사가 다녀가고 공중목욕탕도 멀쩡했다. 중심 지대에 학교도 있었다.

중국의 동북지역에 뿌리를 내리려면 중국에서 태어난 일본 애들이 많으면 많을수록 좋았다. '대륙신부'(大陸新娘) 정책을 폈다. 만주국에 거주할 17세 이상 25세 미만의 미혼 여성들을 모집했다. 1년간 영농(營農)과 가사실습 시킨 후 개척단 일원으로 만주에 파견했다. 여성 개척단원들은 만주에 도착한 후에도 12개 개척여숙(開拓女塾)에서 중국어와 댄스 교육을 받고 개척단원과 가정을 꾸렸다.

1945년 8월 15일, 일본 정부가 투항을 선포했다. 만주국을 위시한 동북의 식민통치 기구는 순식간에 와해됐다. 관동군은 개척단에

만주국은 일본 농민들에게 희망의 땅이었다.
만주로 향하는 일본의 개척단원.

게 집단 자살을 요구했다. 외무성의 훈령도 가혹했다.

"송환을 거론할 시점이 아니다. 현지에서 대기해라."

개척단원들을 갈 곳이 없었다. 기아와 전염병으로 쓰러지고 자살도 부지기수였다. 여인들은 강보에 싸인 자녀들을 중국 부인들에게 맡기고 산길과 들판을 헤맸다. 5,000명 이상이 지명도 모르는 곳에서 인간 세상을 뒤로했다.

중국인들이 거둔 일본 아동들은 1972년 9월 중·일 수교 후 일본으로 돌아갈 기회가 있었다. 본인과 일본의 부모나 친인척, 만주에서 키워준 부모나 다름없는 사람들의 동의가 필요했다. 거의 귀국을 택했지만 다시 동북으로 돌아온 사람들이 많았다. 이유가 비슷했다.

"중국 엄마가 그리웠다. 보고파서 숨통이 터질 지경이었다. 어릴 때 다른 애들은 팔다리에 모기 물린 자국이 가득했지만 나는 깨끗했다. 여름만 되면 중국 엄마는 내 옆에서 부채로 모기 쫓느라 밤을 새웠다."

중국 누비며 간첩 활동

청말(淸末), 중국은 덩치만 큰, 병든 노인이나 다름없었다. 일본이라는 이웃을 제대로 알려고 하지 않았다. 일본은 달랐다. 중국의 역사와 문화는 물론 지리와 풍속, 생활 습관을 이해하기 위해 기를 썼다. 100여 년간 중국인보다 중국을 더 잘 이해하는 중국통(中國通)을 부지기수로 배출했다. 이유는 단 하나, 중국의 광활한 영토에 대한 야욕 때문이었다. 중국을 제 손바닥 보듯 하기까지 40년이 걸렸다.

1871년 9월, 메이지 유신 3년 8개월 후 톈진에서 청·일 양국이 머리를 맞댔다. 중일수호조규(中日修好條規)와 통상장정(通商章程)에 서명했다. 상호 영사관 설치를 약정하고 무역을 위한 상인과 민간인의 왕래도 허락했다. 일본인들이 중국 드나들며 정탐 활동을 하기 시작했다. 1894년 갑오년(甲午年), 우리의 동학농민혁명을 계기로 1차 중·일(청·일)전쟁이 발발하기까지 20여 년간 중국 대도시의 일본 영사관 문관과 무관은 말할 것도 없고 각종 단체와 민간 조직, 상인, 종교인, 낭인들은 깡그리 중국에서 간첩 활동을 했다.

중국은 땅덩어리가 워낙 넓었다. 가는 곳마다 언어, 생활습관, 미인과 미남의 기준까지 제각각이었다. 간첩들은 지역 고위 관료 개개인의 취향과 인간관계, 군 주둔지의 병력과 장비, 도로, 기후, 문화, 종교 파악에 머리를 싸맸다. 군인들이 극성을 떨었다. 300년 전 중국을 넘보다 조선에서 주저앉은 도요토미 히데요시(豊臣秀吉)의 정신을 계승하겠다는 장교가 한둘이 아니었다.

1872년 봄, 전도유망한 육군 장교 한 명이 약혼녀에게 파혼을 통보했다. 그림 잘 그리는 부하 2명과 함께 상인과 여행객으로 위장해 중국을 누볐다. 상하이와 산둥 특히 동북 지역을 비밀리에 정찰했다. 귀찮게 구는 촌구석 말단 관리들은 구워삶기 쉬웠다. 아편이나 부인들 주라며 은반지 몇 개 주면 나가떨어졌다. 길 안내를 자청하며 묻지 않는 것까지 친절히 알려줬다. 군부대 위치와 기후, 지형, 교통, 하류의 결빙(結氷)과 해동(解凍) 시기 등 각종 정보가 담긴 지도를 완성했다.

1914년 봄, 육군 대장으로 승진한
'일본 정보 계통의 아버지'
후쿠시마 야스마사.

해양훈련 교관 출신은 중국 해안지역과 대만을 정찰하며 예술작품 같은 지도를 만들었다. 일본군은 훗날 이 지도에 담긴 정보를 토대로 대만 침략 계획을 세웠다. 주중 무관은 역사적 명승지 유람을 핑계로 베이징과 후난(湖南)성을 샅샅이 훑었다. 2년 만에 청국북경전도(淸國北京全圖)와 청국호남성도(淸國湖南省圖)를 완성했다.

훗날 관동도독부(關東都督府) 도독을 역임한 후쿠시마 야스마사(福島安正)는 외국어 천재였다. 영·불·독·중·러시아어에 능했다. 1879년 육군 중위 시절 만주족으로 위장했다. 변발(辮髮)에 중국인 노동자 복장 차림으로 베이징, 텐진, 상하이, 내몽골을 5개월간 떠돌며 정탐했다. 청 왕조에 대한 판단을 본국에 보고했다.

"청국은 뇌물 주고받기가 도를 넘었다. 만악의 근원인 치명적인 약점을 이 나라 사람들은 반성할 줄 모른다. 위로는 황제와 대신(大臣)에서 졸병들까지 예외가 단 한 사람도 없다. 불치의 병에 걸린 청나라는 일본의 상대가 못 된다. 이들을 구제하는 것이 우리의 의무다."

1880년부터 7년간 중국을 정탐한 일본군 소좌는 본국에 청나라 정벌방안(征討淸國策)을 보냈다. 내용이 가관이었다. 1886년 청나라의 국고 수입과 국방예산, 100여 개 항구의 포대와 지형, 우물의 위치와 수심에 관한 정보까지 상세히 적혀 있었다.

만철의 임무

청·일전쟁 전, 청나라 해군은 손색이 없었다. 북양수사(北洋水師)도 갖출 것은 다 갖춘 상태였다. 농민으로 위장한 일본군이 북양함대 소재지 웨이하이웨이(威海衛)에 잠입해 북양수사의 신호와 암호해독 서적을 몰래 훔쳐 갔을 줄은 상상도 못 했다. 비싼 돈을 주고 산 군함들이 맥도 못 추고 침몰하는 것이 당연했다.

전쟁 승리 후 일본 상층부에 '대륙 이민'을 조심스럽게 거론하는 사람이 한둘 고개를 들기 시작했다. 승세를 몰아 러·일전쟁마저 승리하자 일본의 기세는 하늘을 찔렀다. 러시아가 관장하던 관동지역에 관동도독부를 신설하고 식민 통치를 구체화하기 시작했다. 만철 초대 총재로 부임한 고토 신페이는 식민지 착취에 관심이 많았다. 대만총독부 민정장관 시절 총독에게 묘한 의견을 낸 적이 있었다.

"영국은 인도에 동인도회사를 설립했다. 합법적인 무역과 상업을 명분으로 인도의 무궁무진한 보물을 약탈해 본국으로 보냈다. 만철은 동인도회사가 인도에서 했던 역할을 중국에서 감당할 능력이 충분하다."

고토는 취임식에서 속내를 감추지 않았다.

"만철의 임무는 철마(鐵馬) 경영과 광산개발, 이민, 목축업 발전 네 가지다. 그중 가장 중요한 것이 이민이다."

당시 관동 도독이 후쿠시마 야스마사였다. 후쿠시마도 고토의 구상에 공감했다. 뤼순과 다롄 주변에서 벼농사에 적합한 곳을 물색했다. 다롄 교외 진저우(金州)의 다웨이자툰(大魏家屯)지구가 토질이 비옥하고 벼농사에 적합하다는 보고를 받았다. 현지 파출소 순사(경찰)가 벼농사에 성공했다는 소식을 접하자 주저하지 않았다. 즉석에서 결정했다.

"만주에 오는 일본이민의 거점이 필요하다. 다웨이자툰에 일본이민 모범촌을 건설해라."

일본 농상무성(農商務省)의 세밀한 조사 결과도 후쿠시마를 만족시켰다.

첫 번째 만주 이민은 빈농지역 주민으로 국한했다. 야마구치(山口)현이 후보로 떠올랐다.

만몽은 세계평화의 고향

"만주와 몽골의 광활한 미개척지는
하늘이 일본인에게 하사한 땅이다."

하늘이 일본에 하사한 땅

1915년 일본이 다롄 교외 진저우의 다웨이자툰에 시험 삼아 설립한 이민촌은 실패했다. 이유가 있었다. 경작 기술이 중국 농민에 미치지 못하고 관동도독부의 보호도 기대 이하였다. 수확한 농작물은 마적들에게 털리고, 자녀들은 중국 애들에게 얻어터지고 들어오는 날이 멀쩡한 날보다 많았다. 굶어도 고향에서 발 뻗고 자겠다며 귀국 보따리 꾸리는 일본인이 속출했다. 10년이 지나도 일본인 숫자는 늘어날 기색이 없었다. 1925년, 동북 거주 일본인이 1,000명 미만이었다.

도쿄제국대학 농학과를 졸업한 농업실천학원 설립자 가토 간지(加藤完治)는 이민촌 실패에 가슴을 쳤다. 1926년, 일본 농촌의 엄중한 경제위기와 국내 모순 해결방안으로 만주 농업이민의 당위성을 설파했다.

"만주에 대규모 이민을 보내 일본의 식량 창고를 건설하자. 만주와 몽골의 광활한 미개척지는 하늘이 일본인에게 하사한 땅이

사격 훈련받는 일본 무장이민단의 부인들.
1935년 겨울, 소련 접경지역 만저우(滿洲里).

다. 부지런한 일본 농민들이 만주와 몽골로 이주해 황무지를 개간하면 비적이 횡행하는 만주와 몽골을 세계평화의 고향으로 변모시킬 수 있다. 나는 이것이 야마토(大和) 민족의 사명이라고 확신한다."

가토의 논조는 흡입력이 있었다. 추종자들이 '가토그룹'을 형성했다. 떼거리로 몰려다니며 가토의 주장을 선전했다.

"만주 이민은 야마토 민족의 민족팽창운동이다. 일본 농촌의 가장 큰 문제인 토지 결핍을 해결할 수 있는 유일한 길이다."

선전 문구도 요란했다.

"만주에 가면 누구나 10정보(町步)의 대지주가 될 수 있다."

당시 일본 농촌은 문제가 많았다. 여아(女兒) 매매와 일가족 자살, 성병 환자 급증 등 사회문제로 정부가 골머리를 앓을 때였다. 가토그룹의 선전에 현혹되는 것이 당연했다. 1932년 3월, 동북을 점령한 관동군이 만주국을 출범시키자 가토그룹은 만세를 불렀다. 관동군 찬양에 침이 마를 정도였다. '만·몽식민사업계획서'(滿·蒙植民事業計劃書)를 출간했다. 내용이 관동군의 극찬을 받고도 남았다.

전직 군인 도미야 가네오(東宮鐵南)가 가토가 제창한 농업이민에 도전장을 내밀었다.

"중국을 몰라도 한참 모르는 사람의 주장이다. 중국은 뿌리가 깊은 나라다. 농업이민으로 중국에 온 일본인들은 중국에 동화되기까지 오랜 시간이 걸리지 않는다. '무장이민'을 보내 만주를 개척해야 한다."

도미야는 자비로 중국 유학을 마친 정통파 중국통(中國通)이었다. 1919년, 28세 때 시베리아에서 코사크 기병대와 무장한 농민들의 결속에 감동했다. 7년 후 선양(瀋陽) 독립수비대 중대장 시절, 상관에게 무장이민 구상 설명하다 욕만 바가지로 먹은 경험이 있었다.

동북에 파견한 무장이민단

도미야는 폭파의 천재였다. 1928년 6월 4일, 베이징에서 자신의 철옹성 동북으로 돌아오는 장쮜린의 전용 열차 폭파 버튼을 한 치의 오차 없이 누르고 군복을 벗었다. 3년 후 무력으로 동북을 점령한 관동군은 도미야의 공을 잊지 않았다. 만주국 선포 후 수도 창춘에 있는 지린성 철도경비사령부 고문으로 영입했다. 창춘에 온 도미야는 관동군 작전과장 이시와라 간지(石原莞爾)에게 자신의 이민 방안을 제출했다.

"장기간에 걸친 군사적 진압은 일정한 지역에 무장이민을 정착시키는 것만 못하다. 무장한 제대군인과 일본 공제하의 조선인을 만주에 정착시키자. 농업에 종사하며 관동군의 후방 역할과 치안 유지를 담당케 하자. 현재 야마토 민족은 화분 속의 대나무와 같다. 이대로 놔두면 번식과 무성은커녕 화분 속에서 말라비틀어진다. 대지에 이식해야 새로운 생명과 부활을 기약할 수 있다."

이시와라는 도미야의 의견에 찬탄을 금치 못했다.

1932년 9월, 만주국 선포 6개월 후 이시와라의 소개로 가토와 도미야가 펑톈에서 얼굴을 마주했다. 1차 재향군인 이민단의 숫자와 조직, 지역에 합의했다. 조선인 참여는 가토가 제동을 걸었다.

"만주의 항일분자 중 가장 악질이 조선인 무장세력이다. 조선 농민은 무지렁이가 아니다. 지배계층보다 보수적이고 민족의식이 강하다. 무장이민에 포함시킬 경우 조선인 무장조직에 합류할 가능성을 배제하지 못한다."

도미야도 수긍했다. 일본 군부는 11개 현(縣)에서 '만주개척단' 명의로 무장이민을 공모했다. 헤이룽장(黑龍江)성 자무쓰(佳木斯)에 주둔할 소정의 교육과정 이수하고 농업 경험이 있는 신체 건장한 30세 이하의 재향군인 492명을 1차로 선발했다. 편제는 군대식이었다. 대대장(大隊長)과 경비지도원, 농업지도원 외에 군의관도 예비역 중에서 임명했다.

동년 10월 8일 다롄에 상륙한 개척단 1대대는 만주국 군사고문의 호송 하에 자무쓰행 선박에 몸을 실었다. 6일 만에 자무쓰항에 도착한 무장이민은 항일유격대의 급습을 받았다. 감히 해안에 오를 엄두를 못 냈다. 일본군의 엄호로 자무쓰에 진입한 후에도 항일유격대의 공격은 그치지 않았다. 4개월이 지나서야 겨우 융펑쩐(永豊鎭)에 입성해 미룽촌(彌榮村)이라는 식민지 마을에 정착할 수 있었다.

미룽촌은 일본이 만주에 본격적으로 건설한 첫 번째 이민촌이었다. 무장한 일본이민들의 행태는 침략자나 다름없었다. 일전에 암살로 삶을 마감한 전 일본 총리 아베 신조의 외조부 기시 노부스케

(岸信介)가 만주국 산업부 차장으로 부임한 후에는 약탈자로 변했다. 아베 덕에 중국인의 토지를 원가의 10% 가격으로 매입했다. 원소유자는 하루아침에 일본 개척단원의 소작농으로 전락했다.

이민사업을 개척사업으로 탈바꿈

1932년 가을부터 일본이 만주(동북)에 파견한 무장이민단은 파란이 많았다. 동북에 첫발을 디딘 날부터 동북인의 저항에 직면했다. 시도 때도 없이 중국 항일군민(軍民)의 습격을 받았다. 역사와 전통을 자랑하는 마적(馬賊)의 후예들도 만만치 않았다. 불시에 이상한 무기 들고 몰려와 양식과 무기는 물론 여자까지 탈취해 바람처럼 사라졌다. 일본도 가만있지 않았다. 미친 듯이 동북의 항일군민을 도살했다. 무장이민도 그치지 않았다. 1936년 봄까지 5년간, 다섯 차례에 걸쳐 무장이민을 만주에 정착시켰다.

1936년 2월 말 청년 장교들의 쿠데타를 계기로 일본의 정당정치는 막을 내렸다. 일본 군부와 뜻을 함께하는 외무대신 히로다 고키(廣田弘毅)가 32대 총리를 겸직했다. 히로다는 이민을 통한 동북 침략 정책의 신봉자였다. 대규모 이민을 국책(國策)으로 못 박았다.

같은 해 4월 관동군이 만주국 수도 신징(新京)에서 '이민회의'를 열었다. 지난 5년간의 무장이민 경험을 검토한 후 합의했다.

"소규모 무장이민은 성공했다. 대규모 농업이민도 불가능하지 않다. 20년 후 만주 거주 일본인이 500만 명은 돼야 완벽한 통치가 가능하다."

하얼빈 거주 여교수 한 명이 500만이란 숫자에 이의를 제기한 적

농토를 약탈당한 중국인 농부 대부분은
찬바람 불면 호떡 팔아 가족을 부양했다.
1938년 가을, 펑톈 골목의 호떡 장수.

만주국 시절 선양(瀋陽)의 중국인 빈민촌.
일본인은 중국인이 쌀 먹는 것을
허락하지 않았다.

이 있다.

"500만 명은 보수적인 숫자다. '이민회의' 당시만 해도 동북에 있는 일본인 숫자는 파악이 불가능할 정도였다. 20년 후 이민 외에도 상당한 숫자의 군인과 정부 지원, 교사, 상인, 기술자, 가족들까지 포함하면 1,000만 명 정도는 됐다고 보는 것이 합리적이다. '이민회의' 9년 후 일본 패망 시, 동북에 있던 일본이민은 166만 명이었다. 그중 농업이민은 32만 명 10만 6,000가구에 불과했다. 일본의 원래 계획은 100만 가구였다."

이민을 국책으로 정한 일본 군부는 무장이민을 농업이민으로 전환했다. 재향군인도 일반농민으로 대체했다. 1939년부터 이민이라는 명칭을 없애버렸다. 일본 영토에 일본인이 가는 것은 이민이 아니라는 이유였다. 이민을 개척민으로, 이민단은 '개척단'이라 개칭했다. 이민사업도 '개척사업'으로 탈바꿈시켰다.

1941년 태평양전쟁이 발발했다. 일본 농민도 징집 대상이 됐다. 군수산업도 노동력 결핍에 시달렸다. 만주에 보낼 개척단이 목표의 10.9%로 급감했다. 일본은 문제 해결에 골몰했다. 16세부터 19세까지의 청소년을 대상으로 '만·몽개척청소년의용군'(滿蒙開拓青少年義勇軍)을 공모했다. 여의치 않자 연령을 낮췄다. 14세에서 15세까지도 억지로 긁어모았다.

3개월간 사찰에서 정신교육 받고 만주로 이동해 3년간 혹독한 군사훈련 마친 후 개척단에 편입된 8만여 명의 '만·몽개척청소년의용군'은 개척단 내의 특수집단이었다. 개척단의 부족한 부분을 메우고 관동군의 보충병 역할을 했다. 1945년 8월, 소련군이 만주에 진입하자 전원이 '청소년의용대'를 편성하여 전투에 참여해 3분의 1 이상이 목숨을 잃었다.

관동군은 개척단을 전략적 요충지에 배치했다. 최전방인 소련국경 지역에 40%를 상주시켰다. 국경지대의 일본화가 최종 목표였다. 창바이산(長白山)과 싱안링(興安嶺), 쑹화강 일대의 평원지역은 항일무장세력의 상습 출몰지역이었다. 항일집단과 동북 평민의 접근을 차단하기 위해 개척단의 50%를 배치했다. 나머지 10%는 남만주철도(만철) 철로 연변에 터를 잡았다. 수탈한 물자의 원만한 운송 때문이었다.

개척단은 염가로 토지를 매입했다. 수년 만에 동북 토지의 10분의 1을 점거했다. 만주가 일본의 모범농촌으로 변할 징조였다. 태평양전쟁이 발발하자 상황이 변했다. 전선이 길어지자 일본 정부는 만주 개척민이 누리던 병역 혜택을 폐기했다. 16세부터 45세 이하의 개척민을 군에 징발했다. 중국군과 전투가 치열한 내지의 남방지역에 배치했다. 개척단은 장년의 노동력을 상실했다. 토지를 중국 농민들에게 경작시켰다.

일본은 중국인이 쌀 먹는 것을 허락하지 않았다. 먹다 들통나면 경제사범으로 다뤘다. 하얼빈 인근의 대형 개척단 소재지에 유전되는 말이 있다.

"중국 노동자를 고용한 인성 좋은 개척민이 있었다. 노동자에게 항상 쌀밥 주며 술까지 권했다. 노동자는 술이 약했다. 하루는 귀가 도중 길에서 먹은 것을 토했다. 지나가던 만주국 말단 관원이 걸음을 멈췄다. 쭈그리고 앉아 토사물을 검사했다. 쌀이 발견되자 쪼르르 파출소로 달려갔다. 손짓 발짓 해가며 순사에게 일러바쳤다. 농민은 냉수세례 받으며 채찍으로 죽지 않을 만큼 얻어터졌다. 미모의 부인이 순사에게 선심 쓴 덕에 벌금만 내고 겨우 풀려났다. 비슷한 일이 많았다."

1945년 8월 9일 0시 10분 바실리에프스키가 지휘하는 소련 극동군 150만 명이 4,000㎞에 달하는 소·만 국경을 넘어 동북에 진입했다. 3일 전 히로시마에 원자폭탄을 투하한 미국은 소련의 진군 속도에 놀랐다. 소련을 겁주기 위해 이미 망한 나라에 한 개를 더 투하했다. 일본 패망은 개척단에겐 청천벽력이었다.

개척단의 이민과 최후

"일본 인민의 적은 일본 제국주의이고
중국 인민의 적은 중국 민족의 변절자다."

말라버린 남자 씨

1945년 초 만주(동북) 각지에 포진한 일본의 '만·몽개척단'(滿·蒙開拓團)은 860여 개, 33만 명 내외였다. 만주국 연구자들은 개척단 구성원을 초전사(鍬戰士), '가래를 든 전사'라고 불렀다. 가래 외에 총도 지참한 군민합일(軍民合一)의 민병조직이었기 때문이다. 소지한 총의 용도는 중국인의 반항 진압과 소련군이 만주에 진입했을 경우 두 가지였다.

남자뿐만이 아니었다. 부녀자와 아동들도 메이지 38년(1905년) 일본이 개발한 38식 장총과 죽창 들고 소련 정규군에 맞설 준비를 했다. 일본 관동군과 대기업의 거점은 중요 도시와 항구 외에 철도 주변이었다. 초부대(鍬部隊)라는 명칭이 더 어울리는 개척단은 일본 군국주의의 침략범위를 농촌까지 확대하는 역할을 충실히 해냈다.

1945년 8월 중순, 일본 패전 소식에 만주의 일본개척단은 공황상태에 빠졌다. 1972년 중·일 수교 후 40년 전 남편 따라 북만주에 개척단으로 참여한 야마가타(山形)현 출신 일본 여인이 당시를 증언했다. 워낙 생생하기에 간추려 인용한다.

"1932년 남편 따라 만주로 갔다. 8월이 되자 전세가 불리하다는 소문이 나돌았다. 하루는 부락장(部落長)이 한 가구당 가마니 20개를 만들라고 지시했다. 1년 전부터 정부는 개척단원의 군 징집 면제 약속을 지키지 않았다. 만주 벌판에 야생화가 만발할 무렵, 남편도 다른 단원들과 군가 부르며 전쟁터로 떠났다. 우리 개척단은 다른 개척단에 비해 징집에 적극적으로 응했다. 하루아침에 남자들의 씨가 말라버렸다. 부락에 남자라곤 부락장과 말더듬이 중국인 심부름꾼 1명이 다였다.

부녀자들은 새벽부터 들에 나가 풀을 벴다. 해가 지면 손으로 가마니를 짰다. 8월 15일 정오 부락장이 부락민을 집합시켰다. 개척단 본부의 중요 지시사항을 전달했다.

'일본이 투항했다. 개척단원들은 만주에서 철수한다. 하얼빈에 집결해 일본으로 간다. 언제 소련군이 들이닥칠지 모른다. 출발을 서둘러라.'

평소 머저리 취급받던 심부름꾼은 그날따라 멀쩡했다. 꼭 이럴 줄 알았다며 히죽거렸다. 부락장에게 얻어맞고 도망가면서도 계속 낄낄거렸다. 생각지도 않았던 돌발사태에 다들 제정신이 아니었다. 나도 남들처럼 집으로 달려가 짐을 꾸렸다. 간편한 옷과 3일치 마른 식량 외에 성냥 몇 갑이 다였다. 어린 딸 손 잡고 개척단 본부에 집합했다. 개척단 단장과 부락장이 우리를 인솔했다. 큰길은 피하고 꼬불꼬불한 길을 골라가며 하얼빈으로 향했다."

평소 개척단을 비호하던 관동군과 헌병들은 종적이 묘연했다.

중국인의 보복이 두려운 일부 개척단에 집단 살상이 벌어졌다. 8월 18일 오후 화촨(樺川)현에서 인간 지옥이 벌어졌다. 화촨 개척단 단장과 일본군 헌병이 개척단원 1,600명을 20개 방에 집합시킨 후 건물에 경유를 뿌렸다. 화염방사기가 불을 토하고 기관총 소리가 요란했다. 수류탄이 작렬하고 박격포도 쉴 틈이 없었다. 거의 전원이 몰살했다. 죽기가 힘들었던지 몇 명이 목숨을 건졌지만 사람 몰골은 아니었다.

하얼빈으로 향하던 개척단의 중간 집결지 팡정현(方正縣)에서도 비극이 벌어졌다. 토박이 노인이 구술을 남겼다.

"1945년 8월 중순 두고두고 본 것이 후회되는 참혹한 현장을 목도했다. 한참 밥을 먹던 중 귀신소굴 쪽에서 이상한 소리가 그치지 않았다. 당시 우리는 개척단 본부를 귀신소굴이라고 불렀다. 나는 어릴 때부터 먹는 것보다 구경 다니기를 더 즐겼다. 수저 내려놓고 귀신소굴을 향해 냅다 뛰었다. 입구에 지키는 사람도 없고, 마을도 아무 일 없었던 것처럼 조용했다. 문틈으로 몰래 들여다보니 집집마다 여자 시신이 있었다. 산 사람이 무섭지 죽은 사람은 무섭지 않다는 할아버지 말이 떠올랐다. 할머니에게 야단만 맞던 할아버지 말이라 믿지 않았지만 그날따라 할아버지 말이 맞는 것 같았다.

문이 반쯤 열려 있는 집으로 들어갔다. 정갈한 일본 전통 복장에 화장까지 한 예쁜 여인 두 명이 누워 있었다. 뒷머리와 베개에

중국 여인과 결혼한 후 중국에 정착한
일본 개척단원의 후예와 자녀들.

선혈이 낭자했다. 서로가 서로를 쏴 죽였다는 생각이 들자 가슴이 울컥했다. 철이 들면서 친구들에게 전쟁의 진짜 피해자는 일본 국민이라는 말 했다가 미친놈은 기본이고 몰매 맞을 뻔한 적이 한두 번이 아니다. 일본 국민을 만주에 와 있던 일본 여인들이라고 바꿔도 반응은 마찬가지였다. 그날 82명이 총격이나 자살로 삶을 마감했다. 지금도 그날 생각만 하면 술에 의지하고 밤잠을 설친다."

개척단은 가해자이자 피해자

헤이룽장성 팡정현은 하얼빈과 자무쓰(佳木斯) 사이에 있는 인구 22만 규모의 작은 현이었다. 개척단원이 다른 지역에 비해 적고 행패도 심하지 않았다. 일본 패망 후 귀국을 원하는 일본개척단이 몰려오는 바람에 유명세를 치렀다. 통계에 의하면 1945년 9월부터 이듬해 말까지 일본개척단 1만 명이 걸어서 팡정까지 왔다. 그중 5,000명 이상이 도착 후 기아와 질병으로 세상을 떠났다. 다른 경로로 온 민간인의 숫자도 만만치 않았다. 파악이 불가능할 정도였다.

팡정현 정부는 도망 온 개척단원들을 냉대하지 않았다. 수용하기 위해 현지인들을 다른 곳으로 이주시켰다. 일부는 일본인 고아들을 직접 키웠다. 오갈 곳 없는 일본 여인과 가정을 꾸린 사람도 970명이었다. 일본 남자와 정식으로 결혼한 중국 여자도 300명이 넘었다. 자기들끼리 부부 비슷한 사이로 발전한 경우는 더 많았다.

만주 전역에 일본이 파견한 개척단과 농업이민은 30만 명에서 33만 명 정도였다. 사망자와 전쟁 막바지에 군대에 끌려가 소련군에 포로가 됐거나 행방불명된 사람 외에 살아서 일본으로 돌아간 개척단원은 농업이민자를 포함해 11만 명 내외였다.

일본 이민과 개척단은 일본 침략정책의 도구였다. 중국인에게 재난을 안겨준 가해자(加害者)이며 일본 침략 전쟁의 수해자(受害者)였다.

개척단 난민 유골의 집결지

일본 패망 후 헤이룽장성 팡정현은 한동안 난리를 떨었다. 본국으로 돌아가려는 일본 무장개척단원의 부인과 자녀, 노약자들이 떼로 몰려왔다.

1945년 겨울은 유난히 추웠다. 창문도 없는 창고에서 얼어 죽고, 굶어 죽었다. 날이 풀려도 시련은 그치지 않았다. 전염병 창궐로 픽픽 쓰러졌다. 시신을 거둘 엄두가 나지 않았다. 들판에 버리거나 쌓아놓고 대충 소각했다.

팡정까지 오는 도중 어린 자녀들을 적당히 처리한, 사연 많은 여인들은 중국 농민과 가정을 꾸린 경우가 많았다. 자녀가 없는 중국인들은 무자식이 상팔자라는 명언의 의미를 알 턱이 없었다. 반은 재미 삼아 일본 애들을 입양했다.

1963년 봄 팡정의 중국 농민과 결혼한 지 17년 된 일본 여인이 남편과 산책을 나왔다. 태양과 봄바람을 즐기던 중 발에 차이는 것이 있었다. 인간의 두개골이 분명했다. 현(縣) 정부에 편지를 보냈다.

"전 남편은 일본개척단원이었다. 궁핍한 농촌에서 태어나 배

항일의용군을 도왔다고 의심되는 마을을
초토화시킨 만주의 일본인 무장개척단.

우지 못했다. 건강 외에는 내세울 것이 없었다. 만주에 가면 땅 부자가 된다는 말에 개척단원으로 자원했다. 논농사는 지어본 적이 없었다. 난생처음 중국 농민 고용해서 편하게 살았다. 가끔 군복 차림에 총 들고 나갔다. 돌아와서 천황폐하께 불충한 중국 마을을 요절내고 왔다며 의기양양했다. 그러다가 전쟁터에 끌려나갔다. 중국 산천 어디엔가 백골로 굴러다닐 것이 뻔하다. 현재 팡정현 일대에는 남편이나 부모, 자식 따라온 민간인들의 유골이 널려 있다. 적당한 곳에 이들을 안장해주기 바란다."

1941년 5월 15일 홍색 근거지 옌안(延安)에 있던 마오쩌둥은 일본 제국주의와 일본 국민을 분리하려 했다. 발족을 앞둔 『해방일보』(解放日報)와 『신화사』(新華社)에 중앙서기처 명의로 보낼 문건의 초안을 직접 작성했다. 이 여인은 어디서 봤는지 이 문건 내용까지 인용했다.

"마오 주석은 중국 인민과 일본 인민은 오직 하나의 적(敵)만 있다는 점에서 일치한다는 말을 했다. 일본 인민의 적은 일본 제국주의, 중국 인민의 적은 중국 민족의 변절자라고 단언했다. 백골이 된 이 사람들은 제국주의가 뭔지도 모르는 사람들이다."

현에서 결정할 문제가 아니었다. 성(省) 정부에 여인의 편지를 보냈다. 성 정부도 끙끙댔다. 묵살하자니 불안했다. 더 높은 곳에 보고하고 처분 구하는 것이 상책이었다. 베이징의 국무원에 서신을 발송했다.

국무원 총리 저우언라이는 결정이 빨랐다. 성 인민위원회에 1만

위안을 보내며 지시했다.

"일본개척단 난민의 유골 5,000여 구를 수습해서 '팡정지구 일본인 묘지'를 건립해라."

성 정부는 인적 뜸한 곳에 엉성한 공묘(公墓)를 만들었다. 1975년 중·일 수교 3년 후, 공묘를 멀쩡한 곳으로 이전했다. 다시 9년이 흘렀다. 1984년 9월 18일 헤이룽장성 영사처가 일본 측과 합의했다.

"인근 마산(麻山)지구에서 집단자살한 개척단 난민의 유골을 팡정의 일본인 공묘로 이송한다."

일본 측의 요구는 계속됐다. 2년 후 일본우호방문단이 다른 지역에 흩어진 개척단 난민 유골의 팡정 이전을 제안했다. 중국 측은 거절하지 않았다.

양부모 따라 인생 달라진 일본 고아

팡정현은 얼떨결에 북만주 일대에서 객사한 개척단 난민 유골의 집결지가 됐다. 팡정현 현지(縣志)에 의하면 당시 중국 가정에서 키운 일본 고아는 4,000명을 웃돌았다. 4,000명 고아의 배후에는 4,000개의 중국 가정이 있다는 의미였다. 평생 팡정 밖을 나가본 적이 없다는 노인의 구술을 소개한다.

"팡정에 떨궈진 일본 고아들은 양부모가 누구냐에 따라 훗날 중국에 대한 호불호가 달랐다. 팡정 사람이라면 누구나 다 아는 류창허(劉長河)를 생각하면 가슴이 뭉클하다."

류창허의 본명을 아는 팡정인은 없다. 1940년 두 살 때, 3대가 팡정현에 와서 개척단에 가입했다. 1년 후 부친이 군에 징집됐다. 일본이 패망하자 일가족 8명이 피난길에 올랐다. 가을비가 요란한 날 밤, 진흙 구덩이에서 헤맬 때 저공 비행하는 소련 비행기가 불을 뿜었다.

모친은 시부모 앞에서 갓 태어난 막내아들의 목을 살며시 누르며 이를 악물었다. 집단자살한 시신의 악취와 빗물에 눈을 뜰 수 없었다. 조부모와 출산을 앞둔 고모는 노변에서 사망했다. 모친 등에 있던 세 살 된 딸도 보이지 않았다. 2개월 만에 창허와 시동생 데리고 팡정 난민수용소에 도착한 모친은 일주일 후 긴 한숨 내쉬며 눈을 감았다. 대대로 내려오는 목수 부부가 난민촌을 찾았다. 다리가 마비된 창허를 솜이불에 싸서 집으로 안고 갔다. 부부는 해만 뜨면 창허를 업고 병원으로 갔다. 해가 지면 다리 문지르며 밤을 지새웠다. 온몸에 피가 돌기까지 8개월이 걸렸다.

창허는 좋은 교육도 받았다. 헤이룽장대학 러시아어학과를 마친 후 하얼빈19중학교 교사로 임용됐다. 양부모도 극진히 섬겼다. 1974년 중·일 수교 2년 후, 처자와 함께 일본에 정착했다. 회사설립 후에는 노년의 양부모를 일본으로 모셨다. 양부모는 이국 생활이 불편했다. 다시 중국으로 돌아갔다. 창허는 매년 팡정을 찾았다. 1개월씩 머무르며 양부모를 봉양했다.

팡정현 정부와 모교에도 후원을 아끼지 않았다. 양부와 양모의 임종은 물론 염(殮)도 남의 손을 빌리지 않았다. 인민폐(人民幣) 13만 위안 들여 안식처를 조성했다. 영세불망양육지은(永世不忘養育之恩)이라는 비문도 직접 썼다. 2011년 팡정에 기이한 일이 벌어졌다. 전 중국이 진동했다.

신분세탁소

"일본인으로 태어나 중국인이 되었다가 다시 일본인이 된
개척단의 후예들은 중국 진출 분야의 스카우트 대상이었다."

'광야의 꽃' 가라유키

일본의 만주 진출은 여성들이 남자들보다 빨랐다. 20세기가 동트기 전 바이칼호 동부의 한적한 도시에 일본 여인들이 족적을 남겼다. 가라유키, 중국인들이 탕싱샤오제(唐行小姐)란 예쁜 명칭으로 부르던 이 여인들은 해 질 무렵이 되면 분주했다. 석양빛보다 진한 화장하고 저녁노을을 뒤로했다. 거리에 나가 시베리아 개발과 철도 건설에 고용된 중국인과 러시아 군민(軍民)들을 상대했다. 철도가 만주로 연결되자 가라유키도 철길 따라 만주로 진입했다. 블라디보스토크에서 하얼빈까지 군사정보를 수집한 일본 밀정은 회고록에서 이 여성들에게 후한 점수를 줬다.

"광야의 꽃이었다. 몸과 마음은 물론 물질적으로 적지 않은 지원을 받았다. 입도 무거웠다. 마적의 처가 된 가라유키도 한둘이 아니었다."

러·일전쟁이 일본의 승리로 끝나자 만주에 일본 여인들이 증가했다. 만주는 한때 음지에서 일하던 일본 남녀들의 신분세탁소였다. 승전국 여인들은 어떨지 호기심 느끼는 중국인이 많았다. 남만

주철도(만철)에 다니는 중국 직원들이 특히 심했다. 일본 여인과 결혼하기 위해 눈에 불을 켰다. 건축업과 약재상, 무역업자들도 일본 여자 직원 구하느라 광분했다.

만주에 이민 온 일본 개척단원은 시간이 흐를수록 개척은커녕 비실댔다. 흔히들 둔간병(屯墾病)이라 불렀다. 둔간병은 약이 없었다. 굶어 죽어도 고향에 가서 죽겠다며 퇴단(退團)을 요구하는 개척단원이 속출했다. 일본 정부와 관동군은 머리를 짜냈다. 청소년의용군의 개척단 파견과 대륙신부 정책을 동시에 폈다. 전국적으로 미혼 여성들을 모집했다. 개척여숙(開拓女塾)을 설립해 지원자를 3년간 훈련시켰다.

"일본 부녀자의 도덕관을 대륙에 이식해 만주에 신문화(新文化)를 정착시켜야 한다. 야마토(大和) 민족의 순혈(純血)을 보위하는 것이 임무다. 다른 민족과의 통혼(通婚)은 있을 수 없다. 혈액방위부대원임을 잊지 마라. 결혼하지 않으면 다시는 일본에 돌아올 수 없다."

개척단 소재지는 편벽한 지역이 대부분이었다. 선전용으로 꾸민 도시나 철도 연변에 자리한 대형 개척단 외에는 문화생활이 없었다. 라디오 한 대도 없는 곳이 대부분이었다. 촌구석에 떨어트려 놔도 눈치 있고 머리 좋은 사람은 뭔가 달라도 달랐다. 16세의 대륙신부가 개척단 단장에게 이런 편지를 보냈다.

"부락장과 남편은 모를 것 같아 단장에게 묻습니다. 만주에 와보니 본국에서 듣던 것과는 다릅니다. 이 생각 저 생각 하다 보니 남들처럼 둔간병이나 향수병에 걸릴 틈이 없습니다. 우리가 비적(匪賊)이나 마적(馬賊)이라 부르며 멸시하는 집단이 실제로는 중국의 애국 집단이라는 생각이 듭니다. 도적질하는 사람들이 애국자라면 만주인들은 개나 고양이가 아닙니다. 이런 사람들을 우리가 개조시킨다는 것이 환상이 아니길 바랄 뿐입니다. 가르침을 고대합니다."

읽기를 마친 단장은 대담한 어린 신부의 편지를 입에 꾸겨놓고 씹었다. 인기척이 있자 삼켜버렸다. 세상 물정 몰랐던 어린 대륙신부는 훗날 대작가로 명성을 떨쳤다. 죽는 날까지 헤이룽장성 팡정의 난민수용소에서 굶어 죽은 단장 얘기만 나오면 통곡했다.

"단장이 내 편지를 묵살하지 않았다면 나는 죽은 목숨이었다. 단 하루도 단장을 잊은 적이 없다."

일본이 패망하자 만주국 고관과 관동군 장교 가족들은 일찌감치 일본행 수송선에 올랐다. 죽지 않고 팡정에 집결한 젊은 과부들은 중국인과 가정을 꾸리고, 고아들은 중국인 가정에 입양됐다. 해가 거듭되자 팡정 거리에 중일혼혈아와 중국 양부모 밑에서 성장한 중국 국적 일본 청년들이 득실거렸다.

1972년 중·일 수교 후 중국에 남아 있던 일본 이민자와 개척단의 후예들은 거의 일본으로 돌아갔다. 일본인으로 태어나 중국인이 되었다가 다시 일본인이 된 개척단의 후예들은 중국에 진출하려는 모든 분야의 스카우트 대상이었다.

"민족 존엄이 돈보다 중요"

돈을 번 일본 이민과 개척단 후예들의 팡정 방문이 줄을 이었다. 일본개척단의 피해를 많이 입었던 지역임에도 팡정인들은 일본인들을 반겼다. 이유가 있었다. 역사적인 이유로 주민 20여만 명 중 반 이상은 일본인의 피가 흐르고 있었다. 현(縣) 정부도 적극적이었다. 일본거리를 조성해 일본기업 40여 개를 유치했다. 일본에서 부를 축적해 팡정으로 돌아온 기업인과 가족이 6만 8,000명에 달했다. 팡정이 작은 일본으로 변하는 건 시간문제였다.

2007년 개척단의 후예들이 현 정부에 제의했다.

"개척단을 기념하는 공원을 조성해 묘지와 기념비를 세우고 싶다. 비용은 우리가 부담하겠다."

현 정부도 동의했다. 개척단 공묘(公墓)와 백옥과 청석으로 만든 개척단원의 이름까지 새긴 폭 7m, 높이 3.8m의 거창한 묘비가 모습을 드러냈다. 관리인까지 두다 보니 공원은 항상 정갈했다. 주변에 있는 항일열사들의 무덤은 돌보는 사람이 없었다. 잡초투성이에 비석에 있는 글도 잘 보이지 않을 정도였다. 땅덩어리가 워낙 큰 나라다 보니 소문이 나기까지 4년이 걸렸다.

2011년 다른 지역에서 온 청년 5명이 묘비에 적힌 이름들을 쪼아내고 붉은 페인트를 쏟아부었다. 공묘도 평지로 만들며 일갈했다.

"민족의 존엄이 돈보다 중요하다."

온 나라가 갈채를 보냈다.

빵으로 세균전 실험

1931년 동북3성을 점령한 일본의 5족협화(五族協和) 표방은 말 뿐이었다. 동북에 괴뢰정권 만주국 수립과 동시에 잔혹한 통치를 시작했다. 인간을 대상으로 세균전 실험도 서슴지 않았다. 여학교도 예외가 아니었다.

1940년 가을, 지린성 푸쑹(撫松)의 여자사범학교에 일본군이 난입했다. 교실 문을 차고 들어와 수업 중인 학생들을 끌어냈다. 교사들이 가만있지 않았다. 학생들 보호하기 위해 일본군과 충돌했다. 결과는 보나마나, 직싸게 얻어터지고 일어나지도 못했다. 맨땅에 주저앉아 일본군이 몰고 온 대형차들에 실려 가는 제자 500여 명 바라보며 땅을 쳤다.

학부모와 교사들이 일본군 부대로 몰려갔다. 학생들의 소재를 물었다. 몽둥이세례 외에는 소득이 없었다. 이튿날 저녁 무렵 기적 같은 일이 벌어졌다. 학생들이 터덜터덜 집으로 돌아왔다. 황당해하는 모습 외에는 아무 이상이 없었다. 끔찍한 상상을 떨치지 못하는 부모와 교사들의 걱정 어린 위로를 받은 후 있었던 일을 털어났다. 500여 명의 말이 거의 일치했다.

"일본인들은 우리를 커다란 창고에 가뒀다. 먹는 건 고사하고 물 한 모금 마시지 못한 채 하루를 지냈다. 여자들이다 보니 두려워하던 일은 벌어지지 않았다. 기아와 추위만 견디기 힘들었다. 오늘 아침 일본인들이 우리 있는 곳으로 왔다. 무슨 행패 부릴지 각오를 단단히 했다. 일본 군인들은 의외였다. 커다란 포대 자루

만주국 시절 하얼빈의 중심가.
주변에 백계 러시아인과
유대인이 개설한 상점과
일본백화점이 몰려 있었다.

에 가득한, 큼직하고 따끈따끈한 빵을 나눠주며, 더 있으니 실컷 먹으라고 할 줄은 상상도 못 했다. 뭔가 수상하다며 빵을 바닥에 던지는 여학생들에겐 총으로 위협하며 강제로 먹였다."

모두 먹기를 마치자 군인들은 가버렸다. 몇 명이 시험 삼아 창고 문을 밀어봤다. 스르르 열리자 밖으로 나가봤다. 사람 흔적이 없었다. 황급히 돌아와 소리쳤다.

"지키는 사람이 없다. 문도 잠그지 않았다. 가건 말건 맘대로 하라는 의미다."

여학생들은 서로를 부축하며 집으로 돌아왔다. 조혼(早婚)이 정상인 시대였다. 여학생 중에는 부모들끼리 혼인을 약정한 학생이 대부분이었다. 무사히 귀가했다는 소문이 퍼지자 미래의 남편감들이 배우자가 될 여학생들 집 주변을 맴돌았다. 밤바람이 차니 들어오라는 말에 마지 못한 듯이 들어가서 묻는 말이 똑같았다.

"별일 없었느냐."

없었다고 해도 의심의 눈초리를 보내며 반복하다 귀싸대기 맞고 쫓겨난 청년이 한둘이 아니었다.

여학생들은 집에서 하루 쉬고 학교로 갔다. 수업과 생활이 정상으로 돌아왔다. 이틀 후 500여 명 여학생 전원이 이상한 증세를 보이기 시작했다. 피부에 선홍색 물집이 생기고 체온이 상승했다. 땀이 비 오듯 하고, 눈이 충혈되고, 머리가 깨질 것처럼 아팠다. 접촉했던 부모·교사·친구들도 같은 증상이었다. 급성 전염병이 푸쏭 전역으로 번졌다. 의료 시설에 한계가 있었다. 병원 문고리 잡아보지도 못하고 죽는 사람이 부지기수였다. 순식간에 푸쑹 전역이 인간 지옥으로 변했다. 2개월이 지나자 주변 도시에도 같은 일이 벌어졌다. 일본군이 준 빵에 세균이 들어 있었다고 직감했지만 다들 쉬쉬했다. 비슷한 일이 만주에 빈번했다.

일본인이 많이 거주하던 다롄, 펑톈, 신징, 하얼빈 같은 주요 도시는 달랐다. 만주국 14년간 악성 전염병이나 괴질이 발생한 적이 없는, 일본인에겐 왕도낙토(王道樂土)였다. 백화점에는 일본에서도 사기 힘든 고가의 수입품들이 즐비했다. 일본인 전용 상점도 일본 대도시의 대형 상점보다 규모가 컸다. 물품이 다양하고 가격도 저렴했다. 대도시가 아닌 웬만한 도시도 일본인 거주지역은 일본과 차이가 없었다. 스시집과 일본오락장이 한 집 건너 두 집이었다. 일본인 회관은 일본 중소도시보다 더 화려했다. 일본 유명 음식점 분점과 댄스홀, 영화관은 기본이었다.

출입하는 일본인들은 공통점이 있었다. 낮에는 테니스, 골프, 사냥으로 식민지 특유의 문화를 만끽했다. 겨울에는 스키와 스케이팅, 아이스하키 등 동계운동을 즐겼다. 우리의 민족교육자 범정(梵亭) 선생의 독립운동 근거지 우룽페이(五龍背)의 온천지역은 허구한 날 만주국 고관과 남만주철도주식회사(만철) 직원, 관동군 장교들로 북적거렸다.

"하얼빈은 바다 없는 상하이"

만주국 시절 다롄은 일본 화족들의 피서지였다. 남산(南山) 산록(山麓)에 서구식 저택이 즐비했다. 흔히들 '동양의 파리' 혹은 '동양의 모스크바'라고 부르던 하얼빈은 서구의 풍정(風情)이 물씬 풍기는 국제도시였다. 중국이나 일본에서 볼 수 없는 도시의 매력에 넋을 잃은 무명작가의 소설 한 구절을 소개한다.

"하얼빈은 바다가 없는 상하이. 도시 전체가 엽기, 낭만, 모험이 뒤섞인 한 편의 소용돌이. 망명한 러시아 공작이 거리에서 행인의 구두에 광을 내고 러시아 장군의 정부(情婦)였던 볼쇼이 발레단의 일급 발레리나가 싸구려 무용복 입고 거리에서 불춤 추는 눈물의 도시. 중국공산당이 지하에서 꿈틀거리는 과거와 미래의 교향곡."

틀린 표현이 아니다. 만주국 시절 하얼빈은 그런 도시였다.

자원 약탈에 목맨 만철

1931년 9월 18일 일본이 일으킨 만주사변은 이시하라 간지(石原莞爾)와 이다가키 세이시로(板垣征四郎) 등 관동군 고급 참모들의 작품이 확실하다. 단, 만철(南滿洲鐵道株式會社)의 강력한 지원이 없었다면 병력 1만 4,000명으로 몇 개월 만에 중국의 동북3성(만주) 점령은 불가능했다. 만주사변과 만주국 설립의 배후에는 만철의 음영(陰影)이 있었다.

1931년 6월 만철 총재가 교통운수 연석회의에서 비상시기 교통계획을 공언했다. 3개월 후 관동군의 요구에 복종하기 위해 총동원령을 내렸다. 9월 18일 밤 총성이 울림과 동시에 신속한 병력 이동은 물론 장갑열차를 동원해 관동군의 동북점령 시간을 단축시켰다. 만철 무장자위대의 관동군 숙영(宿營)지 확보와 의료시설 지원, 부상병 위문 등 후방 지원도 도맡았다.

당시 만철 직원은 약 3만 9,000명 정도였다. 사변 후 일본인 직원 1만 5,884명과 외국인 직원 6,370명이 표창을 받았다. 그중 일본인 244명은 만철을 떠났다. 만주국 요직을 차지했다.

만철은 철도회사였지만 조사부, 농업시험장, 중앙시험소, 지질조사부 등 부설기관이 많았다. 계열사도 석탄, 제철, 호텔, 병원, 언론기관, 영화제작소 등 없는 것이 없었다. 만주의과대학을 위시한 교육기관도 70개가 넘었다.

1907년 러시아로부터 이양받은 만철의 철도 주변 부속지 면적은 150km²였다. 만주사변 시기에는 843km²로 늘어났다. 당시 일본은 경공업 국가였다. 만주에 경공업을 육성할 경우 일본은 만주국의 상대가 못 됐다. 만주에 중공업 육성을 추진했다. 만철은 만주국 전역의 철로 수축과 광산채굴, 토지 임대, 삼림 채벌권 외에 강철, 전기, 석유, 화학공업 육성에 광분했다. 계열사 80여 개를 설립해 자원 약탈에 목을 맸다. 푸쑨(撫順) 탄광의 경우 1일 생산량은 6,000t 내외였다. 1939년 2만t으로 늘어났다. 만철은 매년 100만t을 소모했다. 나머지는 다롄항을 통해 일본과 동남아 지역으로 반출했다.

인재를 무조건 기용한 만철

만철은 산둥(山東), 허베이(河北), 허난(河南) 지역에서 노동자 50여만 명을 모집했다. 만철 본사 소재지 다롄에 집결한 노동자들

268

동양 최대 규모를 자랑하던
다롄항의 만철 전용부두.
매년 3,500척의 선박이
650만t의 화물을 토하고 삼켰다.

은 다롄의 만철 전용부두와 만주 전역에 산재한 계열사로 분산시켰다. 만철 소속 기업의 중국인 노동자들은 사람 취급을 못 받았다. 하루 노동시간이 평균 12시간이었다. 심할 때는 16시간 동안 땀을 흘렸다. 임금은 일본인 노동자의 6분의 1에 불과했다. 1942년 3월부터 9월까지 6개월간 다롄 부두에서 사망한 노동자가 3,520명이었다. 조선인 노동자들과 이간책도 썼다. 일본인에 비하면 어림도 없었지만 중국인보다 임금이 조금 후하고 노동 시간도 약간 적었다.

만철에는 조선인 직원이 2,000명 정도 있었다. 형이 퉁화(通化)의 만철 지사에 근무했던 조선족 경제학자의 회고를 소개한다.

"형은 업무상 일본인과 왕래가 빈번했다. 일요일이나 휴일엔 일본인 가정이나 우리 집에서 마작을 하곤 했다. 하루는 우리 집에서 마작이 벌어졌다. 야반이 되자 형이 불렀다. '선생 댁에 가서 부인에게 먼저 쉬시라고 전해라.' 형이 선생이라 부르던 일본인은 나이가 제일 많았다. 서로 존칭을 썼다. 당시 우리 마을에는 전기가 들어왔다. 가로등과 집집마다 전등이 있었다. 형 친구가 사는 만철 숙소에 가서 일본 부인이 촛불 앞에 단정히 앉아 있는 것을 보고 깜짝 놀랐다. 내게 사탕까지 선물로 주며 고맙다고 고개를 숙였다.

일본이 패망하자 마을에 있던 일본인들은 자취를 감췄다. 내가 심부름 갔던 만철 직원은 부인과 함께 와서 작별인사를 잊지 않았다. 겸손과 절약과 예의가 몸에 밴 일본인들이 중국에만 오면 난폭해지는 이유가 아직도 궁금하다."

만철은 특수회사였다. 일본 식민통치의 도구에 불과했지만 다면성이 있었다. 인재배양, 경영방식, 회사조직에 배울 점이 많았다. 만철조사부는 사상이나 전력을 문제삼지 않았다. 인재라면 무조건 기용했다. 일본 내지에서 범죄자 취급 받던 마르크스주의자의 유일한 피난처가 만철조사부였다. '만철 마르크스주의'라는 풍자성 용어가 생길 정도였다.

당시 일본은 남녀 차별이 심했다. 여자가 할 일은 밥, 청소, 빨래, 남편 시중이 다였다. 화류계 출입 밥 먹듯 하는, 시궁창 같은 남편 만난 덕에 고약한 병 걸려도 말 한마디 못 했다. 만철은 재능만 있으면 학력이나 남녀를 가리지 않았다. 일본 최초의 여성 영화감독이 구술을 남겼다.

"종전 후에도 대학 졸업자가 아니면 영화 촬영기사가 불가능했다. 감독은 말할 것도 없었다. 만철 계열사나 다름없는 만주영화공사(만영)는 달랐다. 내 능력을 원없이 발휘할 수 있는 무대를 마련해줬다."

문화 혼혈아 4

""나는 만주에서 태어나 만주에서 성장했다.
18세 되던 해 가을, 단기간 도쿄를 여행하기
전까지 일본에 관해 아는 것이 없었다.
일본인 틈에 있을 때는 일본어를 쓰고
리샹란이라는 중국 이름이 생긴 후에는
중국어로 말하고 중국어로 노래하고 연기했다.
국적이 분명하지 않다고 해도 할 말은 없다.
하나는 조국이고 다른 하나는 고국이기 때문이다.
어디가 조국이고 어디가 고국이냐 물으면
대답을 못 한다.""

비극미 넘치는 리샹란

"나는 두 나라에서 사랑받았고
나도 두 나라를 사랑한다."

이름은 평범하지만 곡절 많은 삶

1990년 홍콩 유명가수 장쉐유(張學友)가 신곡 「리샹란」(李香蘭)
을 선보였다. "빛바랜 사진 속, 비록 붉은빛은 없어도 꽃 같은, 따뜻
하지만 얼음 같은 모습"이라는 가사가 인상적이었다. 당시 홍콩인
들에게 리샹란은 익숙한 이름이 아니었다. 인기를 끌지 못했지만 잠
시였다. 리샹란이 누군지 알려지자 반응이 급변했다.

2014년 9월 12일 일본 참의원을 18년 역임한 전 환경청 차관 야
마구치 요시코(山口淑子)가 세상을 떠났다. 일본 언론이 일세를 풍
미한 여배우이며 명가수이며 반전운동가이며 정치가였던 한 여인
의 화려하고 비극미 넘치던 삶을 대대적으로 조명했다. 69년 전 사
형을 선고해 죽음 직전까지 내몰았던 중국도 외교부 명의로 성명을
냈다.

"리샹란 여사가 향년 94세로 서거했다. 전후 중·일 우호에 적극
적으로 참여해 혁혁한 공헌을 남긴 여사의 서거에 애도를 표한다."

중국의 대도시와 만주국에서 청년 시절을 보낸 노인들의 대화에
도 한동안 리샹란이 빠지지 않았다.

찰리 채플린과 야마구치 요시코.
서로가 열렬한 팬이었다.

"아직 리꼬랑이 살아 있었구나. 우리는 리꼬랑이 중국인인 줄 알던 시절이 있었다. 찰리 채플린이 지하에서 만나면 반가워하겠다."

일제의 식민지를 직접 경험한 한국 여인들도 마찬가지였다.

"리꼬랑의 노래와 연기는 일품이었다. 미모는 말할 것도 없었다. 허름한 복장도 리꼬랑이 걸치면 빛이 났다. 나는 이향란이 한국인인 줄 알았다. 눈 내리는 밤 정동교회 인근 밀크홀 축음기에서 흘러나오는 이향란의 노래를 듣다 보면 저절로 눈물이 났다."

같은 시대의 해와 달을 함께했어도 호칭은 제각각이었다. 리꼬랑은 알아도 리샹란은 모르는 경우가 허다했다.

선양(瀋陽) 중심가에 있는 랴오닝호텔은 리샹란의 죽음 발표와 동시에 부산을 떨었다. 메인 홀 정면에 무대를 만들고 설명문까지 내걸었다.

"1933년 11월 15일 리샹란의 모친은 이곳에서 열린 친구 생일 축하연에 딸을 데리고 참석했다. 이날의 주인공은 리샹란이 노래 잘한다는 것을 알고 한 곡을 청했다. 여성 지배인에게 중국 전통 의상 치파오를 구해 달라고 부탁했다. 당시 13세 리샹란은 교복 차림이었다. 잠시 리샹란을 훑어본 지배인은 인근에 있는 전당포로 달려갔다. 고량주 한 병 주고 잡화상 집 딸이 저당 잡힌 치파오를 빌렸다. 치파오로 갈아입은 리샹란은 바로 이 자리에서 요절한 작곡가 타키 렌타로(瀧廉太郎)가 영문학자 도이 반스이(土井晩翠)의 시에 곡을 붙인「황성의 달」(荒城の月)을 4절까지 불렀다."

조국이냐 고국이냐

리샹란, 야마구치 요시코, 리꼬랑, 이향란은 동일인이었다. 판수
화(潘淑華)라는 중국 이름도 있었다. 이름도 복잡하고 국적도 불분
명했다. 리샹란도 이 점을 인정했다.

"나는 만주에서 태어나 만주에서 성장했다. 18세 되던 해 가을,
단기간 도쿄를 여행하기 전까지 일본에 관해 아는 것이 없었다.
일본인 틈에 있을 때는 일본어를 쓰고 리샹란이라는 중국 이름이
생긴 후에는 중국어로 말하고 중국어로 노래하고 연기했다. 국적
이 분명하지 않다고 해도 할 말은 없다. 하나는 조국이고 다른 하
나는 고국이기 때문이다. 어디가 조국이고 어디가 고국이냐 물으
면 대답을 못 한다. 우물거리다 우는 것이 습관으로 자리 잡은 지
오래다. 나는 두 나라에서 사랑받았고 나도 두 나라를 사랑한다.
내 조국과 고국은 서로 대립하고 작전을 폈다. 열두 살 때 푸순
(撫順)에서 목도한 사건은 너무 끔찍했다."

리샹란은 1920년 2월, 랴오닝(遼寧)성 선양 인근의 베이옌타이
(北煙台)에서 태어났다. 백일이 되기도 전에 강보에 싸여 푸순으로
이사했다. 사가(佐賀)현 출신인 부친은 한학자(漢學者)였던 조부의
영향을 많이 받았다. 어릴 때부터 회초리 맞으며 중국 고전과 중국
어 교육을 받았다. 러·일전쟁에서 일본이 승리하자 중국 땅을 밟았
다. 베이징에서 노닐며 리지춘(李際春), 판위구이(潘毓桂)와 안면을
텄다. 두 사람은 일본 패망 후, 친일 부역자를 단죄한 한간(漢奸)재

만주영화공사 대표단과 서울(당시는 경성)을 방문한
리샹란(앞줄 중앙). 이 사진으로 한국인이라 오인한
사람이 많았다. 1941년 봄, 명월관.

영화계 데뷔 직후의 리샹란 부녀.
1936년, 펑톈(지금의 선양).

판에서 사형을 선고받을 정도로 친일파의 거두였다. 리샹란의 부친은 일본 지인의 소개로 만철에 일자리를 얻었다. 주 업무는 만철 직원들을 대상으로 한 중국어 교육이었다. 푸순현 고문도 겸직했다.

리샹란의 모친은 선박을 이용한 물류업자의 딸이었다. 외조부는 철도 운송이 발달하자 생계가 여의찮았다. 일가족을 데리고 조선으로 이주했다. 경성 골목에서 조선 청년들에게 얻어맞자 정신이 번쩍 들었다. 만주행을 결심했다. 이유가 분명했다.

"젊은 놈들이 불쑥 나타나 아무 이유 없이 몽둥이 휘두르며 나를 피투성이로 만들었다. 입에 침을 튀기며 '언젠가 일본 왕을 머슴으로 부리고 왕비는 첩으로 삼다가 하녀로 부려먹고 일 못 하면 똥둑간에 던져버리겠다'는 무지막지한 노래 부르고 도망가더니 다시 와서 내 얼굴에 오줌을 쌌다. 조선은 오래 있을 곳이 못 된다. 언제 귀신도 모르게 맞아 죽을지 모른다."

만주에 온 리샹란의 외조부는 푸순에 정착했다. 모친은 자유연애 신봉자였다. 소나기 피하러 다리 밑에 갔다가 미래의 남편을 만났다. 비 그친 후 맑은 하늘에 무지개가 뜨자 이 사람과 결혼해야 한다는 확신이 들었다. 10개월 후 딸이 태어났다. 야마구치 요시코, 이름만 평범했다. 삶은 곡절이 많았다.

요시코는 어학과 음악에 재능을 발휘했다. 수학과 체육은 거의 빵점에 가까울 정도였다. 가정교육도 일반 일본 부모들과는 달랐다. 다도나 꽃꽂이, 요리, 재봉 따위는 가르칠 생각도 안 했다. 만철 고문이나 푸순현 고문 등 하는 일이 뭔지 추측 불가능한 직업도 바라지 않았다. 정치가의 비서나 통역을 거친 후 정치가나 기자가 되기를 희망했다.

1932년 9월 중순 요시코의 운명을 바꿀 참극이 푸순 탄광에서 벌어졌다.

푸순 탄광의 참극

2005년 8월 15일, 고이즈미 준이치로(小泉純一郎) 일본 총리가 과거 일본의 식민지 지배와 전쟁을 반성하는 담화를 냈다. 전 참의원 야마구치 요시코는 담화문을 꼼꼼히 살폈다. 장문의 의견서를 발표했다.

"진정성이 없다. 반성을 했으니 야스쿠니 신사를 참배하겠다고 공언하는 것과 다를 바 없다. 야스쿠니 신사 참배는 한국과 중국 국민의 가슴에 상처를 준다. 자제하기 바란다."

이듬해 8월 15일 요시코가 우려하던 일이 벌어졌다. 고이즈미가 야스쿠니를 찾았다. 8년 후 요시코도 세상을 떠났다.

만철(남만주철도주식회사)은 중국인과의 소통을 중요시했다. 일본 직원들은 베이징 방언을 익혀야 한다는 규정을 뒀다. 만철 푸순지사 중국어 교사의 딸 요시코는 중국어가 완벽한 것 외에는 평범했다. 당시 만주의 일본 여자애들은 매달 한 차례, 친한 친구 세 명이 같은 신발에 같은 머리, 같은 가방 메고 어울렸다. 요시코도 예외가 아니었다. 하루하루가 평화롭고 즐거웠다. 어른들 사회는 전운이 감돌았다. 1931년 9월, 푸순에서 50km 떨어진 선양(瀋陽) 교외에서 일본군이 자작극을 연출했다. 철로를 폭파하고 동북군을 범인으로 몰았다. 15년간 계속된 중·일전쟁의 막이 올랐다.

소학(초등학교) 6학년이었던 요시코는 자신이 전란 시대의 여자애로 변한 것을 알 턱이 없었다. 폭파사건이 일어난 줄도 몰랐다. 1년 후 평생 머리에서 떠난 적이 없는 무서운 일을 목격했다. 회고록에 이런 내용을 남겼다.

"여름날 밤, 엄마가 깨우는 바람에 일어났다. 정장을 한 아버지는 외출 직전이었다. 엄마에게 애들을 깨우라고 재촉했다. 내게도 절대 엄마 옆을 떠나지 말고 동생들을 잘 돌보라고 당부한 후 황급히 밖으로 나갔다. 엄마도 무슨 영문인지 모르는 것 같았다. 창문 쪽으로 다가갔다. 사람들이 떼로 몰려 뛰어다니고 노천 탄광 쪽 하늘이 붉게 물들어 있었다. 여명과 함께 붉은 기운도 서서히 사라졌다. 다시 잠자리에 들었다. 잠이 오지 않았다. 중학 1학년, 열두 살 때였다."

집 건너편에 실업협회 건물이 있었다. 협회 광장은 애들 놀이터였다. 잠에서 깨어난 요시코는 운동장에 사람이 몰려 있는 것을 보고 호기심이 발동했다. 말리는 엄마 손을 뿌리치고 달려갔다. 허리춤에 총 끼워놓은 남자들이 고성 지르며 분주하게 오갔다. 눈가리개를 한 남루한 복장의 중국 청년 뒤에 일본 헌병과 무장한 사복들이 따라오고 있었다. 사복들이 청년을 소나무에 동여매자 헌병이 다가갔다. 우악한 손으로 턱을 올리고 중국어로 목청을 높였다. 청년은 앞만 바라보며 입을 열지 않았다. 비슷한 일이 반복돼도 마찬가지였다. 헌병이 차고 있던 긴 칼을 뽑았다. 고개를 잠깐 든 청년이 눈을 떴다. 요시코와 눈이 마주치자 씩 웃었다. 화들짝 놀란 요시코는 저도 모르게 손으로 입을 가리고 털썩 주저앉았다. 평소 요란하던 참새들의 재잘거림도 귀에 들어오지 않았다.

그날 밤 요시코는 악몽에 시달렸다. 동틀 무렵 이불을 걷어차고 광장으로 달려갔다. 목이 터질 것 같은 모친의 부름도 아랑곳하지 않았다. 중국 청년이 묶여 있던 소나무 뿌리 인근에 응고된 피를 흙으로 덮었다. 헐떡이며 달려온 모친의 품에 안겨 울부짖었다. 다음 날도 그랬고, 그다음 날도 또 그랬다. 훗날 당시 상황을 구술로 남겼다.

"내가 중국 청년의 참변을 목도한 날 무슨 일이 있었는지 수년이 지나서야 알았다. 푸순 탄광지역에는 토비(土匪)가 자주 출몰했다. 일본인들은 특별한 일이 없으면 멀리 나가지 않았다. 일본의 푸순 수비는 허술했다. 만철의 재향군인들이 조직한 민간수비대와 거리마다 있는 자경단이 다였다. 토비들 중에도 대도회(大刀會), 홍창회(紅槍會), 마덴산군(馬占山軍)의 세력은 웬만한 나라의 군대에 비해 손색이 없었다. 긴 창에 붉은 천을 호신부로 달고 다니는 홍창회는 공포의 대상이었다. 일본은 이들을 토비, 마적, 산적이라 부르며 악독한 강도 취급했다. 중국인들은 달랐다. 순수한 항일유격대였다."

중국 이름 '리샹란'으로 영화계 데뷔

1932년 9월 15일은 중추절이었다. 홍창회는 일본인들이 술 마시고 달구경을 즐길 때 광산 습격을 도모했다. 1,000여 명이 광산에 진입해 10개 사무소 중 4개를 박살 내고 불바다를 만들어버렸다. 사무소 소장과 일본인 7명을 저승으로 보냈다.

날이 밝자 일본군의 보복이 시작됐다. 16일 오전 푸순의 일본군 수비대와 경찰, 헌병, 광산 경비대 등 200여 명이 14일 밤 홍창회가 머물렀던 핑딩산(平頂山) 촌락의 주민 3,000여 명을 도살했다. 오후에도 살상은 계속됐다. 인간 지옥을 탈출해 산속을 헤매는 민간인 300여 명도 잔인한 방법으로 살해했다. 요시코가 목도한 중국 청년도 마을로 도망 나온 촌락 주민이었다.

요시코의 부친은 평소 중국인과 교류가 빈번했다. 항일유격대와 내통했다는 혐의로 푸순현 고문직에서 쫓겨났다. 지인들이 많은 만주국 최대의 도시 펑톈으로 이주했다. 노래로 이름을 알리기 시작한 요시코는 만영(滿映), 만주영화협회주식회사의 주목을 끌기에 충분했다. 만주국의 태상황(太上皇) 아마카스(甘粕正彦)가 일본 선전영화에 적합한 중국 여배우를 물색했다. 찾기가 쉽지 않았다. 요시코를 발견하자 무릎을 쳤다. 요시코는 리샹란(李香蘭)이라는 중국 이름으로 영화계에 등단했다.

리샹란에 홀린 아마카스

"선전영화는 우선 재미있고
교묘해야 한다."

국책선전기관 만주영화협회 설립

1904년, 중국 동북 지역에서 중국인과는 아무 상관 없는 러시아와 일본의 전쟁이 벌어졌다. 일본이 승리했다. 부동항(不凍港)이 딸린 다롄과 뤼순에서 창춘(長春)까지의 철도 운영권이 굴러들어왔다. 만철, 남만주철도주식회사를 설립했다. 관동군이라는 철도수비대까지 거느린 만철의 등장은 일본 군국주의의 대중(對中) 정치·경제·문화 침투의 첫발을 의미했다.

만철에는 영화반이 있었다. 1931년 9월 관동군이 만주사변을 일으키자 사변의 전 과정을 촬영하고 예하에 영화방영반을 신설했다. 일본문화 소개와 만주국 건국의 당위성 선전이 주목적이었다. 만주국 선포 후에는 만·일 화합(滿·日協和), 대동아공영(大東亞共榮)을 주제로 기록영화를 제작해 영화관에 배포했다. 만주국 경내의 동북인들은 만철이 출품한 영화에 흥미를 느끼지 못했다. 중국 영화의 중심지 상하이와 할리우드에서 제작한 미국 영화를 좋아했다. 반일(反日) 색채가 강한 영화일수록 극장에 인파가 몰렸다.

관동군은 외래 영화의 반일선전 저지와 내지 점령 지역 중국인들

만주영화협회 이사장 시절의 아마카스 마사히코.

에게 일본 민족의 우수성을 각인시킬 방법을 모색했다. 만주국 경무(경찰)국과 공동으로 국책선전기관 만영(滿映), '주식회사 만주영화협회'를 설립했다. 초대 이사장은 만주국 수도 신징(新京)특별시 시장 진비둥(金璧東)을 임명했다. 진비둥은 청 황실 복벽운동 하다 보니 친일파가 된 숙친왕(肅親王) 산치(善耆)의 일곱째 아들이었다.

만영이 만든 첫 번째 영화의 주인공은 농촌 청년이었다. 토비들의 노략질에 분노했다. 만주국 군인이 되기로 결심했다. 부모의 반대로 주저하자 약혼녀의 질책을 받았다.

"만주의 영원한 번영에 나서지 않는 너 같은 놈과는 평생을 함께 할 수 없다."

만주국 군복을 입은 주인공은 전투에서 토비 두목을 쓰러뜨리고 부상을 입었다. 병원으로 이송된 후 일본 의료진과 애국부인회의 정성 어린 치료와 간호에 감동했다. 예쁘고 자상한 부인회원과 새끼손가락 걸고 의남매도 맺었다. 고향에 돌아온 주인공은 마을 입구에 마중 나온 사람들에게 주먹을 불끈 쥐고 기염을 토했다.

"일본제국과 만주국에 목숨을 바치겠다."

첫 번째 영화는 시장에서 완패했다. 관동군 눈치만 보다 보니 당연한 결과였다. 실의에 빠진 진비둥은 사람이 변했다. 날 저물면 여배우들 틈에서 술에 취해 흐느적거렸다. 관동군은 만영의 특수 임무를 수행할 적임자를 물색했다. 프랑스에서 유학생활 하다 만주로 돌아온 헌병대위 출신 아마카스 마사히코(甘粕正彦)는 평소에 "선전영화는 우선 재미있고 교묘해야 한다"는 말을 자주 했다. 아마카스 외에는 적합한 인물이 없었지만 워낙 무시무시한 사람이었다.

감히 권하지는 못했다.

관동대지진 시절 무정부주의자 오스키 사카에(大杉榮)는 물론 함께 있던 연인과 연인의 어린 조카까지 살해해 우물에 집어 던진 아마카스는 선망의 대상이던 육군대학 출신이었다. 군국주의자들로부터 '누구도 못 할 일을 혼자 해낸 인물'이라며 추앙을 받았다. 만영 출신 중국 여배우의 구술에 이런 내용이 있다.

"아마카스는 만주국의 태상황(太上皇)이었다. 절대 과장이 아니다. 관동군 사령관도 각하라고 부르며 존경을 숨기지 않았다. 다른 사람들은 말할 것도 없었다."

아마카스 취임 후 제작 환경 동양 제일

만주국의 태상황은 일반 군인들과 다른 점이 있었다. "선전은 글이나 그림보다 영화가 더 효과가 있다. 영화 종사자는 문화인들이다. 개성이 강하다. 누가 문화선전기관을 장악할 수 있을지, 누가 진정한 역량이 있을지, 신중히 물색해야 한다"며 관동군 사령관에게 만영 이사장직을 자청했다.

아마카스 취임 후 만영의 영화제작 환경은 동양 제일이었다. 독일에서 수입한 최신식 촬영기는 영하 40도에서도 작동에 문제가 없었다. 녹음시설도 소련인이 감탄할 정도였다. 현상기와 암실은 할리우드를 그대로 모방했다. 방음이 완벽한 대형 녹음실은 악대 100여 명이 연주해도 여유가 있었다. 17개 지하창고는 가관이었다. 5개조가 매일 14시간씩 작업해도 5년간 사용할 자료들이 쌓여 있었다. 겨우내 하루에 소비하는 난방용 석탄이 평균 125t이었다. 다롄, 펑톈,

리샹란의 양아버지 판위구이는 돈황문물 700여 점을
소장한 대수장가였다. 둘째 딸 웨화(月華, 앞줄 왼쪽 셋째)는
리샹란의 평생지기였다.

하얼빈, 지린에 설치한 출장소도 직원만 100명이 넘었다. 영화관 231개를 신축해 만영이 만든 영화만 상영했다.

아마카스는 상인들이 좌지우지하는 일본 영화계에 불만이 많았다. 사고치고 만주로 도망 오다시피 한 영화 관련 종사자 중에는 우수한 인재가 많았다. 능력만 있으면 과감히 기용했다. 경력이나 사상 따위는 문제 삼지 않았다. 만영도 만주국의 다른 기관과 마찬가지였다. 중요 보직은 일본인 일색이었다. 중국인은 촬영, 녹음, 조명 할 것 없이 조수 이상은 없었다. 문제는 배우였다. 관객이 중국인이다 보니 걸출한 중국 배우가 필요했다. 중국인들은 애나 어른이나 능청맞기가 배우와 흡사해도 촬영기 앞에서는 뭔가 어색했다.

리샹란의 노래를 들은 아마카스는 귀가 멍했다. 중국인인 줄 알았더니 일본인이었다. 톈진시장 판위구이(潘毓桂)의 수양딸이라는 소문도 틀리지 않았다. 성도 복잡하고 성장 배경도 단순하면서 복잡했다. 복잡한 시대와 딱 어울렸다. 당장 영입하라고 지시했다. 측근이 17세라는 나이가 배우가 되기엔 애매하고 현재 가수라며 이의를 제기하자 바보 멍청이라며 호통을 쳤다.

"여자는 남자와 다르다. 나이가 따로 없다. 노래 못하는 배우는 있어도 연기 못하는 가수는 없다."

리샹란의 시대가 열릴 징조였다.

독방에 격리된 리샹란

1945년 8월 15일 오후 상하이, 일본 투항 소식과 동시에 중국 국기(청천백일기)가 번화가에 휘날렸다. 중국인과 일본인의 지위가 전도됐다. 어제의 통치자가 패배자로 변했다. 상하이에 입성한 국민정부군 제3방면군이 일본인을 중국인과 격리했다. 일본인 거주지역 홍커우(虹口) 일대를 수용소로 지정하고 포고문을 발표했다.

"일본인의 승전국 국민 고용을 불허한다. 일본인은 승전국 국민이 끄는 인력거에 탑승할 수 없다. 등기를 마친 일본인은 번호표를 부착해야 한다. 외부 출입은 허가를 받아야 한다."

9월 9일 난징, 일본 지나(支那) 방면군 사령관이 국민정부 육군 총사령관이 제시한 투항요구서에 서명했다. 승리자 중국의 요구는 추상같았다.

"중국에 수립한 괴뢰정부에 참여한 한간 명단을 제출해라."

한간에 대한 정의도 "일본에 협조하거나 일본과 공모해 조국에 해를 끼친 민족 반역자"라고 구체적으로 설명했다.

이튿날 입법원(立法院)이 한간처벌조례(漢奸處罰條例)를 발표했다. 내용이 무시무시했다.

"죄의 경중에 따라 사형 혹은 무기징역에 처한다. 정치·경제사범 외에 영화, 희극, 선전, 보도를 통해 일본을 찬양하고 국민을 현혹한 만영(滿映) 소속 문화한간도 죄과에 따라 사형이나 무기징역에 처한다."

온갖 소문이 나돌았다.

"숙친왕의 딸 진비후이(金璧輝)는 만주국 수립에 한몫한 일본

푸순의 초등학교 졸업을 앞두고
부친·동생들과 함께 기념 사진을
남긴 리샹란(뒷줄 가운데).

간첩이나 마찬가지다. 사형이 마땅하다. 노래와 연기로 관동군의 사기 진작과 중국인의 일본 숭배를 도모한 리샹란도 총살감이다."

일본 패망 1년 전 만영을 떠난 리샹란은 상하이에 머무르고 있었다. 11월 중순 국민당 특무기관원이 일본인 수용소에 나타났다. 리샹란을 호출했다.

"수용소는 귀국을 앞둔 일본인 대기소다. 중국인은 있을 자격이 없다. 문화한간 혐의로 체포한다."

특무들은 리샹란을 독방에 격리했다. 감시가 삼엄했다. 뇌물을 주면 외부인 면회는 허락했다. 미화 5,000달러면 석방도 가능하다는 면회객이 있었다.

"머지않아 재판에 회부된다. 재판관은 벌 주는 것이 목적이다. 생사람 잡은 것이 밝혀져도 절대 후회나 반성할 줄 모르는 이상한 동물들이다. 양심적인 사람은 극소수다. 네가 아무리 일본인 이라고 우겨도 소용없다."

틀린 말이 아니다. 만영이 제작한 영화에 리샹란은 일본과 일본인을 하늘처럼 여기는 가련하고 총명한 중국 여인 역만 맡았다. 리샹란의 일본어 발음은 리코란이었지만 다들 리꼬랑이라고 불렀다. 전선에 있는 일본 군인들의 리꼬랑 열풍은 군부가 우려할 정도였다. 위문공연 와서 금지곡 「이별의 블루스」를 한 곡 뽑아대면 온몸을 비틀며 어쩔 줄을 몰랐다. 전쟁 끝나면 리꼬랑 같은 중국 여자와 결혼하겠다는 군인이 한둘이 아니었다.

문화 혼혈아로 만든 아버지 원망

감칠맛 넘치는 정확한 베이징 방언과 중국 여인 특유의 몸놀림 외에 생활 습관까지 리샹란은 영락없는 중국인이었다. 일본인이라 여기는 중국인이 없는 것처럼 일본인이라 생각하는 일본인도 없었다. 이유는 만주에서도 그랬지만 소녀 시절 베이징 체험 때문이었다. 펑톈에서 중학을 마친 리샹란에게 부친이 권했다.

"펑톈은 만주 최대의 도시다. 고도(古都) 베이징에 비하면 평범한 도시나 다를 바 없다."

자식이 사랑스러우면 멀리 떨어진 곳에 보내라고 했다. 리샹란은 어릴 때부터 호기심이 남달랐다. 예쁘고 큰 눈망울로 부친을 주시하며 고개를 끄덕였다. 리샹란의 회고를 소개한다.

"아버지는 톈진 위수사령관과 시장을 역임한 판위구이에게 나를 맡겼다. 3일간 내 전학수속 마치고 펑톈으로 돌아갔다. 내 신분은 만주에서 베이징의 친척 집에 온 여학생으로 둔갑했다. 판 시장은 내 본명인 야마구치 요시코와 딸의 항렬인 화(華)를 섞어서 판수화(潘淑華)라는 중국 이름을 지어줬다. 판씨의 집은 대저택이었다. 호화롭기가 말로 표현하기 힘들 정도였다. 옆에 붙어 있는, 중국 화단의 거장 치바이스(齊白石)의 집이 경비실로 보일 정도였다. 100명이 넘는 식구 중 일본인은 나 하나였다. 본격적인 중국 학생 생활이 시작됐다."

1935년 리샹란이 전학 온 이자오(翊教)여중은 베이징의 명문 교회학교였다. 학내 분위기는 일반 중국학교와 차이가 없었다. 항일 색채가 강했다. 관동군과 합세해 화베이(華北)를 점령한 일본군이 베이징을 압박하자 연일 항일 집회와 시위가 줄을 이었다. 리샹란은 세상을 하직하는 날까지 3년에 걸친 베이징의 중학 시절을 잊지 못했다.

"학우나 교사들은 내가 일본인인 줄 몰랐다. 교내 집회에 참석해도 그냥 앉아만 있었다. 거리에서 시위대와 마주치면 골목으로 뛰어 들어갔다. 경찰이 휘두르는 몽둥이에 쓰러진 중국인을 보면 벽에 머리를 묻고 울었다. 나를 문화 혼혈아로 만든 아버지를 원망했다."

가끔 부친이 보낸 청년이 리샹란을 찾아왔다. 깔끔한 복장에 중국어가 유창한, 잘생긴 관동군 장교였다. 올 때마다 같이 밥 먹고 차 마시고 왕푸징(王府井)을 산책했다. 만남이 계속되면서 현직 만영 보도부장인 것을 알았다. 하루는 "일본군이 베이징을 침략하면 어떻게 하겠느냐"며 평소에 안 하던 질문을 했다. 판수화는 주저하지 않았다.

"베이징 성벽으로 달려가겠다. 중·일 양군이 쏘아대는 총탄을 맞고 죽어버리겠다."

자신도 모르게 튀어나온 대답에 청년은 놀라고 판수화는 거리에서 통곡했다.

여배우를 보물단지처럼

관동군과 만주국 경찰이 출자한 만영(주식회사 만주영화협회) 이사장 아마카스 마사히코는 자신의 근면과 성실에 도취한 사람이었다. 직원들을 엄격한 군 지휘관이 부하 다루듯 했다. 두려워하고 복종하지 않는 직원이 단 한 명도 없었다. 사람 쓸 줄 알고 베풀 줄도 알았다. 취임과 동시에 성과는 없고 말만 잘하는 임원들부터 잘라냈다.

관동군은 명절이 임박하면 돼지 도살을 엄금했다. 아마카스는 개의치 않았다. 대형차량을 동원해 농촌에 있는 돼지를 긁어모았다. 만영 내에서 처리해 직원들에게 분배했다. 만주국 정부가 돼지 양육을 금지하자 영내에 돼지 사육장을 만들었다. 만주국 재정을 총괄하던 기시 노부스케(岸信介)도 알아서 기었다. 달라기 전에 먼저 갖다 바쳤다. 아마카스는 이 돈을 사적으로 쓰지 않았다. 직원 봉급을 배로 올렸다. 당시 만영 직원의 월수입은 만주국 최고였다.

만영 인근에 만주국 대신의 별장이 있었다. 하루는 만영 연기자들이 밤늦도록 야외에서 노래하고 춤추며 신나게 놀았다. 어찌나 시끄럽던지, 경비원들이 달려왔다. 대신의 수면을 방해한다며 호통을 쳤다. 보고를 받은 아마카스는 발끈했다. 날이 밝기가 무섭게 대신의 집무실로 갔다. 별장인지 뭔지를 당장 만영에 팔라고 요구했다. 이유도 설명했다.

"간부 휴게실이 필요하다."

대신은 제 명에 죽고 싶었다. 군말은 금물이었다. 식은땀을 흘리며 아마카스가 내미는 매매계약서에 서명했다. 관동군과 만철, 만주국 고관들은 연회에 여배우들을 부르는 관행이 있었다. 아마카스가 시범을 보였다. 여배우가 참석한 만주국 고관 생일 파티에 뒤늦게 나타났다. 고관에게 술 따르는 여배우를 보물단지 모시듯 데리고 나왔다. 이튿날 술잔 받으며 허세부리던 고관을 만영 이사장실로 불렀다.

아마카스의 집무실은 특이했다. 수류탄, 기관총, 박격포 등 온갖 무기가 즐비한 무기고나 다름없었다. 아마카스의 목도가 춤을 췄다. 죽지 않을 만큼 두들겨 팬 후 길바닥에 던져버렸다. 이날 이후 죽음을 각오하면 몰라도 어느 누구도 만영의 여배우를 집적대지 못했다.

만주국에서는 일본인이 중국인을 구타하는 경우가 비일비재했다. 아마카스는 영악했다. 일본인과 중국인이 충돌하면 중국인 편을 들었다. 뒤로는 "식민지 신민 다루기가 쉬운 줄 아느냐"며 일본인을 꾸짖었다. 시키는 일만 제대로 하는 중국인에겐 관대하고 은혜를 베풀었다. 문예 서적을 가까이하고 제안이 많은 중국인은 경고를 받았다. 심하면 조사와 경찰의 방문이 계속됐다.

주식(主食) 차별은 다른 기관과 같았다. 만영 연회에서 요리는 같아도 쌀밥은 일본인만 먹었다. 리샹란만은 예외였다. 중국인이 먹는 옥수수밥을 먹었다. 특급대우를 받으며 직원 숙소가 아닌 야마토(大和)호텔 객실과 승용차까지 배정받았지만 생활 습관은 여전히 중국인이었다.

무성한 소문

일본 패망 후 만주 전역이 들썩거렸다. 아마카스는 평소 즐기던 군복을 벗었다. 일본 전통 복장 차림으로 3일간 절식했다. 9년간 사용한 집무실 의자에 앉아 강한 독약을 삼켰다. 빈속이다 보니 주변이 지저분하지 않았다. 철저한 준비에 다들 경탄했다. 한동안 "히틀러, 무솔리니와 동모(同母) 소생 같다"는 말이 나돌았다.

한간(漢奸) 재판에 회부된 리샹란은 애를 먹었다. 자신이 일본인 야마구치 요시코라고 주장해도 재판관들에게 말이 먹히지 않았다. 훗날 회고록에 이런 내용을 남겼다. "미화 5,000달러면 나를 빼주겠다며 접근했던 사람은 내가 안 됐던지 3,000달러로 깎아줬다. 나는 돈으로 해결될 문제가 아니라는 생각이 들었다. 수중에 돈도 없었다. 리샹란은 과거의 리샹란이 아니다. 이미 그만한 가치가 없다. 지금 일본 여인은 중국 돈 3,000원만도 못하다"며 거절했다. 3,000원을 거론한 이유가 있었다. 중국 신문에 대문짝만하게 실린 글을 봤기 때문이다.

"돼지보다 저렴한 것이 일본 여인이다. 돼지 한 마리가 3,000원이다."

휴지만도 못한 삼류신문에 리샹란 관련 기사가 줄을 이었다. 몇 가지 소개한다.

"리샹란이 중국인으로 확인됐다. 한간은 무조건 총살이다."

"리샹란은 모 장군의 아홉 번째 부인이다. 처형한 척하고 뒤로 빼돌릴 계획이다."

"미군 장교가 리샹란에게 홀딱 반했다. 며칠 전 미군이 주최한 승전국 군인파티에서 리샹란이 노래를 불렀다."

"리샹란은 지금 대만에 있다. 원래 대만 소수민족 추장의 딸과 일본 여인 소생이다."

"원래 러시아 여자다. 관동군의 무장을 해제시킨 소련군이 리샹란을 소련 측에 인계하라고 국민정부에 요구했다."

"호감을 느낀 재판장이 리샹란에게 가짜 일본국적 증명서를 만들어줬다."

"관동군 패잔병들이 리샹란을 구출하기 위해 상하이에 진입했다."

"리샹란은 조선인이다. 부모가 상하이로 오는 중이다."

"전쟁에서 일본군에게 희생된 소년병들의 영전에 리샹란을 제물로 바쳐야 한다."

이외에도 많았다.

만국통용 리샹란

"리샹란은 일본인이다.
정중히 회유하되 거절해도 강요는 금물이다."

첫 도쿄 공연

1938년 10월, 만영(주식회사 만주영화협회) 이사장 아마카스 마사히코는 일본에 파견할 '일·만 친선 대표단' 명단을 보고 눈을 찌푸렸다. 리샹란도 포함하라고 지시했다. "리꼬랑은 일본인이라 곤란하다"는 간부의 의견은 한마디로 묵살했다.

"여권에 본명 야마구치 요시코와 예명 리샹란을 병기해라."

난생처음 일본 땅을 밟은 리샹란은 입국 검사에서 황당한 질문을 받았다.

"무슨 놈의 이름이 이 모양이냐? 중국인이냐 일본인이냐?"

리샹란은 일본인이라고 했지만 상대방은 믿지 않았다.

"나는 사람 얼굴 보는 것이 직업이다. 일본 여자는 너처럼 생기지 않았다. 아버지가 러시아 사람이냐? 고향이 어디냐?"

"푸순이다. 부모가 일본인이다."

"일본인은 1등 국민이다. 1등 국민이 3등 국민 복장 입은 것은 치욕이다. 18세라는 네 나이도 믿을 수 없다."

먼저 입국대를 통과한 인솔자가 달려왔다. 검사관 귀에 대고 뭐

일본 패망 후 동북에 내걸린 연합국 수뇌들의 초상.
왼쪽부터 스탈린, 애틀리, 트루먼, 장제스.
1945년 겨울, 선양(瀋陽).

라고 하자 도장을 쾅 찍어줬다. 도쿄 공연에서 리샹란은 중국 옷 입고 일본 가곡을 간드러지게 불렀다. 박수가 터지고 난리가 났다. 모욕적인 언사도 빠지지 않았다.

"3등 국민 주제에 제법이다. 일본에서 태어났더라면 국보급이다."

한간 재판받는 리샹란

리샹란은 어릴 때부터 용모가 빼어났다. 순수한 일본인이라고 믿는 사람이 거의 없었다. 어느 나라를 가건 자기 나라 사람이라고 확신했다. 리샹란의 회고록 일부를 소개한다.

"하얼빈에 러시아 가수의 수양딸 역을 촬영하러 간 적이 있었다. 다들 나를 러시아 소녀라고 하기에 깜짝 놀랐다. 대만에 갔을 때도 마찬가지였다. 생김새가 추장 딸과 똑같다며 고산족(高山族)들에게 파격적인 대우를 받았다. 나를 의자에 앉혀놓고 반은 벌거벗은 채 횃불 들고 빙글빙글 돌면서 춤을 췄다. 어찌나 무섭던지 온몸에 식은땀이 났다.

일본이 '게이조'(京城)라고 개명한, 지금의 서울 교외에서 조선총독부가 기획한 선전영화 촬영 중 불청객이 나타났다. 자신을 경찰서장이라 소개하며 부모라고 주장하는 사람이 있으니 만나보라고 명령했다. 나를 만난 조선인 노부부는 어렸을 때 유괴당해 만주로 팔려간 딸이 틀림없다며 통곡했다. 내가 부인하자 서장은 난감한 표정을 지었다. 노부부에게 기억나는 신체적 특징이 있느냐고 물었다. 왼쪽 손바닥에 커다란 점이 있다는 말에 찔끔했다.

나도 노부부가 지정한 곳에 작은 점이 있었기 때문이다.

서장에게 부모와 집안 내력을 설명했다. 이해한 서장은 용모가 만국통용이라 어쩔 수 없다. 비슷한 일이 빈번하겠다며 나를 위로했다.”

일본 패망 당시 중국 경내에는 일본 군인 125만 명과 교민 200만 명이 있었다. 국민당에 투항한 일본군은 소련군에게 무장해제당한 관동군보다 사람 대접을 받았다. 상하이의 경우 오전에는 거리 청소하고 오후에는 수용소에서 오락과 운동하며 귀국을 기다렸다. 10만 명에 달하는 민간인도 격리 수용은 당했지만 생활에 큰 불편은 없었다.

한간(漢奸) 재판에 회부된 리샹란만큼은 예외였다. 몸 웅크린 채 결과만 기다렸다. 하루는 국민당 군 육군 소장의 방문을 받았다. 한쪽 귀가 없고 왼쪽 다리가 불편한 호걸풍의 중년 남자였다. 리샹란에게 자신의 귀와 다리를 가리키며 입을 열었다. “마덴산(馬占山) 장군 참모 시절 일본군에게 포로가 됐다. 고문당하다 생긴 훈장”이라며 리샹란을 뚫어지게 쳐다보더니 침을 꼴깍 삼켰다.

“내일 승전국 연회에 미군 간부들을 초대했다. 부디 참석해 미국인들에게 중국 1류 가수의 명곡 「야래향」(夜來香)을 들려주기 바란다.”

리샹란은 저도 모르게 영화 대사 같은 대답이 나왔다.

“나는 이미 리샹란인지 뭔지가 아니다. 연금 상태로 귀국의 판결을 기다리는 패전국 국민 야마구치 요시코일 뿐이다. 성대가 망가져 노래를 부를 수 없어 유감이다. 통증으로 물 삼키기도 힘들다."

폭소를 터뜨린 장군은 한마디 남기고 수용소를 떠났다.

"내일 자동차를 보내겠다. 기름진 음식 많이 먹으면 목소리는 저절로 나온다. 나를 위해 「야래향」을 불러주기 바란다."

잠시 후 일본 친구들이 달려와 충고했다.

"방금 다녀간 장군은 음흉하기로 소문난 사람이다. 내일 갔다간 절대로 돌아오지 못한다."

리샹란은 고개를 끄덕였다.

며칠 후, 3류도 부족한 5류 신문에 리샹란 관련 기사가 떴다.

"1945년 12월 8일 오후 3시, 상하이 국제경마장에서 문화 한간 리샹란의 총살을 집행한다."

처형 당일, 경마장은 리샹란의 마지막을 보기 위해 새벽부터 인산인해였다. 아무리 기다려도 주인공은 나타나지 않았다. 다들 빈 눈으로 발길을 돌렸다. 며칠간 같은 일이 반복됐다. 1946년 새해가 밝아도 리샹란은 건재했다.

수용소에 온 이후 연락이 두절됐던 류바가 리샹란을 찾아왔다. 푸순에서 어린 시절 함께했던 류바는 승전국 소련의 상하이 총영사관 직원이었다. 수용소 출입이 자유로웠다. 리샹란에게 살길을 알려줬다.

마오쩌둥의 명연기

1945년 8월 14일 오후 전시수도 충칭(重慶), '연합국 중국 전구(戰區) 사령관' 장제스가 홍색수도 옌안(延安)의 마오쩌둥에게 보낼 전문을 직접 작성했다.

"왜구가 투항했다. 영구적인 평화의 실현과 각종 문제를 해결하기 위해 선생을 충칭으로 초청해 함께 국가 대사를 의논하고자 한다."

반응이 없었다. 일주일 후 두 번째 전문을 보내자 답전이 왔다.

"단결을 위해 저우언라이 동지를 선발대로 파견하겠다."

8월 23일 장제스가 보낸 세 번째 전문은 재촉장이나 다름없었다.

"충칭에 온 저우언라이와 대화 나눴다. 마음이 놓인다. 선생과 함께 모든 문제를 신속히 해결하고자 한다. 영접에 만전을 기하겠다."

그날 밤 마오쩌둥은 '중앙정치국 확대회의'를 열었다. 작금의 상황을 장시간 발언했다. 간추려 소개한다.

"항일 전쟁이 끝났다. 평화와 건설 단계에 진입했다. 현재 장제스에겐 유리한 점과 불리한 점이 있다. 불리한 점을 알 필요가 있다. 우리에게 유리한 부분이기 때문이다. 장제스 앞에는 우리가 구축한 강대한 해방구가 있다. 항일 전쟁에서 해방구의 공로를 마멸시킬 방법이 없다. 봉쇄도 불가능하다. 국민당 내부에는 모순이 많다. 인민이 요구하는 민주와 민생을 해결할 능력이 없다. 현재 상황에서 할 수 있는 것은 영국, 미국, 소련이 필요로 하는 평화뿐이다. 인민은 평화를 요구하고, 우리도 평화를 갈구한다. 국민당도 내전을 주저한다."

주지할 점도 강조했다.

"장제스의 공산당 소멸 방침은 변한 적이 없다. 변할 수도 없다.

1998년, 53년 만에 소련에서 류바와
재회한 야마구치 요시코.
당시 78세로 동갑이었다.

우리의 투쟁은 장기적이고 온갖 곡절을 겪어야 한다. 앞으로 무슨 일이 벌어질지 아무도 장담 못 한다."

건의도 잊지 않았다.

"저우언라이 동지가 충칭에 갔다. 이틀 후 돌아온다. 나는 더는 지체할 수 없다. 미국 대통령 특사와 함께 충칭에 가서 담판에 임하겠다. 구호를 평화·민주·단결로 바꿀 것을 건의한다."

특유의 익살도 빠뜨리지 않았다.

"지금 우리 앞에는 3종류의 과자가 있다. 큰 것은 버리고 가장 작은 것부터 취하자. 다음엔 크지도 않고 작지도 않은 것을 먹자."

참석자들은 마오의 언변에 익숙했다. 큰 과자는 해방구, 작은 과자는 소련군이 일본 관동군의 무장을 해제시킨 동북(만주), 크지도 않고 작지도 않은 과자는 국민당 관할지역이라고 직감했다. 동북의 특수성도 거론했다.

"만주국은 망했다. 동북은 무주공산이다. 중·소 조약으로 동북 3성의 행정권은 국민당이 장악했다. 행정권은 중요하지 않다. 먼저 군대를 주둔시키는 사람이 임자다. 단정할 단계는 아니지만, 현재 우리 당은 군대 파견이 불가능하다. 간부 파견은 문제될 것이 없다. 각 분야의 간부 1천여 명을 동북에 파견해 소련군 철수에 대비해라. 항일전쟁 승리의 열매는 인민들에게 돌아가야 한다."

장제스와 평화담판하며 시간 끄는 동안 전쟁을 준비하겠다는 의미였다.

310

8월 29일, 충칭에 도착한 마오쩌둥은 43일간 머무르며 명연기를 뽑냈다. "장제스 위원장 만세"를 시발로 가는 곳마다 평화와 민주, 단결을 노래했다. 10월 9일, '쌍십(10·10)평화협정' 체결 전날, 영국 기자와의 회견에서 이런 말까지 서슴지 않았다.

"내가 충칭에 온 이유는 분명하다. 무력을 사용하지 않고, 협정을 통해 내전을 피하는 것이 중국 인민과 정당의 이익에 부합되기 때문이다. 현재 중국은 평화로운 건국이 시급하다. 연합정부가 성립되면 중공은 장제스 위원장과의 합작에 진심진력(盡心盡力)할 준비가 되어 있다. 쑨원(孫文) 선생의 삼민주의(三民主義)를 철저히 시행해 독립은 물론 자유롭고 부강한 신중국 건설에 매진하겠다."

마오쩌둥이 충칭에서 세 치 혀끝과 두 발로 전쟁에 지친 중국인들의 상처를 어루만지는 동안, 옌안의 중공 지휘부는 마오의 지시 수행에 분주했다. 선양(瀋陽)의 '장쉐량(張學良) 고거(故居)'에 '중공 동북국'을 신설했다. 농부와 상인으로 변장한, 중공 직할 팔로군의 동북행이 줄을 이었다. 동북 진입 후에는 농촌과 산간 지역으로 분산시켰다.

일찌감치 만주국 기관에 침투해 있던 중공 지하당원들도 기지개를 폈다. 연일 직원회의 열어 목청을 높였다. 욕설은 기본이고 난투극도 심심치 않았다. 리샹란을 배출한, 중국 최대규모의 문화기관 만영(주식회사 만주영화협회)도 예외가 아니었다. 격론 끝에 만영

동북항일연군 시절 김일성은 리샹란의 팬이었다.
1975년 자민당의원 방문단 일원으로 평양을 찾은
야마구치 요시코에게 다가가 건배를 제의했다.

간판 내리고 동영(東影, 동북영화제작소)을 출범시켰다.

일본의 진주만 공습 암호 해독으로 명성을 떨친, 국민당 '중앙군 사위원회 조사통계국'(군통)은 동북의 동향에 촉각을 세웠다. 국민당은 동북에 기반이 약했다. 행방이 묘한 팔로군의 종적과 문화기구에 잠입한 중공 지하당원의 명단을 확인할 방법이 없었다. 적합한 인물을 물색했다. 여배우에 관심이 많았던 군통국장 다이리(戴笠)가 상하이 지사에 전문을 보냈다.

"일본 난민수용소에서 판결을 기다리는 리샹란을 접촉해라. 리샹란은 일본인이다. 정중히 회유하되 거절해도 강요는 금물이다."

거미줄 같았던 리샹란의 목숨이 강철로 변할 징조였다.

비밀 수첩

1932년 3월 1일에 발표한 '만주국 건국선언'은 민족협화(民族協和)와 공존공영(共存共榮)을 강조했다.

"만주국 영토 내에 거주하는 모든 민족은 차별과 존비(尊卑)의 구별이 없다. 일·선·만·한·몽(日·鮮·滿·漢·蒙) 다섯 민족이 화합해 왕도낙토(王道樂土)를 건설해야 한다."

일본 관동군 참모들은 비위가 상했다. 현역 육군 중장인 만주국 고문이 관동군 장교훈련학교에서 목청을 높였다.

"만주인들이 자신이 만주의 주인이고, 일본인을 객(客)으로 여기는 것은 착각이다. 일본인은 객이 아니다. 진짜 만주의 주인이다. 인정하지 않는 사람은 만주에 존재할 이유가 없다."

고문의 일갈은 빈말이 아니었다. 만주에 부임한 일본인 관리와 관동군 대위급 이상 장교들은 관동군 사령관 인장이 찍힌 비밀 수첩, '일본인복무수지'(日本人服務須知)를 보물처럼 여겼다. 항상 몸에 소지하고 내용을 머리에 각인시켰다.

1960년, 전범관리소에서 풀려난 전 만주국 고관이 구술을 남겼다.

"총리 비서 시절, 일본인 비서와 출장 간 적이 있었다. 한 방에 묵던 중 우연히 수첩을 발견했다. 황급히 보느라 다 보지는 못했다. 나 말고도 비밀 수첩 본 사람이 있을지 몰라 여기저기 물었다. 봤다는 사람을 아직도 만나지 못했다."

일부 밝혀진, 일본 식민주의자의 만주 통치 기본이념은 민족 간의 이간질과 모순 제조다. 만주국 건립은 중국 역사에 청(淸) 제국을 선보인 만주족의 구업(舊業) 계승과는 거리가 멀었다. 일본 황도(皇道)정신의 발전이라고 단정했다.

"일본 민족은 하늘이 낸 지도자다. 만주 각 민족의 핵심이다. 만주국 황제는 신의 후예나 인간의 모습을 한 현인신(現人神)이 아니다. 일본 천황처럼 신성불가침이나 존엄의 조건을 구비하지 않았다. 일본의 국책을 위해 존경을 표해야 한다."

일본인의 지위도 분명히 했다.

"만주에 있는 일본인은 교민(僑民)이 아닌 주인이다. 비록 이중 국적이지만 일본인의 만주화가 아닌, 만주인의 일본화에 진력해야 한다. 만주국 관리로 봉직하는 일본인은 외국인 고문이 아니다. 주권의 행사자임을 명심해라. 관원들을 단속하고, 중요한 일은 관동군의 윤허나 동의를 득한 후 결정하고 시행해야 한다. 만주인 장관이나 상관에겐 직에 상당하는 예의를 갖춰야 한다. 중요한 정책이나 법령의 집행은 형식을 갖춰 동의를 구하고 서명을 요구해라. 거부할 경우 관동군에 도움을 요청해도 무방하다."

민족 문제도 주지시켰다.

"만주국에는 10여 개 민족이 거주한다. 그중 일본 민족과 조선 민족, 만주 민족, 한(漢)민족, 몽골족과 회(回)족이 중요하다. 이들은 고유의 풍속과 생활 습관이 있다. 일본인의 이익에 장애가 되지 않는 것들은 존중해라. 일본인은 핵심 민족이다. 희생을 중요시하는 무사도 정신을 배우도록 유도해라."

약점도 인정했다.

"일본은 섬나라다. 도량이 좁은 것은 어쩔 수 없다. 수양을 통해 대도(大度)를 포용할 수 있어야 다른 민족을 설득하고 이용할 수 있다."

각 민족의 특성도 나름대로 분석했다.

"조선 민족은 손재주가 있다. 리튼조사단의 보고서를 귀신도 모르게 절취한 사람도 조선인 소매치기였다. 안일을 즐기고 노동을 혐오한다. 큰소리치기 좋아하고 정치 얘기를 즐긴다. 역사적으로 한족(漢族)을 적으로 돌리며 원수처럼 대한 기간이 길다. 이용하고 회유하면 쓸모가 있다. 한족과는 소원(疏遠)한 것이 우리에게 유리하다. 친밀해지면 일본에 불리하다. 한족과 조선인이 충돌했을 경우, 양측의 잘못이 비슷하면 조선인의 기를 살려주고 한족은 억눌러라. 조선인 잘못이 클 때는 동등하게 처리해라."

만주족과 한족의 이간질도 부추겼다.

"만주에 거주하는 만주족은 소수다. 만주족 푸이가 황제에 즉위해도 만족을 느끼지 못한다. 민족 특징도 두드러지게 남은 것이 거의 없다. 한족에 동화됐기 때문이다. 한족에게 사람 취급 못 받던 오랜 앙금은 여전하다. 만주족과 한족이 역사적으로 원수지간이었다는 것을 만주족이 까먹으면 안 된다. 부단히 상기시키는 것이 일본인의 의무임을 명심해라."

몽골족과 회족, 한족에 관한 부분은 생략한다.

이중 국적 리샹란, 처형해도 안 해도 그만

일본 군국주의의 치밀한 만주 통치도 원자탄이라는 괴물의 불구덩이에 무릎을 꿇었다. 1945년 8월 초, 일본의 투항이 확실해지자 국민당은 만주와 국경을 맞댄 소련과 우호조약을 체결했다. 중국공산당이 비빌 언덕을 없앴다는 확신이 들자 옌안에 있던 마오쩌둥을 충칭으로 초청했다. 두 사람 모두 평화협정에 서명했다. 협정문을 하찮은 종잇조각으로 여기기는 장제스나 마오쩌둥이나 마찬가지였다. 뒤로는 전쟁을 준비했다.

비밀 수첩 내용대로라면 만영(滿影)이 배출한 리샹란은 이중 국적이었다. 만주에서 태어나 만주에서 성장한 만주국 국민이었다. 일본인 야마구치 요시코를 한간으로 처형해도 되고, 안 해도 그만이었다.

일본교민수용소에서 최종 판결 기다리며 죽음의 문턱까지 와 있던 리샹란을 구한 건 국민당 정보기관의 오판 때문이었다.

예쁜 구냥 리샹란

1932년 3월 1일 만주국 집정(執政)에 취임한 푸이는 호칭이 맘에 들지 않았다. 27세의 청년이었지만 두 번 청(淸) 제국의 황제를 경험한 터였다. 사람 속을 꿰뚫어볼 줄 알고, 부릴 줄도 알았다. 조상의 발상지 만주에 청 제국을 부활시키겠다는 일념 외에는 딴생각이 없었다. 집정 취임 4개월 후 일본이 중국인의 노예화 교육을 위해 설립한 협화회(協和會) 명예회장직을 덜컥 수락했다. 관동군 사령관과 만주국 총리가 서명한 '일만의정서'(日滿議定書)도 대충 읽어보고 비준했다.

계획대로 만주국의 주권을 장악한 일본은 푸이의 황제 등극을 추진했다. 푸이의 얼굴에 화색이 돌았다. 2년간 사용한 연호 대동(大同)이 눈에 거슬렸다. 천수를 누린 강희제(康熙帝)와 자신의 직전 황제 광서제(光緖帝) 덕종(德宗)에서 한 자씩 따내 강덕(康德)으로 바꿔버렸다.

일본이 중국의 동북3성에 선보인 만주제국의 출현은 세계적인 뉴스거리였다. 젊은 독일 기자가 상급자에게 동의를 구했다.

"만주국 황제 푸이를 인터뷰하겠다. 출장을 허락해주기 바란다."

한마디로 거절당했다.

"피곤해 보인다. 휴가 줄 테니 쓸데없는 생각 그만하고 잠이나 처질러 자라."

무안만 당한 기자는 궁금증을 억누를 방법이 없었다. 예금을 털어 장도에 올랐다. 폴란드를 경유해 소련에 도착했다. 과로와 감기로 병원 신세 지느라 수중에 있던 돈을 탕진했다. 장인의 유품인 금시계를 팔았다. 주는 대로 받고 보니 집을 사고도 남을 액수였다. 시베리아 횡단열차 특등 객실에 몸을 실었다. 만주국 국경도시 만저우리(滿洲里) 역에 도착하자 눈이 휘둥그레졌다. 남편의 유일한 유물을 선뜻 건네준 장모에게 보낼 편지를 썼다.

"플랫폼에 있는 군인들 모습이 우리와 다릅니다. 한 사람은 우리처럼 백색이고 두 명은 황색입니다. 백색은 러시아인이고 황색은 중국인과 일본인 같습니다. 제가 이곳에 온 목적은 황제 인터뷰 한 가지 때문입니다. 다른 곳에 호기심이 발동할까 우려됩니다."

시계 얘기는 꺼내지도 않았다.

1934년 3월 말, 제도(帝都) 창춘(長春)에 도착한 기자는 만주국 외교총장 셰제스(謝介石)에게 황제 인터뷰를 청했다. 놀랄 정도로 쉽게 허락이 떨어졌다. 푸이를 만난 기자는 잠시 입이 벌어졌다. 사진에서 본 것과 달라도 너무 달랐다. 머리에서 발끝까지 황제의 기품이 넘쳤다. 영어로 진행된 인터뷰는 5분도 걸리지 않았다. 기자

318

의 첫 질문이 민감한 문제를 건드렸기 때문이다.

"만주국은 건국 2년이 지나도록 일본을 제외한 다른 나라의 승인을 받지 못했다. 이유가 궁금하다."

난생처음 기자의 질문을 받은 푸이는 잠시 당황했다. 짧게 대답하고 자리를 떴다.

"우리는 머지않아 만주국이 하나의 독립국임을 스스로 증명하겠다."

기자가 만주에 온 목적은 만주국에 외교권이 있는지가 궁금했기 때문이었다. 푸이의 말과 행동에서 만주국이 독립국이 아니라는 것을 확인하자 기분이 좋았다. 이왕 온 김에 만주 최대 도시 선양(瀋陽)으로 갔다. 도착 첫날, 야마토(大和)호텔에서 리샹란의 노래를 듣고 귀가 번쩍했다. 이런 기사를 작성했다.

"만주국은 외교권이 없다. 푸이는 관동군의 허수아비다. 만주인의 귀를 리샹란이라는 예쁜 구냥이 지배할 날이 머지않았다."

독일 기자의 예언

만주국도 외국과의 수교에 신경을 썼다. 수립 일주일 후 외교총장 셰제스가 일본, 미국, 영국, 프랑스, 독일, 이탈리아, 소련 등 17개국에 수교를 희망한다는 전문을 발송했다. 이튿날 하얼빈에서 열릴 '건국기념연회'에 각국 영사들을 초청했다. 결과는 참담했다. 일본 대리영사 외에 참석한 외교관이 단 한 명도 없었다. 이유가 있었다. 만주국 정부는 일본이 만든 정부였다. 국제연맹은 난징의 국민정부를 합법적인 중국 정부로 인정했다. 중국 정부가 승인하지 않는 만주국을 국제연맹이 승인할 리가 없었다. 미국도 마찬가지였다. 당시 일본은 초강대국에 끼지 못했다.

일본은 중국 정부의 만주국 승인을 위해 기를 썼다. 수단은 물론 방법도 가리지 않았다. 뇌물 좋아하는 중국 관리들도 이 문제만은 등을 돌렸다. 외교부가 만주국과 외교관계 수립한 일본을 대놓고 비난했다.

"일본은 무력으로 동북3성 전역을 겁탈했다. 만주국이라는 괴뢰조직 만들어 푸이를 주인으로 내세웠다. 실권을 쥔 도쿄 정부의 관리들이 뒤에서 모든 업무를 조정한다. 자신들의 피 묻은 손으로 만든 괴뢰조직을 승인한 것은 국제연맹의 권위에 대한 도전과 다를 바 없다. 훗날 일본 국민의 피눈물만 증가시킬 뿐이다."

일본은 끄떡도 안 했다. 국제 정세가 요동치면서 만주국 위상도 변했다. 바티칸을 필두로 24개국의 승인을 받았다.

일본이 패망하자 푸이도 퇴위를 선언했다. 독일 기자의 리샹란에 대한 예언은 적중했다. 만주국 존속 14년간 리샹란은 노래와 연기로 중국인을 홀리고 전선에 있는 일본군의 사기 진작에 한몫했다. 상하이의 일본 교민 수용소에서 한간죄 선고를 기다리던 중 낯선 중국 청년이 수용소 소장과 함께 면회를 왔다. 리샹란을 확인하자 입을 열었다.

"함께 외부에서 오찬을 하고 싶다."

소장에게는 긴말하지 않았다.

국·공 양당은 푸이의 비굴해 보이는 모습만 내보냈다.
독일 기자가 촬영한 푸이의 모습에는 황제의 기품이 넘쳤다.

"한 시간이면 족하다."

소장은 깔끔한 복장에 의표가 당당하고 정중한 청년의 신분을 아는 것 같았다. 무슨 말을 하건 고개만 끄덕였다.

리샹란의 약속

프랑스 조계의 화려한 공관에 도착한 청년은 리샹란을 거실로 안내했다. 런던이나 뉴욕 한복판에 내놔도 손색이 없을 중년 남성 10여 명이 리샹란을 기다리고 있었다. 풍성한 상하이 요리에 리샹란은 허기가 동했다. 연장자로 보이는 사람이 덕담을 했다.

"금년은 게가 풍년이다. 누구나 게 8마리로 점심을 대신할 정도다. 농산물이건 수산물이건 풍년에는 맛이 떨어진다. 여사가 즐기는 줄 알지만 다른 요리를 준비했다."

오찬이 끝날 무렵 리샹란 앞에 자리한 중국 복장의 노신사가 본론을 꺼냈다.

"여사의 군사재판 선고가 목전에 다가왔다. 기소를 철회하면 자유의 몸이 된다. 중국에 거주할 의향이 있으면 기소건 재판이건 없던 일로 하겠다. 이 집을 여사 명의로 바꾸고 생활 편의를 위해 비서, 운전기사, 요리사와 신형 캐딜락을 제공하겠다. 풍족한 생활비도 물론이다. 전국 각지를 자유롭게 여행만 다니면 된다."

리샹란은 의아했다. 젓가락 만지작거리며 이유를 물었다. 생각도 못 했던 답이 돌아왔다.

"여사는 동북 지역 어디건 익숙하지 않은 곳이 없다. 아는 사람이 많고 친구도 많다. 중국어는 중국인들보다 더 아름다운 중국어를 구사한다. 동북의 풍토와 인정도 익숙하다. 공산당과 팔로군의 상황만 우리에게 알려주면 된다."

리샹란의 대답은 단호했다.

"나는 리샹란이란 예명으로 활동한 일본인 야마구치 요시코다. 일본인으로 일본의 국책에 협조했을 뿐이다. 국적 문제만 해결되면 한간 재판을 받을 이유가 없다. 간첩도 해본 적이 없고 앞으로도 할 생각이 없다. 감옥에서 5년을 있건, 10년을 있건 상관치 않겠다. 나는 중국에서 태어나 중국에서 성장했다. 중국은 내가 사랑하는 모국이며 고국이다."

듣기를 마친 노신사는 고개를 끄덕였다.

"일본에 돌아가면 중·일 관계 정상화를 위해 노력해주기 바란다."

리샹란은 고개 숙이며 눈물로 대답을 대신했다.

노신사는 빈말하지 않았다. 리샹란도 약속을 지켰다.

국·공 양당의 전쟁터 5

"적은 강하고 우리는 약하다.
우리 부대는 사방팔방에서 온 병력이다.
생각이 제각각이다. 휴식과 교육이 절실하다.
아직 본격적인 전쟁을 치르지 않았다.
패잔병의 퇴각이 아니다. 적장 두위밍은
동남아 열대 지역에서 장기간 지원군을 지휘했다.
동북의 한파를 견디기 힘들다.
우리에게 기회가 올 날이 머지않았다."

시간 끌기 평화담판

"남자는 어릴 때부터 무기를
장난감처럼 다룰 줄 알아야 한다."

루스벨트의 목표

1944년 11월, 중국 주재 미국대사에 임명된 헐리는 스탈린의 의중을 알고 싶었다. 부임지 충칭으로 향하던 중 모스크바를 지나치지 않았다. 스탈린과 외상 몰로토프는 헐리를 통해 장제스에게 러브콜을 보냈다.

"소련은 중국공산당(중공)에 흥미를 잃은 지 오래다.『자본론』이나 제대로 읽은 사람들인지, 중국의 전통적인 농민반란 집단인지, 중화 민족주의자 그룹인지, 정체가 불분명하다. 소련은 국민정부와 관계증진을 희망한다."

1945년 1월, 중국주재 소련대사관 대변인이 장징궈에게 제안했다.

"스탈린 서기장과 장제스 위원장의 만남을 성사시키자."

장징궈도 동의했다. 보고를 받은 스탈린은 결정을 뒤로 미뤘다. 장징궈는 먼저 제의한 소련의 딴청에 실망이 컸다. 2월에 열릴 얄타회담 때문이라는 것을 알 턱이 없었다.

당시 미국은 "중국대륙과 동남아에 포진한 일본군 격퇴 방안은 지상 작전이 유일하다. 중국은 그럴 능력이 없다"고 판단했다. 스탈린이 중공에 대한 기대를 접은 것처럼, 루스벨트도 국민정부를 믿지 않았다. 외교관, 언론인, 중국주재 기관원들도 마찬가지였다. 중국전구(戰區) 참모장 스틸웰의 국민당 비난은 도를 넘을 정도였다. 선전의 귀재들이 즐비한 중공 근거지 옌안 쪽에서 간간이 들려오는 긍정적인 소식도 루스벨트의 중국 정책에 영향을 미쳤다.

동년 2월 4일, 크림반도의 휴양지 얄타에서 루스벨트, 처칠, 스탈린이 회동했다. 루스벨트의 목표는 일본과 중립(불가침)조약을 체결한 소련의 전쟁 참여와 일본이 탈취한 중국 영토, 동북과 대만의 수복이었다. 스탈린에게 요구했다.

"동북(만주)을 해방시킨 후 중국의 주권을 존중해야 한다. 내정 간섭은 금물이다."

자신의 구상도 털어놨다.

"미·소 합작으로 중국에 국·공 연합정부를 출범시켜 내전을 방지하자."

2월 11일 회의 마지막 날, 밀약(密約)도 맺었다.

"소련은 독일 패망 90일 이내에 일본과 전쟁에 돌입한다. 시베리아 해안 밖의 쿠릴열도(千島群島)는 소련에 귀속시킨다. 중동철도(中東鐵道)와 남만주철도는 중·소 양국이 공동 운영한다. 군항(軍港)인 뤼순항(旅順港)은 소련이 영구 조차(租借)하고 다롄항은 무역을 위해 국제화시킨다. 동북(만주)에서 소련의 이익 추구를 보장한다. 외몽골은 소련 공제(控制)하에 명의상 독립을 유지한다. 모든 사항은 장제스 위원장의 동의가 필요하다. 단, 동북에 출병하기 전까지 장제스 위원장에게 비밀로 한다."

중·소 우호 동맹조약은 파행을 반복했다.
1945년 8월 7일, 소련의 동북 출병 전날 타결됐다.
소련 외상 몰로토프의 서명을 바라보는
쑹쯔원(오른쪽 다섯째)과 스탈린(오른쪽 넷째).

새로운 세계지도도 구상했다. 독일과 조선을 둘로 쪼갰다. 스탈린은 중국도 창강(양쯔강) 이북은 중공, 남쪽은 국민당으로 분할시키는 것이 소련에 이익이라고 간주했다. 안 될 경우 국민당보다는 중공이 중국을 장악하는 것이 유리하다고 판단했다. 얄타회담 직후 마오쩌둥에게 회담 내용을 통보했다.

"우리가 동북을 해방시킬 때를 대비해라."

루스벨트에게도 건의했다.

"일본에 선전포고하기 전 국민정부와 우호 동맹조약을 체결해 한동안 중단된 군비 원조를 회복시키겠다."

국·공 양당은 미국의 연합정부 수립 권고를 거부하지 않았다. 중공 대표로 충칭에 온 저우언라이는 수시로 국민당 대표와 담판했다. 중공의 주장은 항상 똑같았다.

"연합정부를 수립하면 군사 조직을 해산시키겠다."

국민당 대표도 마찬가지였다.

"중공이 군사 조직을 해산시킨 후라야 연합정부 수립이 가능하다."

3월 말 장제스가 국민대회를 소집했다. "1당전제(一黨專制)를 끝내기 위한 신헌법 제정이 절실하다. 전문가들이 지혜를 모아주기 바란다"며 목에 핏대를 세웠다. 중공도 전국대표자대회를 열었다. 당장(黨章)에 있는 소련과 세계공산혁명 같은 용어들을 삭제하기로 합의했다. 당의 강령도 바꿔버렸다.

"마오쩌둥 사상을 당의 지침으로 한다."

스탈린도 팔짱만 끼고 있지 않았다. 4월 6일, '소·일 중립조약' 파기를 선언했다. 1주일 후 오후 6시, 저녁 마치고 정원 산책하던 장제스에게 부관이 달려와 보고했다.

"방금 루스벨트가 사망했다."

은원이 많았던 루스벨트의 사망 소식에 장제스는 눈물과 웃음을 반복했다. 군과 정부기관에 지시했다.

"일주일간 조기 게양하고 추도식을 거행해라."

5월 8일, 나치 독일이 투항했다. 남은 건 일본이었다. 스탈린이 미국 대통령 트루먼의 특사 홉킨스에게 다짐했다.

"8월 8일 동북에 군을 파견하겠다. 일본과 군사작전을 시작하기 전에 장제스와 중·소 조약 체결이 시급하다. 장제스는 중국의 유일한 지도자다. 우리 군대가 동북을 점령한 후 장제스가 지방정부를 조직하도록 협조하겠다."

작전 계획도 상세히 설명했다.

장제스는 협상 대표를 물색했다. 쑹메이링의 오빠 쑹쯔원(宋子文) 외에는 적임자가 없었다. 행정원장에 임명한 후 당부했다.

"대표단 이끌고 모스크바에 가라. 외교부장도 겸직해라. 장징궈를 수행원에 포함시켜라."

하버드 출신인 쑹쯔원은 좌익색채가 강한 장징궈가 맘에 들지 않았지만 어쩔 수 없었다. 쑹쯔원은 스탈린과 다섯 번 회담했다. 직급이 낮은 장징궈는 두 번만 참석했다. 스탈린은 장징궈에게 신경을 썼다. 장징궈의 소련인 부인과 소련에서 태어난 아들 근황 궁금해하며 예쁜 권총까지 선물했다.

"남자는 어릴 때부터 무기를 장난감처럼 다룰 줄 알아야 한다."

하루는 자신의 집무실에서 장징궈와 오랜 시간 사담을 나눴다.

루스벨트 사망 1주일 후 신임 대통령 트루먼(오른쪽 셋째)과
회담을 마친 중국 외교부장 쑹즈원(오른쪽 둘째).
1945년 4월 18일, 백악관.

쑹쯔원의 불만이 이만저만 아니었다.

장징궈가 모스크바에서 부친에게 보낸 전문 한 통을 소개한다.

"스탈린의 집무실 벽에 표트르 대제의 초상화가 걸려 있는 것
을 보고 놀랐습니다. 레닌이 탱크 위에서 연설하는 그림이 걸려
있던 자리입니다. 그림이 바뀐 것은 관점의 변화를 의미합니다.
민족주의가 의식 형태를 눌렀다는 증거입니다. 우리에겐 기쁜 일
입니다. 국가 이익을 놓고 흥정해도 전혀 이상하게 여기지 않을
상대라고 장담합니다."

세계 최고 호화열차

1945년 8월 6일 미국이 히로시마에 원자폭탄을 투하하자 소련은
당황했다. 6개월 전 얄타에서 맺은 밀약 이행을 서둘렀다. 8월 9일,
탱크와 대포 5,300대를 앞세운 150만 대군이 전투기 5,200대의 엄
호를 받으며 소·만 국경을 무너뜨렸다.

10일 새벽 3시, 도쿄의 황궁 방공호에서 최고 지휘관 회의가 열렸
다. 1개월 전 포츠담회담 기간 중 트루먼, 처칠, 스탈린, 장제스 명의
로 발표한 선언, 일본의 무조건 항복 촉구를 수락하기로 합의했다.
소식을 접한 스탈린은 찔끔했다. 대일선전이 하루만 늦었어도 일본
식민지 동북(만주)에 진군할 명분이 없었기 때문이다. 태평양전쟁
말기, 주력을 중국 내지와 동남아로 투입한 일본 관동군은 소련의
화력에 무릎을 꿇었다.

일본 투항 전 중국 동북지역(만주국)의 경제 규모는 일본 본토를

제친 지 오래였다. 미국, 소련, 영국 다음 가는 세계 4위를 자랑하고
도 남았다. 1만 5,479km에 달하는 철로와 1940년 '다롄 기계창'에
서 제작한 아세아호는 발군이었다. 냉난방 시설을 완비하고 시속
130km로 만주벌판을 질주한 세계 최고 호화열차였다. 철도는 동
북의 얼굴이나 다름없었다. 다롄에서 선양(瀋陽)까지 철로 양편은
공장지대였다. 빽빽한 연통에서 뿜어내는 시꺼먼 연기가 그칠 날이
없었다. 당시 동북의 공업 총생산량이 중국의 85%였다. 통신시설
도 완벽했다.

1927년 장쭤린(張作霖) 통치 시절 베이징이나 상하이는 유럽과
미국에 직접 전문을 보낼 수 없었다. 선양전신국을 경유하지 않으
면 불가능했다. 하얼빈은 국제도시로 손색이 없었다. 1928년, 유럽
각국으로 향하는 열차표와 항공권을 판매하기 시작했다. 외국인이
개설한 1,809개 상업기관이 뉴욕과 파리에 지사를 설립하고 상거
래를 텄다. 외국은행 지점도 부지기수였다.

만신창이 된 동북

만주국 정부와 중화민국 정부의 통계에 의하면 1943년 동북은
중국 총면적의 12%, 인구는 10%에 불과했다. 철 생산량은 전 중국
의 93%, 시멘트 64%, 화공품 69%, 기계생산 95%, 전력은 78%였
다. 소련의 잔치판이 벌어졌다. 3주간 주둔하고 3개월 후 완전철수
를 장담했던 탓에 시간이 촉박했다. 동북의 공장과 통신시설, 광산
의 중요 설비를 깡그리 소련으로 실어 날랐다. 만주국 수도 창춘(長
春)의 관공서에 있던 가구도 내버려 두지 않았다. 중국 최대 규모를

자랑하던 안강(鞍鋼, 안산철강) 약탈은 가관이었다. 40일간 수송 열차 60대를 동원해도 부족했다.

공업 도시 선양은 참담했다. 8월 18일부터 11월 중순까지 하루도 빠짐없이 소련으로 향하는 화물열차 200량이 기적을 울렸다. 공장의 90% 이상이 폐허로 변했다. 창문과 수도꼭지도 온전치 못했다. 도자기 공장과 소형 백주(백알) 양조장도 털리지 않은 곳이 단 한 곳도 없었다. 방직공장 직조기와 창고는 뭐하던 곳인지 짐작이 안 갈 정도였다. 1946년 동북공업회 조사대로라면 소련에게 털린 손실이 당시 돈 20억 달러에 해당한다는 것이 정설이다. 미국 항공기 조종사의 회고를 소개한다.

"창공에서 선양을 지나친 적이 있다. 만신창이가 된 도시에 멀쩡한 것이 한 개 있었다. 시 중심에 우뚝 서 있는, 소련군이 중국인들에게 선물한 '소련군열사기념비'였다."

이쯤 되면 장제스나 마오쩌둥이 얄타밀약에 분개한 것이 당연했다. 양측 모두 소련군으로부터 동북을 접수한 후 내전 치를 준비에 골몰했다. 8월 29일부터 10월 10일까지 충칭에서 열린 장제스와 마오의 평화담판은 시간 끌기였다. 회의 말석에 앉아 있던 장징궈도 마오와 처음이자 마지막 악수를 하고 기념사진까지 찍었다. 동작은 마오가 장제스보다 한발 앞섰다. 산둥(山東)에 있던 신사군(新四軍)과 팔로군(八路軍) 8만 명 외에 간부 2만 명을 동북으로 이동시킨 후 분산시켰다. 10월 1일 담판 중인 장제스와 마오에게 소련이 선물을 보냈다.

"동북에 주둔 중인 소련군은 10월 말부터 철수를 시작한다."

장제스는 마오와 평화협정 체결 당일 충칭에 와 있던 동북행영 (行營) 주임 슝스후이(熊式輝)를 동북으로 돌려보내며 장남 장징궈를 외교특파원 자격으로 딸려 보냈다.

외교특파원 장징궈

장징궈는 창춘 도착 이튿날 전 관동군사령부 회의실에서 소련군 사령관 마리노프스키 원수와 회담했다. 당찬 요구를 했다.

"철병 계획 요지를 알려주기 바란다. 우리 군이 4개 항구에 상륙할 예정이다. 상륙 후 이동에 필요한 열차와 안전을 보장해주기 바란다. 베이핑(베이징)에서 선양까지 파괴된 철로를 원상대로 복구해라. 소련군이 몰수한 기관차와 통신장비, 경찰 총기류, 만주국 중앙은행이 발행한 화폐와 일반은행이 발행한 어음을 우리 측에 반환해라. 소련군이 이용하는 선박과 항공기를 우리가 사용할 수 있도록 협조를 청한다."

역전의 소련군 원수는 얼굴 붉히며 이의를 제기하지 않았다.

그날 밤 장징궈는 충칭에 있는 부친에게 급전을 보냈다.

"소련군은 '공당'(共黨)을 지지하는 눈치다. 창춘 부근에 중공군 2,000여 명이 집결해 있다. 소련군 사병들의 기율이 엉망이다.

린뱌오가 직접 지휘한 슈수이허즈 전투 승리를
자축하는 동북자치군. 이상한 무기 두 발로
제2차 세계대전을 종식시킨 미군의 지원을 받는
국민당 군에 대한 공포가 사라지기 시작했다.

창춘에서 총살에 처한 사병이 100여 명에 달한다. 소련군이 전리품으로 본국에 보낸 중장비와 문화재는 정식으로 교섭을 통해 돌려받을 생각이다. 올해 동북은 대풍년이다. 애국에 대한 열정이 관내(關內)보다 높다. 미국에 있는 쑹쯔원이 트루먼을 어떻게 설득하느냐가 관건이다."

장제스는 흐뭇했다. 장징궈를 지원하기 위해 부인 쑹메이링에게 창춘 방문을 권했다.

김일성의 무장투쟁

일본이 동북3성을 지배했던 만주국 시절, 중국 국민당과 공산당(중공)은 동북에 기반이 약했다. 범법자나 배신자들이 동북으로 도망치면 방법이 없을 정도였다. 정보도 빈약했다. 만주국이나 만철 등 중요기관에 있는 중국인을 매수해 중요 정보를 얻는 것이 고작이었다. 성과는 신통치 않았다. 돈만 날리는 경우가 허다했다.

중공은 국민당에 비해 실속이 있었다. 동북 항일무장세력의 연합체였던 '동북항일연군'의 주축이 공산계열이었다. 1937년 여름, 국·공이 연합해 중·일전쟁이 본격화되자 관동군은 '동북항일연군'이 산하이관(山海關)을 넘어 중국 내지로 진출(入關)할 것을 우려했다. 대규모 소탕 작전을 벌였다. 4년간 계속된 관동군의 공세로 '동북항일연군'은 동북에서 자취를 감췄다. 명성을 떨쳤던 지휘관들도 거의 굶어 죽거나 얼어 죽었다.

잔존세력들은 동북에서 갈 곳이 없었다. 소·만 국경을 넘었다.

소련은 조선인과 중국인으로 구성된 애물단지들을 반기지 않았지만 내치지도 않았다. 중국인 저우바오중(周保中)과 리자오린(李兆麟)을 여단장과 부여단장으로 외국인 혼성여단(88교도여단)에 편입시켰다.

'동북항일연군' 잔존세력 중 '88여단'에 자리 잡은 조선인들은 기존 조직을 유지하려고 애썼다. 넓디넓은 만주 땅에서 명성만 귀에 익은 사이가 대부분이었다. 연장자들이 젊고 패기만만한 김일성을 종갓집 종손을 뽑듯이 대표자로 선출했다. 이유가 있었다. 김일성의 무장투쟁은 기존의 연장자들과 다른 점이 있었다. 만주 땅을 밟고 있으면서도 만주의 일본군이나 만주군과는 생사를 겨룬 적이 드물었다. 강 건너 한반도에 진입해 가벼운 분탕질하고 만주로 돌아오기를 반복했다. 선전의 중요성도 일찍 깨우쳤다. 서울(당시 경성)에서 발행하던 한 신문의 기자가 와 있는 인근 마을을 습격했다. 놀란 기자의 급전으로 본사가 호외를 발행했다. 김일성의 명성이 한반도를 들썩거렸다.

1945년 8월 8일, 소련이 일본에 선전을 포고하자 '88여단'의 '동북항일연군'도 전쟁 준비를 서둘렀다. 이틀 후, 여단 야영지에서 반격 선서식을 거행했다. 저우바오중과 리자오린의 연설에 이어 김일성이 연단에 올라 기염을 토했다.

"동북항일연군 전사들이 연합해 반격할 날이 도래했다. 항일전쟁 최후의 승리를 우리 손으로 탈취하자."

김일성의 군더더기 없는 연설은 소련군을 감동시켰다. 극동군 총사령부 군사위원 히진 중장이 저우바오중과 김일성을 따로 불러 총

동북항일연군 한국인 지휘관들이 남긴 광복기념 사진.

사령관 바실리에프스키 원수의 지령을 직접 전달할 정도였다. 헤이룽장(黑龍江)성에서 발행한 『저우바오중 평전』에 실린 바실리에프스키의 명령을 소개한다.

"현재 88여단에 있는 중국인, 조선인, 소련인의 개별 행동을 명한다. 소련인은 명령이 있을 때까지 현 위치를 고수해라. 조선인들은 극동 제1방면군과 함께 조선으로 진군해라. 중국인들은 제2방면군과 동북의 전략 요지를 분할 점령해라."

저우바오중에겐 두 가지를 주지시켰다.

"동북으로 돌아가는 중국인들은 소련군 점령 지역의 혁명적 질서 유지에 만전을 기해라. 군사관제의 합법적 지위를 이용해 군중을 동원하고 당 조직을 만들어라."

8월 27일 저우바오중이 '88여단' 소속 중국인 간부들을 소집했다.

"환자, 임산부, 신체 허약자, 아동, 소수의 유수(留守) 인원을 제외한 모든 대원은 귀국을 준비해라."

중공도 '동북위원회'를 발족시켜 소련군과 협상했다. 소련에서 돌아올 '동북항일연군' 전사들과 연합해 소련군이 점령한 지역 중 전략적으로 중요한 곳에 파견할 공작조 57개를 편성하기로 합의했다. 저우바오중은 공작대의 임무도 구체적으로 설명했다.

"우리는 동북으로 돌아가기 전에 국민당과의 장기적인 투쟁을 준비해야 한다. 적어도 산속에서 두 차례 정도 유격전을 치를 각오가 필요하다. 각 공작조에 편성된 대원들은 동북 도착 후 소련 군복을 착용한 채 소련 위수사령부에서 공작에 참여한다. 공작조 조장은 임무가 막중하다. 소련군 주둔지 위수사령부 부사령관도 겸직해야 한다."

환영받은 동북인민자위군

중공 동북위원회는 '동북항일연군'을 '동북인민자위군'으로 개명했다. 저우바오중을 사령관 겸 정치위원에 임명했다. 부대의 임무도 항전(抗戰) 승리에서 '항전 승리의 열매 보위'로 바꿔 버렸다. 9월 5일부터 13일까지 소련이 제공한 군용기 타고 동북에 진입한 '동북인민자위군' 330명은 12개 중심도시와 57개 촌락으로 흩어졌다. 12개 중심도시 책임자 중 옌지(延吉)의 강신태와 무단장(牧丹江)의 김광협, 하얼빈 공작조 조장 리자오린의 부인은 조선인이었다.

'동북인민자위군'은 현지인들의 환영을 받았다. 건군과 당 조직도 순조로웠다. 1개월 만에 4만 명으로 늘어났다. 무장은 소련군이 제공한 일본 관동군과 만주국 군대, 경찰이 사용하던 총기와 박격포로 충당했다. 국민당은 항일전쟁 기간 동북을 등한시했다. 군대를 파견해 일본군과 전투를 벌인 적이 없었다. 국민당 정부와 우호조약 체결한 소련 정규군이 동북에 몰려오자 만주국 관리와 경찰 출신들은 대놓고 국민당을 지지했다.

국민당 군의 동북 진출은 미국의 지원을 받았다. 미국이 제공한 최신 무기로 무장한 국민당 군이 동북의 대도시를 질주했다. 소련군이 철수하자 동북이 국·공 양당의 전쟁터로 변했다. 동북 최대 도시 선양(瀋陽)에 입성한 국민당 군의 지휘관은 항일명장 두위밍(杜聿明)이었다. 첫 번째 전투가 선양 인근의 슈수이허(秀水河)에서 벌어졌다. 국민당 군은 사기충천했다. 린뱌오가 슈수이허에 웅크리고 있을 줄은 상상도 못 했다.

린뱌오의 팔로군

"동북에 조용할 날이 없겠다.
무슨 일이 벌어질지 아무도 장담 못 한다."

스탈린의 지지 보장받은 장제스

흔히들 말한다.

"쓰예(第四野戰軍)는 중국 역사상 최강의 부대였다. 수천 년간, 수많은 전쟁이 있었지만 이런 군대는 없었다. 군가도 다른 야전군과 달랐다. 첫 구절이 '우리는 린뱌오의 전사들'이었다. 마오쩌둥의 이름 석 자 중 한 글자도 들어갈 틈이 없었다."

맞는 말이다. 쓰예의 전신 '동북야전군'(東北野戰軍)은 1948년 총공세를 펼친 지 52일 만에 동북 전역에 붉은 깃발을 날렸다. 국민당군에 밀리던 전세도 3년 만에 역전시켰다. 산하이관을 넘어 화북야전군(華北野戰軍)과 함께 톈진을 점령하고 베이징(당시는 베이핑)에 입성했다. 여세를 몰아 우한(武漢)을 삼키고 강남(江南)과 광시(廣西)를 평정한 후 하이난다오(海南島)의 국민당 요새를 깨버렸다.

미군 장비로 무장한 국민당 군은 복장도 제대로 갖추지 못한 동북야전군에게 연전연패(連戰連敗)했다. 기점은 1945년 항일전쟁 승리 전야였다. 소련군이 동북을 점령하자 중국의 양대 정치권력 국민당과 공산당(중공)은 처신에 골몰했다. 집권 국민당은 중공 척결이 시급했다. 군사력이 중공의 3배였던 장제스는 내전을 결심했다.

마오쩌둥이 이끌던 중공은 8년간 국민당과 연합해 일본에 대항했다. 온갖 지원 받으며 위험한 전투는 요리 빠지고 조리 빠졌다. 효과가 기대 이상이었다. 일본이 항복할 무렵 병력이 100만 명을 웃돌 정도로 증가했다. 그래도 마오는 한숨을 거두지 못했다. 국민당과 자웅을 겨루기엔 여전히 역부족이었다. 방향 설정에 고심했다. 소련이 동북에 진주하자 절호의 기회가 왔다며 함박웃음이 터졌다. 부주석 류샤오치(劉少奇)와 차를 마시며 희희낙락했다.

"제2차 세계대전이 끝나면 미국과 소련의 모순이 고조된다. 동북을 점령한 소련의 중공 지지는 필연이다. 동북은 아주(亞洲)에서 경제가 가장 단단한 지역이다. 공업생산량이 전 중국의 85%에 달한다. 현대화된 도시가 즐비하고 교통도 발달했다."

마오쩌둥의 웃음은 오래가지 못했다. 스탈린이 장제스와 우호조약 체결하자 안색이 일그러졌다. 소련에서 돌아와 산책만 즐기는 린뱌오를 불렀다.

"네 사색의 결과가 궁금하다."

린뱌오가 입을 열었다.

"현재 중국은 미국의 세력권이나 다름없다. 몇 개월 전 얄타에서 루스벨트는 전쟁의 조속한 완결을 위해 스탈린에게 동북출병을 요청했다. 스탈린은 러·일전쟁 이전 러시아가 동북에서 누렸던 이권을 회복하고 싶었다. 루스벨트는 스탈린의 값비싼 요구에 동의했다. 단, 중국의 내전 발생 저지를 위해 스탈린에게 장제스

동북에서 국·공 내전이 발발하자 미국이 마샬(오른쪽 넷째)
원수를 특사로 파견해 조정에 나섰다.
오른쪽 다섯째가 국민당 대표 장즈중(張治中),
오른쪽 둘째와 셋째는 중공 대표
예젠잉(葉劍英)과 저우언라이(周恩來).
1946년 12월 20일, 장자커우(張家口).

의 국민정부를 지지하고 중공을 지지하지 않겠다는 보증을 요구
했다. 스탈린은 동북을 소련의 지배권에 두는 것을 미국이 묵인
하겠다는 것이라고 착각했다. 장제스는 굴욕을 감수하고 동북의
이권을 소련에 양보하는 대신 스탈린의 국민당 지지를 보장받았
다. 동북에 진출해 소련의 지원 받으며 근거지 마련하겠다는 우
리의 계획은 수정해야 한다. 장제스는 철저한 민족주의자다. 스
탈린도 레닌이 표방한 국제주의를 포기했다. 동북문제는 중국인
스스로 해결해야 한다. 전쟁 외에는 방법이 없다. 우리는 소련을
어떻게 이용할지에 골몰해야 한다. 장제스의 생각도 우리와 별
차이 없다."

마오쩌둥은 장제스와 스탈린이 린뱌오를 탐낸 이유를 알 것 같
았다. 얘기는 8년 전으로 거슬러 올라간다. 1937년 9월, 30세 생일
을 앞둔 팔로군 사단장 린뱌오는 8세 연상의 부사단장 녜룽전(聶
榮臻)과 함께 핑싱관(平型關)에서 일본군 1,000여 명을 몰살했다.
중·일전쟁 발발 후 국민당과 중공을 통틀어 중국이 거둔 최초의
승리였다. 전시수도 충칭에 있던 장제스는 '황푸군관학교' 교장 시
절 자신의 손으로 키워낸 린뱌오의 쾌거에 흡족했다. 군관학교 1기
생 두위밍과 후쭝난(胡宗南)을 불렀다. 포도주로 린뱌오의 승리 축
하하며 덕담한다는 것이 두 측근을 당황하게 했다.

"린뱌오는 4기 출신이다. 후배 교육 잘한 덕에 황푸의 명예가 솟
아올랐다. 선배가 뒤지지 않도록 분발해라."

린뱌오는 환호에 들뜨지 않았다. 어둠이 드리우자 영롱한 달빛이

청년 장군을 유혹했다. 일본군에게 노획한 코트 걸치고 산책하러 나갔다가 변을 당했다. 암구호 묻는 초병에게 우물거리다 총을 맞고 쓰러졌다. 치료차 소련에 가 있는 동안 스탈린의 눈에 들었다. "소련에 귀화해 나를 도와 달라"는 청을 거절하고 4년 만에 귀국했다.

마오, 린뱌오 빼앗길까 안절부절

린뱌오가 귀국 도중 충칭의 '중공 연락사무소'에 머무는 동안 마오쩌둥의 특사 자격으로 장제스와 회담했다. 장제스는 린뱌오가 자신을 어떻게 부를지 궁금했다. 군복 차림에 부동자세로 거수경례하며 한마디로 근엄한 장제스를 녹여버렸다.

"학생 린뱌오 교장께 인사 올립니다."

장제스가 각료들에게 당부했다.

"린뱌오가 충칭에 있는 동안 자주 찾아가라. 황푸가 배출한 인재다. 배울 것이 많다."

마오쩌둥은 의심이 많았다. 린뱌오를 장제스에게 뺏기지 않을까 안절부절못했다. "즉시 옌안에 와서 요양에 힘쓰라"는 전문을 보냈다. 린뱌오도 의심 많기로는 마오나 장 못지않았지만 마오는 예외였다. 말만 떨어지면 무조건 승복했다. 옌안에 돌아온 린뱌오는 의외였다. 마오쩌둥이 일거리를 주지 않았다. 독서와 산책으로 소일했다. 심심하면 터덜터덜 '항일군정대학'으로 갔다. 여학생들과 잡담하며 시간을 보냈다. 핑싱관 전투 이후 전과(戰果)가 없어도 전쟁 영웅 린뱌오의 명성은 여전했다. 나타나기만 하면 여학생이 떼로 몰려왔다.

전쟁이 끝나자 마오쩌둥이 린뱌오를 불렀다. 장제스도 애장 두위

충칭에서 중공 원로 둥비우(董必武. 오른쪽 첫째),
저우언라이(오른쪽 둘째)와 함께 국민당 요원과
환담하는 린뱌오(오른쪽 셋째).
왼쪽 둘째는 훗날 신중국 초대 외교부 정보국장 궁펑(龔澎).

밍을 호출했다. 동북에 화약 냄새가 진동할 징조였다.

장제스 "린뱌오 끝까지 추적해라"

중·일전쟁 시절(1937~45), 중공은 타이항산(太行山) 자락에 북방국과 팔로군 사령부 간판을 내걸었다. 거리는 중앙 근거지 옌안에서 약 800km였다. 중간에 천험(天險)의 황하와 황토 고원지대는 물론 일본군 점령 지역이 허다했다. 한 번 가려면 한 달도 부족했다. 일본이 백기를 들자 팔로군 참모장 예젠잉(葉劍英)이 옌안에 상주하던 미군 측에 항공기 대여를 요청했다. 당시 옌안에는 일주일에 한 번씩 시안(西安)을 오가는 C-46 미군 수송기가 있었다.

마오쩌둥은 착륙지점을 고심했다. 몇 차례 변덕을 거쳐 산시(山西)성 리청(黎城)의 장닝춘(長寧村)을 선택했다. 보안을 위해 이륙 전날 심야에 탑승 인원을 미군 측에 알려줬다. 군사위원회비서장 양상쿤(楊尙昆)과 예젠잉을 비행장에 파견해 안전 검사도 철저히 했다. 8월 25일 새벽, 낙하산 착용에 무기까지 휴대한 린뱌오, 류보청(劉伯承), 덩샤오핑, 천이(陳毅), 사오징광(蕭勁光), 천겅(陳賡), 쑹스룬(宋時輪), 덩화(鄧華), 양더즈(楊得志), 황화(黃華) 등 중공 군·정 요원 21명이 공항에 도착했다. 남편과 함께 전송 나온 양상쿤의 부인이 기념 촬영을 제의하자 천이가 수다를 떨었다.

"낙하산을 멘 모습들이 가관이다. 비행기가 추락하면 우리 추도식에 사용해라."

훗날의 '신중국 개국 원수' 3명과 10여 명의 장군, 정계 요인이 탑승한 비행기 안은 떠들썩했다. 린뱌오만은 예외였다. 목적지 착륙까지 4시간 동안 말 한마디 없이 창밖만 응시했다. 천이가 덩샤오핑에게 린뱌오를 손짓하며 낄낄거렸다.

"저 머릿속에 뭐가 들어 있는지 궁금하다. 알다가도 모를 사람이다."

충칭에 있던 장제스는 옌안에서 출발한 미군 수송기의 목적지와 탑승자에 관심이 많았다. 하루에 몇 번씩 전화통을 들었다. "류보청과 덩샤오핑은 리청에 남고, 천이는 화중(華中) 지역으로 갔다. 린뱌오의 행방은 알 수 없다"는 보고에 짜증을 냈다.

"린뱌오를 끝까지 추적해라."

1개월이 훨씬 지나서야 군통국장 다이리(戴笠)가 지도를 펼쳐놓고 린뱌오의 행적을 상세히 보고했다.

"산둥(山東)을 전전하다 동북으로 간 것이 확실하다."

장제스는 긴 숨 내뱉으며 탄식했다.

"동북에 조용할 날이 없겠다. 무슨 일이 벌어질지 아무도 장담 못한다. '윈난경비사령관' 두위밍에게 충칭에 오라는 전문을 보내라."

중·일전쟁이 끝나자 막강한 군사력을 자랑하던 윈난(雲南)성 주석 룽윈(龍雲)은 중공 못지않은 장제스의 애물단지였다. 장제스의 지시를 받은 두위밍은 50분간의 전투로 윈난군의 무장을 해제했다. 10월 15일, 충칭에 도착한 두위밍은 장제스에게 룽윈을 처리한 과정을 설명하며 흥분을 가누지 못했다. 장제스의 반응은 의외였다.

"너는 국가에 공을 세웠다. 노고를 마다치 않고 원망 사는 것도 두려워하지 않았다. 대신, 룽윈에겐 죄를 짓고 국가를 혼란스럽게 했다. 민심이 중요하다. 너를 사령관직에서 해임한다."

태평양전쟁 기간, 버마 파견군 시절의 두위밍(오른쪽 첫째).
왼쪽 첫째는 윈난성 주석 룽윈.

두위밍은 무슨 말인지 알아들었다.

"국가에 이익이 된다면 개인의 명예나 지위는 중요하지 않습니다."

이튿날 최고 권력기관 중앙군사위원회가 성명을 발표했다.

"두위밍은 윈난에서 월권행위를 했다. '윈난경비사령관'직을 해임하고 후임에 관린정(關隣徵)을 임명한다."

린뱌오, 선배 두위밍과의 일전 작심

10월 18일, 두위밍은 윈난에서 이임식을 마치고 충칭으로 돌아왔다. 당일 오후, 장제스가 두위밍에게 '동북보안사령관' 임명장을 줬다.

"소련과 접촉해서 동북의 영토주권부터 접수해라."

동북에 도착한 두위밍은 10일간 소련군과 연락을 주고받았다. 장제스에게 전문을 보냈다.

"소련군은 철수 준비를 완료했다. 잉커우(쌀口)항은 이미 '동북자치군'이 접수했다. 동북 접수는 무력이 아니면 불가능하다. 미국의 중재로 중공 비적들과 평화협정을 체결하고 군대를 동북으로 이동시키는 것이 바람직하다."

국·공 충돌이 전국으로 확대되자 미국이 마셜을 특사로 파견했다. 첫 번째 중재에 양측은 동의했다. 1946년 1월 13일 24시를 기해 동북을 제외한 지역의 정전에 합의했다. 중공 중앙은 관내의 정전과 동시에 '동북인민자치군'을 '동북민주연군'으로 개칭했다. 사령관에 린뱌오를 임명했다. 린뱌오는 화가 치밀었다. 당 중앙에 의문을 제기했다.

"우리 군대가 지역과 도시에 진주할 권한이 있는지 궁금하다. 우리에겐 후방이 없다. 재정권과 후방 지원, 군중 동원이 제한된 군대는 비적만도 못하다. '동북국'과 '동북민주연군'의 전권을 한 사람에게 위임하기 바란다."

답전이 없자 구들짱(炕)에 앉아 부관에게 마오쩌둥에게 보낼 전문을 구술했다.

"미국과 국민당은 한통속이다. 정전을 이용해 관내의 정예를 동북으로 이동하려는 장제스의 음모다. 동북 문제를 해결한 후 남북에서 공격해 우리를 소멸시킬 계획이다. 정전 기간, 동북의 토비(土匪)를 토벌해 창고를 채우고 한간과 악질 지주를 단죄한 후 우리 병력 주둔지에 인민위원을 주민들이 직접 선출토록 하겠다. 주석의 명석한 두뇌가 보다 활발해지길 간구한다."

산책에서 돌아온 린뱌오가 부관을 불렀다. 구술한 전문의 마지막 구절에 대한 소감을 물었다. 고치는 것이 좋다고 하자 동감했다. 전문을 회수하라고 지시했다. 이미 보낸 후였다. 불경(不敬)을 속죄할 방법은 단 하나, 전쟁 승리 외에는 없었다. 황푸군관학교 생도 시절, 어찌나 무섭던지 보기만 해도 다리가 후들거리던 선배 두위밍과의 일전을 작심했다.

동북 패권 쟁취

"지휘관이 누구냐에 따라 약자가 강자로 변하는 것이
강자가 약자로 바뀌는 것보다 수월하다."

먼저 오면 군림하고 후에 오면 신하된다

일본 패망 3주 후 1945년 9월 14일 오후, 홍색 수도 옌안의 둥관(東
關) 비행장 상공에 소련 군용기 한 대가 나타났다. 착륙 후, '중공 지
둥군구(冀東軍區)' 사령관이 소련군 장교와 함께 모습을 드러냈다.

"선양에서 왔다. 당 중앙과 군사위원회에 보고할 일이 있다."

마오쩌둥은 충칭에서 장제스와 평화회담 중이었다. 마오 대신 동
북사정 보고와 소련군 장교의 의견을 들은 부주석 류샤오치(劉少
奇)가 정치국회의를 열었다. 동북공작과 소련군과의 합작을 위해
정치국원 두 명을 동북에 파견하기로 합의했다.

1988년 11월, 전 '전인대 위원장' 펑전(彭眞)이 43년 전을 회고했다.

"당 중앙은 소련군 철수 후 동북의 군·정을 이끌 동북국 설립을
결정했다. 나와 천윈(陳雲), 우슈취안(吳修權) 등 5명을 동북국 위원
으로 선정했다. 9월 15일 오전 소련 군용기를 타고 선양으로 갔다."

군인은 계급이 중요했다. 졸병은 졸병을 상대하고, 장군은 장군
을 상대하기 마련이다. 중공 직할 팔로군과 신사군은 특이한 군대
였다. 직급은 있어도 계급은 없었다. 동북에 주둔중인 소련군 장군

들을 만나려면 걸맞은 계급이 필요했다. 계급장은 물론 멀쩡한 군복도 없다 보니 마오쩌둥 명의로 중국어와 러시아어로 작성한 계급 임명장을 들고 갔다. 펑전과 천원은 중장, 우슈취안은 소장, 나머지는 대교(우리의 대령급)였다. 임시 계급이었지만 자격은 넘치는 사람들이었다.

중도에 비행기 사고로 3일 만에 선양에 도착한 펑전 일행은 전 동북왕 장쭤린(張作霖)의 관저에 '중공 중앙 동북국'을 차렸다. 관내에서 꾸역꾸역 몰려오는 팔로군과 신사군을 소도시와 촌락, 산간지역으로 분산시켰다. 10월 26일, 선양에서 열린 동북국 간부회의에서 펑전이 기염을 토했다.

"우리가 먼저 동북에 왔다. 장제스 군은 아직 동북 문전에도 못 왔다. '선도위군, 후도위신'(先到爲君, 后到爲臣), 먼저 오는 사람이 군림하고, 후에 오는 사람은 신하가 되는 것이 만고의 철칙이다. 우리는 이미 40여 지역을 접수했다. 전 동북을 쟁취하는 것이 우리의 임무다. 11월 15일 소련군이 철수를 시작한다. 늦어도 12월 2일이면 완전히 동북을 떠난다. 현재 선양, 하얼빈, 창춘, 3개 대도시는 소련군 수중에 있다. 11월과 12월, 2개월간 장제스 부대의 상륙을 저지하면 동북 독점이 가능하다."

10월 20일, 마오가 산둥에 있는 린뱌오에게 전문을 보냈다.

"사오징광(蕭勁光)과 함께 선양으로 가라. 빠르면 빠를수록 좋다. 린뱌오는 부인 예췬(葉群)과 함께 당나귀가 끄는 작은 마차를 타고 장도에 올랐다. 동북국도 마오가 보낸 전문을 접수했다. 전력을 다해 동북의 패권을 쟁취한 후, 동북의 대문을 닫아버려라. 안둥(安東)과 잉커우(營口)항의 수비를 견고히 하고, 산하이관(山海關)과 진저우(錦州)에 정예를 배치해 국민당 군의 선양 진출을 막아라. 불가능하면 충돌을 피하는 대신 화북과 동북의 자치를 승인하라고 장제스를 압박할 생각이다."

10월 25일 새벽 산하이관에 도착한 린뱌오는 정신이 없었다. 미국 담배 냄새와 라이터, 전등, 전화기 소리에 머리가 지끈거렸다. 경비사령관이 건넨 말보로 한 개비를 코에 살짝 대보곤 집어 던졌다. 3일 후 동북국이 보낸 열차를 타고 진저우로 갔다. 마중 나온 황푸군관학교 동기생의 안내로 3일간 주변 지형을 살폈다. 린뱌오가 동북으로 갔다는 소문이 퍼지기 시작했다.

총사령관 린뱌오, 사사건건 펑전과 충돌

린뱌오의 부임을 앞두고 펑전과 천윈이 소련군과 교섭했다.

"소련공산당과 중국공산단은 형제정당이다. 선양, 창춘, 하얼빈에 중공 동북민주연군(자치군)의 주둔을 허락하기 바란다."

소련군은 거절했다.

"자치군은 뭐고, 민주연군은 또 뭐냐. 민주타령 즐기는 사람치고 민주적인 인간 본 적이 없다. 중국의 합법적인 정부는 국민정부다. 우리가 철수하고 정부군이 주둔하기 전에 선양을 떠나라. 거부하면 탱크로 밀어버리겠다."

29일 밤, 소련군은 린뱌오가 탄 열차의 선양역 진입도 제지했다. '전쟁이 유일한 취미'라는 것이 이유였다. 교외의 작은 역에서 터덜 거리는 승용차로 동북국에 도착한 린뱌오를 천원과 우슈취안이 정 중히 맞이했다.

10월 29일, 린뱌오가 선양에 나타났다. 훗날 무전병이 구술을 남 겼다.

"차에서 내린 린뱌오의 몰골은 가관이었다. 머리끝에서 발끝까지 먼지투성이였다. 휘청거리며 동북국 문턱을 넘었다. 바닥에 쓰러져 코를 골았다."

동북민주연군은 동북국 산하였다. 서기 펑전과 부서기 천원은 중 앙당 정치국원이었다. 린뱌오는 중앙위원에 불과했다. 동북국 위원 도 아니었다. 린뱌오는 평소 펑전을 우습게 봤다.

"전쟁이 뭔지 모른다. 큰소리만 치는 훈수꾼이다."

천원에게도 후한 점수를 주지 않았다.

"상하이에 널려 있던 노동운동가 출신이다. 주판알 튕기는 집사 가 딱이다."

총사령관 린뱌오는 첩첩산중, 사사건건 펑전과 충돌했다. 동북인 들은 국민정부를 중국의 합법 정부로 인정했다. 팔로군과 신사군 으로 구성된 동북민주연군을 비적 취급했다. 총사령관 자격으로 동 북국 회의에 참석한 린뱌오가 단안을 내렸다.

"사령부와 동북국을 하얼빈으로 이전한다."

린뱌오의 전쟁이 시작됐다. 첫 상대는 그 유명한 두위밍이었다.

미군 장비로 무장한 두위밍 군대

1959년 10월 말, 신중국 성립 10주년 기념식을 마친 마오쩌둥이 총리 저우언라이에게 지시했다.

"수감 중인 전범 일부를 석방하자."

1차 특사 대상 명단 33명을 작성한 저우가 국방부장 린뱌오에게 의견을 구했다. 평소 서류 보기 귀찮아하던 린뱌오도 이날은 달랐다. 명단을 살핀 후 입을 열었다.

"오랜만에 귀에 익숙하고 눈에 아른거리던 이름을 대하니 반갑다. 33명 중 30명 대부분이 황푸군관학교 시절 총리의 학생이거나 내 선배들이다."

13년 전 동북에서 자웅을 겨뤘던 두위밍을 찍어서 거론했다.

"이름이 너무 뒤에 있다. 두위밍은 북벌과 항일 전쟁에 공이 컸다. '동북 해방전쟁'(국·공전쟁)의 첫 번째 승리도 두위밍이 병원에 입원 중이라서 가능했다. 사면 대상자 중 가장 비중이 큰 인물이다. 맨 앞에 넣자."

저우도 동의했다.

1949년 1월 천이가 지휘하는 '중공4야전군'에게 포로가 됐던 전 '동북 보안사령관' 두위밍은 10년 만에 감옥 문을 나왔다. 출감한 전범 중 가장 극진한 예우를 받았다. 미국에서 귀국한 부인과 베이징 중심가의 옛집에 살며 집필과 여행으로 소일했다. 출옥 이듬해 여름, 제2차 세계대전 시절 아이젠하워, 맥아더와 이름을 나란히 했던 영국 육군 원수 몽고메리가 중국을 방문했다. 저우언라이와 외교부장 천이가 마련한 환영 만찬에 두위밍을 배석시켰다. 몽고메리의 회고록에 두위밍의 이름이 자주 등장했기 때문이다.

두위밍을 만난 몽고메리는 사위의 노벨물리학상 수상을 축하하며 질문을 던졌다.

"장군은 백만 대군을 지휘했다. 그 많던 병력이 어디로 갔는지 궁금하다."

두위밍의 손길이 맞은편에 있는 천이를 향했다.

"모두 저 사람에게 줬다."

천이가 깔깔대며 손사래를 쳤다.

"나는 그런 선물을 받은 적 없다. 우리가 야금야금 삼켰을 뿐이다."

두위밍이 말을 받았다.

"웃자고 한 소리다. 원수의 말에 반은 동의한다. 나머지 반은 국민당군 스스로 자초했다. 동북의 첫 번째 전투에서 국민당 기계화부대의 전차들이 린뱌오 원수의 전략에 무너진 후부터 판세가 이상하게 돌아갔다. 지휘관이 누구냐에 따라 약자가 강자로 변하는 것이 강자가 약자로 바뀌는 것보다 수월하다."

1945년 겨울 동북에 진입한 두위밍의 국민당 군은 보통 군대가 아니었다. 미국이 제공한 온갖 무기를 갖춘, 미군이나 다름없었다. 두위밍이 병력을 분산시키자 린뱌오는 기회라고 판단했다. 1946년 1월 15일 오후 2시 중앙군사위원회에 전문을 보냈다.

"각개격파로 두위밍 군 전부를 소멸시키겠다. 가부와 공격 시점을 신중히 고려해주기 바란다."

개인 의견도 피력했다.

"국민당이 동북문제 담판을 거절하기 전에 공격을 시작하는 것

장제스는 두위밍을 끔찍이 아꼈다.
국방부장을 대동하고
동북 주둔 중인 두위밍 군을 독전하는 장제스.

이 우리에게 유리하다.”

중앙의 답전은 린뱌오를 실망시켰다.

“두위밍 군을 선제공격하면 국내외 여론이 우리를 질책한다. 장제스가 일으킨 내전 책임을 우리가 뒤집어쓴다. 두위밍의 부대가 어디를 진격하건 잠시 내버려 두고 정세를 관망하자.”

린뱌오가 참모장 리쭤펑(李作鵬)에게 심정을 토로했다.

“중앙의 생각이 나와 다르다. 장제스의 성격을 잘 안다. 우리를 완전히 소멸시키지 못하면 죽어서도 눈을 못 감을 사람이다. 장제스가 말하는 평화는 우리를 완전히 소멸시키는 것이다. 작은 승리로 부대의 사기를 올리고, 적의 기염에 타격을 가할 생각이다.”

마오쩌둥의 짧은 전문이 린뱌오를 안심시켰다.

“회담이나 담판을 통해 이룩되는 평화는 없다. 평화는 전장(戰場)의 산물이다.”

1월 17일 새벽, 린뱌오의 운전병이 사고를 쳤다. 전쟁 임박을 감지하자 바람난 과부와 차를 몰고 도망갔다. 린뱌오는 담담했다. “나도 그 나이 때 그랬다”며 말 등에 올랐다. 파구(法庫)현의 슈수이허(秀水河) 일대 산책을 마친 후 리쭤펑에게 지시했다.

“슈수이허에 새로운 전장환경을 창조해라. 토지개혁 요구하는 시위를 선동해라. 민간인이 사는 집 한쪽에 조촐한 전선사령부를 설치해라.”

500가구가 사는 한촌(寒村)의 작은 점포에 딸린 방 두 칸을 군인들에게 빌려준 주인집 부부는 린뱌오가 누군지 몰랐다. 집 사방과 방 앞에 초소가 들어서고, 린뱌오가 나가고 들어올 때 총을 든 사람들이 따라다니자 높은 사람인 줄 알고 기겁했다. 세숫대야, 책상, 물통 등 생활용품을 그냥 쓰라고 빌려줬다.

린뱌오는 온종일 벽에 걸린 군사지도 앞을 떠나지 않았다. 한번 자리에 앉으면 응시하며 미동도 안 했다. 잠도 늦게 자고 일찍 일어났다. 물을 싫어하다 보니 세수는 거의 안 했다. 무전병이 베이징 지하당원이 보낸 암호전문을 들고 왔다. "두위밍이 베이징의원에 입원했다"는 내용이었다. 사실 확인에 시간이 필요했다. 부관을 불렀다. 전쟁을 앞두고 린뱌오가 아니면 누구도 할 수 없는 기상천외한 지시를 했다.

일 관동군 점령 전 동북은 장쉐량 천하

아직도 이런 말을 하는 중국인들이 많다.

"일본 패망 후 장제스는 슝스후이와 두위밍에게 동북 접수를 맡겼다. 두 사람은 동북과 아무 인연이 없었다. 장쉐량에게 맡기지 않은 것은 큰 실책이었다."

장쉐량은 중공과 말이 통했다. 저우언라이는 장쉐량 얘기만 나오면 가슴 치며 눈시울을 붉혔다. 국민정부 감찰원장 위유런은 더했다. 장제스 만나면, 옆에 사람이 있건 말건 연금 중인 장쉐량이 살아 있는지 내 눈으로 확인하겠다며 물고 늘어졌다. 국·공 회담 국민당 대표 장츠중(張治中)은 후난성 성장 시절 연금 중인 장쉐량에게 온갖 호의 베풀며 경의를 표했다.

일본 관동군이 동북을 무력으로 점령하기 전까지 동북은 장쉐량의 천하였다. 부친 장쭤린의 폭사로 20대 중반에 동북의 군·정을 장악한, 동북의 왕이나 다름없었다. 장제스는 시안(西安)에서 자신을 감금하고 국·공 합작으로 일본과 전쟁을 촉구했던 장쉐량을 믿지 않았다. "동북을 해방시킨 소련군이 아들 장징궈와 장쉐량을 내세워 선양(瀋陽)에 정부 수립을 기도한다"는 소문이 퍼지자 그럴듯하다는 생각이 들었다. 특유의 의심증이 발동했다.

소련에서 청년 시절을 보낸 장징궈는 공산당 입당 경력이 있었다. 장쉐량과도 친분이 두터웠다. 중공의 접근을 봉쇄하고 장징궈와의 관계를 단절시킬 방법을 모색했다. 1946년 내전이 격화되자 연금장소를 대만으로 옮겨버린 후에도 마찬가지였다. 대만 시찰 나간 장츠중이 장쉐량의 연금지까지 찾아가 훌쩍거렸다는 보고를 받고 마시던 찻잔을 바닥에 집어 던졌다. 워낙 의심이 많다 보니 부자(父子)간을 이간질하려는 세력이 있다는 것을 간과했기 때문이다.

1949년 10월 신중국 선포 후 중공은 장쉐량을 천 년에 한 번 나올까 말까 한 공신(功臣)으로 추켜올렸다. 장쉐량은 중공과의 내전을 중지하고, 국·공 합작으로 항일을 주장했을 뿐 친공분자는 아니었다. 항일전쟁 승리 후 장제스가 장쉐량을 동북에 보냈으면 중공의 적이 됐을 것이 확실하다고들 하지만 추정일 뿐이다. 장쉐량의 휘하였던 동북군은 일본 패망 후 갈팡질팡했다. 동북자치군 선택은 사령관 린뱌오의 전략 때문이었다.

"우리는 새로 편성한 부대다. 기율이 엉망이고 정치공작이 뭔지도 모른다. 실탄과 의복은 물론 신발조차 성한 것이 없다. 마적 소리를 들어도 어쩔 수 없는 것이 현실이다. 장기전을 펴려면 토비(土匪)부터 섬멸해야 한다. 토비는 오합지졸들이다. 저들의 창고에 있는 물건을 지역민들에게 분배하고 정치교육에 매진해라. 유격대에서 정규군으로 발전할 유일한 방안이다. 두위밍이 지휘하는 적들은 미군 장비로 무장한 최정예라는 자부심이 강하다. 첫 번째 전투에서 승리해야 다음이 수월하다."

매복과 기습의 귀재

린뱌오는 퇴각을 계속했다. 중앙의 압력이 심하자 이유를 설명했다.

"적은 강하고 우리는 약하다. 우리 부대는 사방팔방에서 온 병력이다. 생각이 제각각이다. 휴식과 교육이 절실하다. 아직 본격적인 전쟁을 치르지 않았다. 패잔병의 퇴각이 아니다. 적장 두위밍은 동남아 열대 지역에서 장기간 지원군을 지휘했다. 동북의 한파를 견디기 힘들다. 우리에게 기회가 올 날이 머지않았다."

슈수이허에서 첫 번째 전투를 준비하던 린뱌오가 경호원 두 명을 불렀다.

"이 집 저 집 다니며 중학교 화학 교과서가 있으면 빌려달라고 부탁해라. 반납할 때 돌려 달라며 내 이름으로 차용증을 써줘라."

경호원들은 20여 가구를 돈 끝에 현(縣) 중학교 2학년 학생 류수화(劉樹華)에게 화학 교과서를 빌렸다. 옆에 있던 류수화의 모친이 차용증 들고 밖으로 뛰어나갔다. 온 동네 다니며 수다를 떨었다.

"살다 보니 별꼴 다 보겠다. 처음 보는 군인들이 우리 집에 와서 아들 교과서 빌려 가며 차용증까지 써주고 갔다. 그간 닭 잡아먹고 내빼는 군인만 봤지 이런 군인은 처음 본다."

현 전역에 소문이 퍼졌다.

"우리를 지켜줄 믿을 만한 군인들이 마을에 들어왔다."

린뱌오는 중학 시절 화학 시간을 좋아했다. 화학책을 받고 어린애처럼 즐거워했다. 중요한 곳에 동그라미 치고 메모도 한 줄 남겼다.

"모든 물건은 복합물이다. 화합물은 원래 모습과 다르다. 분해해야 새로운 것이 탄생한다."

1946년 2월 2일 농력(農曆, 음력) 새해 첫날, 참모들과 세찬을 들며 낮은 목소리로 한마디 했다.

"미국 대통령 특사 마셜이 난징과 옌안을 오가며 평화를 노래하는 중이다. 참모들은 내 앞에서 평화를 거론하지 마라. 전쟁해야 평화의 문이 열린다."

경호원에게도 지시했다.

"화학책을 두부 아홉 모와 함께 주인에게 반납해라. 원자(原子)와 분자(分子)편만 봐서 아쉽다."

린뱌오는 매복과 기습의 귀재였다. 3일 만에 두위밍 군을 섬멸했다. 큰 전투는 아니었지만 첫 번째 승리였다. 잡군(雜軍)이나 다름없던 동북자치군의 사기를 충천시키고도 남았다. 1968년 랴오닝(遼寧)성이 린뱌오의 동북 시절 자료와 물건을 수집했다. 류수화는 보물처럼 다루던 화학 교과서 들고 성 정부로 달려갔다.

1971년 9월 린뱌오가 비행기 추락으로 사망했다. 시골 화학교사 류수화는 25년 전을 회상했다. 3일간 두부 아홉 모 먹으며 훌쩍거렸다. 지금도 동북에 가면 이 얘기를 하는 사람이 많다.

국·공 내전의 조종자

"나는 루스벨트와 트루먼도 설득했다.
장제스와 마오쩌둥쯤이야."

중국 문제 해결사 마셜

장제스는 공·맹(공자와 맹자)과 자본주의의 결합체였다. 명예욕
이 강하고 자존심은 더 강했다. 울화통이 터져도 실명을 거론하며
상대방을 비난한 적은 없었다. 매일 밤 일기를 쓸 때도 마찬가지였
다. 군 지휘관이나 고위 관료들의 무능함과 무책임에 불평을 표했
을 뿐 심한 표현은 자제했다. 내전 초기 1년간 중국에 머물며 '국·
공 타협'을 압박했던 미국 대통령의 특사인 마셜만은 예외였다. 말
년에 한풀이하는 일기를 남겼다. 욕설도 서슴지 않았다.

일본 패망 후 미 대통령 트루먼은 중국에 내전이 발발해도 적극
적으로 개입할 생각이 없었다. 중국 덕에 극동에서 소련의 영향력
만 느슨해지면 그만이었다. 대비책도 복잡하지 않았다.

"제한된 범위 내에서 장제스를 지원하되 중공과의 타협을 압박
한다."

장제스와 마오쩌둥의 회담을 성사시킨 특사 헐리는 내전이 발발
하자 사임했다. 후임을 물색하던 트루먼이 국무장관 번스에게 의견
을 물었다. 번스는 스탈린을 만났을 때 들었던 얘기를 거론하며 마

셜을 추천했다.

"중국에 문제가 발생했을 경우, 마셜이라면 해결이 가능하다는 말을 스탈린에게 들은 적이 있다. 마셜은 몇 안 되는 정치가이며 군인이다."

트루먼도 동의했다.

육군 참모총장을 사직한 마셜은 버지니아의 옛집으로 돌아온 지 이틀 만에 트루먼의 전화를 받고 워싱턴으로 갔다. 트루먼과 국무장관 번스의 중국 특사 제안에 두 가지 질문을 했다.

"장제스가 양보하지 않으면 장제스를 포기할 생각인지 알고 싶다."

트루먼이 답했다.

"장제스의 지지를 포기하면 내전은 필연적이다. 중공이 중국의 반을 장악하고, 소련이 동북을 관할하면 미국의 태평양전쟁 참전은 아무 의미가 없다."

두 번째 질문은 번스에게 했다.

"중공이 양보를 거부하면?"

번스가 단언했다.

"전력으로 장제스를 지지하는 것이 미국의 이익과 부합된다."

제1차 세계대전 이후 마셜은 3년간 톈진에 주둔한 적이 있었다. 당시 중국은 엉망이었다. 요리 외에는 쓸 만한 것이 없는 야만적이고, 지저분하고, 비위생적이고, 야비하고, 뇌물을 좋아하고, 여자 속옷처럼 사연이 많고 복잡한 사람들로 우글거리는 국가라는 생각이 머리에 박혀버렸다. 중국인이라면 우습게 보는 경향이 있었다.

마오의 언변에 넘어간 마셜

마셜의 중국 파견이 결정되자 군통(국민당 군사위원회 조사통계국) 국장 다이리가 장제스에게 보고했다.

"마셜은 제2차 세계대전 기간에 중요 군사전략의 결정자 중 한 사람이었다. 전투를 지휘한 적은 없어도 영향력은 맥아더와 아이젠하워를 능가했다. 군사력으로 중공의 군대를 소멸시키는 것은 불가능하다고 판단할 가능성이 크다. 연합정부 수립과 헌정(憲政)을 통해 군대의 국가화를 강요할 것에 대비해야 한다."

마오쩌둥의 속내도 주지시켰다.

"마오는 국민당의 군대가 중국의 국군이라는 것을 부인한 적이 없지만 정권은 총구에서 나온다는 것을 확신하는 사람이다. 8년간 항일전쟁 치르며 비축된 무장 역량을 썩힐 이유가 없다."

권고도 잊지 않았다.

"만날 때마다 악수를 하시길 간곡히 권합니다."

장제스는 다이리의 충정 어린 조언에 고개를 끄덕였다. 일본 투항 후 장제스의 위상은 어마어마했다. 중국은 물론 아세아 전역에서 100년 이래 최고의 영수임을 누구도 부인하지 않았다. 평소 여자 외에는 악수하기를 싫어한 탓도 있지만 마주하면 오금이 저려서 감히 청하는 사람이 없었다. 군 지휘관이나 각료 중에 장제스와 악수한 사람이 거의 없다는 것이 정설이다.

1945년 12월 20일 원수 복장으로 상하이에 도착한 마셜은 수도

난징으로 직행했다. 이튿날 장제스와 악수를 하고 충칭으로 날아갔
다. 충칭에는 중공 연락사무소를 겸한 '중공 남방국'이 있었다. 남
방국을 이끌던 저우언라이, 둥비우(董必武), 예젠잉(葉劍英)과 밥을
먹고 차를 마시며 극찬을 아끼지 않았다. 이어서 사회 각계의 인사
들과도 부지런히 만났다. 국·공 양당의 모순이 역사적 원인과 상호
불신임 때문이라는 결론을 내리기까지 오랜 시간이 걸리지 않았다.
전 주중대사 스튜어드에게 편지를 보냈다.

"장제스와 마오쩌둥을 설득할 수 있다는 자신감이 오판이 아니
기를 기도해주기 바란다."

난징으로 돌아온 마셜은 장제스에게 정전을 요구했다. 거부하면
경제지원과 군사지원을 중지하겠다며 압박 수위를 높였다. 장제스
는 병력을 수습해 린뱌오에게 맹공을 퍼붓던 두위밍에게 공격 중지
를 명령했다.

마셜은 중공 근거지 옌안도 방문했다. 평화를 갈구하는 마오쩌둥
의 언변에 홀딱 넘어갔다. 정전에 동의한다는 마오의 확답에 속이
뻥 뚫린 기분이었다. 마오의 부인 장칭(江靑)도 장시간의 셰익스피
어 희곡 얘기로 마셜을 홀렸다.

마셜은 장제스와 마오쩌둥을 설득할 자신에 부풀었다. 착각도 이
런 착각이 없었다.

스틸웰, 장제스 '땅콩'이라며 무시

마오쩌둥은 장제스, 루스벨트, 트루먼보다 스탈린을 더 꼴 보기
싫어했다. 장제스도 마찬가지였다. 내심 마오나 스탈린보다 루스벨

1945년 12월 20일 중국에 온 마셜은
1년간 장제스와 마오쩌둥을 설득했지만 실패했다.
1946년 2월 25일 국민당 대표 장츠중(오른쪽),
중공 대표 저우언라이(왼쪽)와 회동해
난감한 표정 짓는 마셜.

버마 전선을 방문한 '중국전구' 총사령관 장제스와
쑹메이링을 영접하는 참모장 스틸웰.

트와 트루먼에게 불만이 더 많았다.

1941년 12월 7일, 일본 연합함대가 하와이 진주만을 불바다로 만들었다. 태평양전쟁의 막이 올랐다. 루스벨트는 4년간 일본과 고전(苦戰) 중이던 중국 군사위원회 위원장 장제스에게 기대가 컸다. 12월 31일 장제스에게 전문을 보냈다.

"중국, 태국, 인도차이나, 버마 경내의 일본군과 작전을 펴기 위해 '중국전구'(中國戰區)와 '연합군 참모부'를 조직하자. 영국, 호주, 뉴질랜드, 네덜란드도 동의했다."

다음 날, 1942년 1월 1일 워싱턴에서 열린 26개국 연합선언 서명식에서 '중국전구' 성립을 발표하며 최고 사령관에 장제스를 추대했다.

장제스는 미국과의 연락을 강화할 필요가 있었다. 루스벨트에게 '중국전구, 참모장 겸 미국 대통령 대표'를 파견해 달라고 요청했다. 루스벨트가 육군장관 마셜에게 난제를 맡겼다.

"미국의 국가 이익과 미·중 양측의 조화를 원만히 수행할 사람을 물색해라."

마셜이 스틸웰을 추천하자 난색을 보였다. 이유가 명확했다.

"모순덩어리다."

마셜도 굽히지 않았다. 장황히 스틸웰을 두둔했다.

"맞는 말이다. 중국이라는 나라는 복잡하고 모순덩어리다. 스틸웰은 장군 같지 않은 장군이다. 사병과 같은 밥 먹고 하사관 복장이 어울리지만 미 육군에서 가장 잠재력을 갖춘 군단장이다.

장교 생활도 베이징에서 처음 시작했다. 내가 톈진에서 대대장할 때 부대대장으로 함께 근무했다. 중국어에 능통하고 중국인 일이라면 발 벗고 나섰다. 윤락가에서 중국인과 미군 사이에 여자 놓고 분쟁이 일어나면 '우리 중국인이 뭐를 잘못 했느냐'며 중국인 편에만 섰다. 오해 사기에 충분했다.

극비 문서에 접근 금지한 적이 있었다. 내 실수라는 생각이 들기까지 오래 걸리지 않았다. 관찰 결과 행동만 중국인 같았지 골수 미국인이었다. 사소한 일이나 그랬지 국익에 관계되는 일은 추호의 양보도 없었다. 장제스나 마오쩌둥 같은 복잡한 모순덩어리들 상대하려면 합리적인 사람은 곤란하다. 스틸웰 정도는 돼야 장제스를 다룰 수 있다."

쑹메이링도 거론했다.

"메이링은 반쪽만 중국인이다. 나머지 반은 미국인이다. 장제스와 스틸웰 사이에 모순이 발생하면 원만한 처리를 기대해도 된다."

'중국전구' 참모장 스틸웰은 총사령관 장제스를 '땅콩'이라 부르며 무시했다. 장제스도 스틸웰이 옆에 있는 것을 싫어했다. 인도 주둔군 사령관에 임명했다. 스틸웰도 만만치 않았다. 명함에 중국전구 참모장이라는 직함을 넣지 않았다. '미 육군 중장 스틸웰'이 다였다. 중국을 좋아했지 중국인은 혐오했다. 민족의 존엄을 입에 달고 다니던 장제스와 사사건건 충돌했다. 쑹메이링이 겨우 완화시키면 풀어졌다가 며칠 지나면 또 씩씩거리기를 반복했다.

장제스가 루스벨트에게 참모장 교체를 요구했다. 신임 참모장 웨

1946년 4월, 마셜과 회담하기 위해 베이징에 도착한 저우언라이.

드마이어는 큰 충돌 없이 있는 둥 마는 둥 하다 중국을 떠났다. 태평양전쟁 막바지라 할 일도 스틸웰만큼 복잡하지 않았다. 스틸웰이 눈앞에서 없어지자 장제스는 시원섭섭했다.

1945년 초 버마와 윈난(雲南)을 연결하는 도로가 개통되자 애물단지였던 미국인을 잊지 않았다. 명칭을 '스틸웰 도로'로 하라고 지시했다. 스틸웰은 죽는 날까지 장제스를 이해하지 못했다. 이런 말을 자주 했다.

"땅콩은 미국을 극도로 싫어했다. 코카콜라와 무기 외에는 좋아하는 미국 물건이 단 한 가지도 없었다. 각료들은 미국 유학생 출신만 기용해서 의아했다. 곳곳에 박혀 있는 황푸군관학교와 모스크바 유학생 출신이 최측근이라는 것을 알기까지 시간이 걸렸다."

"장제스, 미 코카콜라 · 무기만 좋아해"

1945년 말, 트루먼이 중국 내전의 조종자로 급파한 마셜은 스틸웰과 친분이 두터웠다. 충고를 흘려듣지 않았다. 장제스에게 호감을 느낄 이유가 없었다. 노르망디 상륙작전과 히로시마, 나가사키의 원폭 투하 결정에 주도적 역할을 한, 국제사회에서 초중량급 인물이었다. 자부심과 자신감이 넘쳤다.

"나는 루스벨트와 트루먼도 설득했다. 장제스와 마오쩌둥쯤이야."

1946년, 중국은 마셜의 해였다. 1945년 12월 20일부터 1946년 12월 18일, 중국을 떠나는 날까지 1년간 장제스를 56번 만났다. 1946년 6월에는 8번 만나 주위를 놀라게 했다. 장제스를 만날 때마다 같은 말을 되풀이했다.

"무력으로 중공을 제압하는 것은 불가능하다. 정전을 통해 연합 정부를 출범시키는 미국은 모든 지원을 아끼지 않겠다."

장제스는 담벼락이었다. 엉뚱한 제안을 했다.

"군사적으로 우리가 우세하다. 군사 고문으로 영입하고 싶다. 수락해주기 바란다."

전 중화민국 참모총장의 회고록 한 구절을 소개한다.

"총통이 직접 마셜을 상대한 것은 실책이었다. 마오쩌둥은 옌안에 온 마셜과 밥 한번 먹고 공연 관람했을 뿐 긴 대화를 나누지 않았다."

마셜의 상대로 저우언라이를 대신 내세웠다. 훗날 마셜은 저우의 협상 능력을 높이 평가했다.

"만난 사람 중 가장 버거운 상대였다."

장제스에게는 안면을 찌푸렸다.

"산만한 사람인지 철벽같은 사람인지 분간하기 힘들었다."

국·공전쟁 승리의 초석

"보위에만 힘써라. 희생이 많아도 어쩔 수 없다.
열사가 많을수록 인민은 우리를 지지한다."

중국 현대사의 신기루

1945년 말, 트루먼이 중국의 국·공 내전 참여를 결정했다. 미 의회가 발칵 뒤집혔다. 반대 의견이 줄을 이었다.

"정부(국민당)군과 공산당(중공)군의 무장 충돌은 예견했던 일이다. 작전 지역에 미군 수송기가 국민당 군을 이동시키는 것은 무리한 내정 간섭이다. 정부 기관과 의회에 다량의 서신이 산더미처럼 쌓였다. 내용이 비슷했다."

"태평양 전쟁이 끝났다. 아직도 중국에 미군이 남아 있는 이유를 이해할 수 없다."

상원의원 맨스필드가 성명을 냈다.

"미·중 관계의 결정적인 순간에 봉착했다. 양국 국민이 다져온 전통적인 우의가 대대손손 유지될 수 있다면 후세의 미국인들은 현정권에 감사를 표할 것이다. 상반된 정책을 취할 경우 우리를 저주할 것이라고 확신한다."

트루먼의 특사 마셜의 생각도 별 차이가 없었다. 장제스에게 정전과 새로운 정치체제 출범을 압박했다. 직접 작성한 '중화민국 임

1946년 11월, 이화원(頤和園)에 소풍 나온 군조부의 국민당과
중공 측 요원들. 뒷줄 왼쪽 둘째가 쑹스룬.
넷째와 다섯째가 뤄루이칭과 중공 원수 허룽(賀龍).
오른쪽 첫째는 당시 마오의 비서 장징우.
셋째가 예젠잉. 앞줄은 국민당 측 요원들.

시정부헌법 초안'을 장제스에게 전달했다. 장제스는 영어를 몰랐다. 부인 쑹메이링이 한 자 한 자 중국어로 옮겨줬다. 한 대목에 눈이 가자 가슴이 철렁했다.

"국무위원의 동의가 없으면 정부는 각 현(縣)이나 행정구역의 업무에 영향을 줄 공문을 발포(發布)할 수 없다."

듣기를 마친 장제스가 벌떡 일어났다. 끝까지 들어보라는 쑹메이링의 손길 뿌리치며 목청을 높였다.

"마셜인지 뭔지 꼭 저럴 줄 알았다. 객경(고관으로 고용된 외국인) 주제에 공산 비적들도 감히 못 하는 제안을 내게 내밀었다. 한때 중국에서 몇 년 굴러먹었다고 중국 사정 다 안다며 나대는 코쟁이들과 다를 바 없다. '군조부'(軍調部)도 필요 없다. 당장 없애버리겠다."

쑹메이링은 장제스와 결혼 후 별꼴을 다 겪었다. 웬만한 일에는 끄떡도 안 했다. 그날만은 예외였다. '군조부' 없애겠다는 말에 기겁했다. 겨우 달랬다. 장제스도 수긍했다. 한숨 내쉬며 하늘만 바라봤다. 그날 밤 일기가 유난히 짧았다.

"오늘따라 고향의 가을 하늘이 그립다."

군사조처집행부(軍事調處集行部), 간칭 군조부는 묘한 기구였다. 1946년 1월 10일 정전협정과 동시에 마셜의 제의로 국·공 양당의 무력충돌 정지와 일본군이 파괴한 철도 회복, 정전 감시를 위해 설립한 중국 현대사의 신기루였다. 군조부의 최종 결정 기구는 미 대통령 특사 마셜과 국민당 대표 장췬(張群), 중공 대표 저우언라이가 이끈 '3인조'였다. 초기 관원은 미국 측 125명, 국민당과 중공 방면 각 170명으로 단출했다. 크고 작은 충돌이 전국으로 번지자 인원이 부족했다. 순식간에 9,000명을 웃돌았다.

미국 측 공작 인원이 6,000명으로 가장 많았다. 국민당 측은 2,600명 정도였다. 중공 측은 600명, 숫자만 적었을 뿐 다들 일당백(一當百)이었다. 훗날 전인대 상무위원장을 역임한 원수 예젠잉을 필두로 중공 정보총책 리커눙(李克農), 공안부장 뤄루이칭(羅瑞卿), 초대 티베트 제1서기 장징우(張經武), 1950년 겨울 장진호(長津湖)에서 미 최강의 해병 1사단을 골탕 먹인 쑹스룬(宋時輪), 부총리와 국방부장을 겸한 겅뱌오(耿飇), 외교부장 황화가 참여했다.

국민당 측도 중국 최대 규모의 정보기관 '중앙군사위원회 조사통계국'(군통) 국장 정제민(鄭介民) 휘하의 특무요원들을 대거 투입했다. 미국 측 실무 책임자는 정체를 알 수 없는 민간인이었다.

군조부는 조직이 복잡하고 인원이 많았다. 지금의 베이징반점과 주변 숙박업소는 물론 록펠러재단이 설립한 협화의원(協和醫院)을 사용해도 부족할 정도였다. 미국 측은 누가 국민당이고 중공 측인지 구분이 힘들었다. 각 당이 같은 복장 착용하라고 신신당부했다. 비서장 리커눙은 어디 있는지 나타나지를 않았다. 8년 후 제네바회담에 중국 대표단 일원으로 참석한 리커눙을 보고 깜짝 놀랐다. 군조부 구내식당에서 중공대표단 식기세척 전담하던 사람과 생김새가 똑같았다.

장제스는 마셜을 만나기 싫어했다. 이름만 들어도 깎아내렸다.

"평화 타령이 입에 뱄다. 마오쩌둥은 여우다. 중국의 평화를 핑계로 자신의 주가 올리기에 분주한 사람에게 평화의 사절이라며 아양을 떨었다."

1946년 7월 장제스는 면담 요청받자 루산(廬山)으로 몸을 피했다. 마셜은 부인과 함께 뤼산을 찾았다. 장은 마셜이 깊은 얘기 꺼내면 화제를 돌렸다. 여덟 번 루산에 가도 장은 변하지 않았다.

마셜은 중국을 떠나기로 작정했다. 주중대사에게 푸념했다.

"중국은 너무 산만하다. 감당할 자신이 없다. 화약 냄새가 진동한다. 고향의 맑은 공기를 마시고 싶다."

트루먼에게 사직을 청했다. 마셜은 고향에 돌아가지 못했다. 특사 사직과 동시에 국무장관 임명장을 받았다.

마셜이 중국을 떠나자 국조부도 흔적 없이 사라졌다. 국·공 내전이 본격화됐다.

제4야전군의 3거두

1993년 여름, 중국에 이런 소문이 난무했다.

"미국에서 구입한 국가주석 장쩌민(江澤民)의 전용기에 총리 리펑(李鵬)이 설치한 도청장치 200여 개가 발견됐다."

중국 외교부는 침묵으로 일관했다. 11월 초, 미국을 방문한 장쩌민은 선물 보따리를 한아름 안고 귀국했다. 대륙 소식 보도로 유명세를 탄 홍콩 월간지의 기사가 주목을 끌었다.

"장쩌민의 미국 방문을 앞둔 중국 지도부는 실리를 추구했다. 예견했던 미국의 도청기 설치를 리펑이 뒤집어쓰기로 합의했다."

말미에 30년 전 세상 떠난 전설적인 인물을 거론했다.

"리커눙의 결정을 보는 듯하다."

역사가 된 리커눙을 끄집어내자 호사가들은 입이 근질근질했다.

항일전쟁 시절 다이리(왼쪽)는 미군과 함께 설립한
정보기관 '중·미합작소'의 대표였다.
오른쪽은 부대표였던 미 해군 대령.

다이리(戴笠)도 내버려두지 않았다.

"리커눙의 상대였던 군통(국민당 군사위원회 조사통계국) 국장 다이리는 1946년 3월 24일 비행기 추락으로 세상을 떠났다. 살아 있었더라면 장제스 대륙에서 절대 패하지 않았다."

대만 참모총장과 행정원장을 역임한 하오보춘(郝柏村)도 동의했다.

"다이리의 조난은 반공 전쟁에 중대한 영향을 끼쳤다. 공산당에 침투해 잠복 활동하던 군통 요원들은 다이와 단선 관계였다. 다이가 죽자 허공에 뜬 신세가 돼버렸다. 중공에 헌신하는 것 외에는 선택의 여지가 없었다. 다이는 특무공작의 천재였다. 대신할 사람이 없었다. 국민당이 대륙에서 실패한 가장 큰 원인은 다이의 사망이었다. 절대 과장이 아니다. 린뱌오가 지휘하는 동북민주연군(東北民主聯軍) 내에도 군통특무들이 잠복해 있었다. 다이 사망 전까지는 동북에서 국군이 우세했다.

마셜은 총통을 압박만 했지 설득시키지는 못했다. 1946년 6월 6일 마셜이 요구한 두 번째 종전 요구를 어쩔 수 없이 수락한 후 총통은 지하에 있는 다이가 그리웠다. 부인과 함께 유해가 안치된 영곡사(靈谷寺)에 갔다. 직접 제(祭) 올리며 영혼을 달랬다. 나는 총통이 그날처럼 애통해하는 모습을 본 적이 없다."

동북민주연군에는 사령관 린뱌오와 정치위원 뤄룽환(羅榮桓), 두 명의 지휘관이 있었다. 참모장은 애초부터 없었다. 첫 번째 전투에서 동북보안사령관 두위밍이 지휘하는 국민당 군을 격파하기까지는 두위밍이 입원 중이라는 리커눙의 정보가 결정적이었다. 뤄룽환도 환자였다. 린뱌오는 정치위원 동의 없이 전투를 결정했다. 당시 뤄룽환은 평양의 소련군 병원에 입원 중이었다. 회고록 일부를 소개한다.

"김일성 부부가 수시로 병문안을 왔다. 슈수이허(秀水河)에서 승리했다는 소식도 김일성이 선물한 라디오를 듣고 알았다. 김일성의 부인은 세심한 여자였다. 내가 후난(湖南) 출신이라는 것 알고 배추에 고춧가루와 온갖 양념 버무려 들고 왔다. 맛이 기가 막혔다. 소련 군의관에게 간암 판정을 받았다. 평양에는 수술 시설이 없었다. 병원장이 모스크바에 갈 것을 권했다. 김일성이 스탈린에게 전문을 보냈다. 크렘린병원에서 치료와 수술을 전담하겠다는 답전이 왔다. 중도에 다롄의 소련군병원(전 만철병원)에서 한동안 보수적인 치료를 받았다."

뤄룽환은 다롄의 소련군 병원에서 훗날 '신중국 공군의 아버지'를 만났다. 하루는 인기척에 눈을 떴다. 소련군 소교(少校, 소령) 복장의 중국인이 침상 옆에 서 있었다. 내려다보며 웃는 모습이 낯설지 않았다. 이름이 생각나지 않아 머뭇거리자 나를 모르다니! 자세히 보라며 군모를 벗었다. 뤄룽환은 흥분했다. 침대에서 벌떡 상체를 일으켰다.

"류야러우(劉亞樓)! 내가 류야러우를 몰라보다니. 네가 러시아

동북민주연군(제4야전군)의 중요 지휘관들.
오른쪽부터 린뱌오, 가오강(高崗), 뤄룽환, 류야러우.
왼쪽 첫째는 문혁 후 인민해방군 총참모장을
역임한 황커청(黃克誠).

빵 많이 먹은 탓에 내가 못 알아봤다."

류야러우는 장정시 홍군 1군단 사단장이었다. 항일전쟁 초기 린뱌오의 권유로 소련으로 갔다. 명문 군사학교 마치고 독·소전에 참전해 공을 세운 인재였다. 소련군 일원으로 동북에 진입했다. 명의 상으로만 소련군 소교였다. 실제 하는 일은 동북민주연군과 소련군 간의 연락장교였다. 동북민주연군에 복귀를 희망하자 뤄룽환도 환영했다.

"당장 당 중앙과 린뱌오 사령관에게 전문을 보내겠다."

리커눙의 근황도 알려줬다.

"지금 베이핑(北平)의 군조부(군사조종부) 집행부에 있다."

류야러우는 소련 군복을 벗었다. 동북민주연군 참모장으로 국·공전쟁에 몸을 던졌다. 훗날 '린·궈·류'로 중국 전쟁사를 수놓을 '제4야전군'의 3거두 중 한 명으로 자리 잡았다.

두위밍도 환자였다. 의사가 신장 수술을 권했다. 장제스는 의심의 벽이 있었다. 개는 믿어도 사람은 믿지 않았다. 무장 병력 거느린 지휘관들에겐 특히 심했다. 두위밍이 린뱌오와의 전쟁을 피한다는 생각이 들자 다이리를 불렀다. 두위밍의 병실에 다이리가 나타났다.

"내일이 수술이라고 들었다. 의사가 고령이다. 수술을 연기해라."

거절당하자 군말 없이 자리를 떴다. 그날 밤 주치의는 낯선 사람들의 방문을 받았다. 두위밍의 증세를 상세히 물었다. 의사는 솔직했다.

"당장 수술하지 않으면 위험하다."

보고를 받은 장제스는 안심했다. 거의 같은 시간 린뱌오는 리커눙이 보낸 암호 전문을 받았다. 전쟁 준비를 서둘렀다.

훗날, 제네바에서 리커눙이 외교부 부부랑 차오관화(喬冠華)에게 이런 말을 했다.

"국·공전쟁(중공에서는 해방전쟁) 시절 국민당 군 지휘관 옆에는 우리 편이 없는 곳이 없었다. 특히 작전 참모는 거의 우리 사람들이었다."

"쓰핑 없으면 동북 없는 것과 같다"

1905년 9월, 일본군이 지린(吉林)성 쓰핑(四平)에 주둔 중인 러시아군에게 맹공을 퍼부었다. 쓰핑을 일본에게 빼앗긴 러시아는 1년 8개월간 지속된 전쟁의 패배를 인정했다. 정전협정문에 서명했다.

40년이 흘렀다. 1946년 3월부터 2년간, 4차에 걸쳐 쓰핑이 국·공 양당의 대규모 전쟁터로 변했다. 쓰핑은 3개의 철로가 교차하는 교통의 요지였다. 1946년 3월 중순, 린뱌오가 지휘하는 동북민주연군이 소련군이 철수한 쓰핑에 깃발을 꽂았다. 마오쩌둥이 린뱌오에게 품위 있고 무지막지한 전문을 보냈다.

"7년 전 이맘때 바르셀로나를 점령한 프랑코가 마드리드에 입성했다. 화려한 꽃들이 자태를 되찾고 스페인 내전도 종지부를 찍었다. 쓰핑은 중국의 마드리드다. 희생자가 수만 명 나더라도 결사 보위해라."

인명 경시는 장제스도 마오와 별 차이 없었다. 쓰핑 얘기만 나오

양더즈(왼쪽 여섯째)는 린뱌오가 탐낼 만했다.
6·25전쟁 정전 후 지원군 사령관을 역임하고,
문혁 시절에도 손끝 하나 다치지 않았다.
인민해방군 총참모장 재직 기간도 신중국 역사상 가장 길었다.

면 목에 핏대를 세웠다.

"우리에게 쓰핑이 없으면 동북도 없는 것과 진배없다."

린뱌오는 달랐다. 쓰핑을 한 그루 나무에 비유했다.

"쓰핑이라는 고목에 나와 부하들 목을 매달고 싶지 않다."

중공 동북국을 통해 마오쩌둥에게 야전 지휘관 증원을 요청했다. 부하로 두면 든든할 사람이 2명 있었다.

"신사군(新四軍) 소속 예페이(葉飛)와 현재 화북(華北)에 있는 양더즈(楊得志)의 부대를 동북으로 보내주기 바란다."

마오의 답전은 린뱌오가 예측한 대로였다.

"증병은 기대하지 마라. 우리가 전쟁을 도발했다는 빌미를 주는 격이다. 현재 국민당은 마셜의 압박으로 정전을 준비 중이다. 상대가 먼저 우리를 공격하게 내버려 두는 것이 현명하다. 보위에만 힘써라. 희생이 많아도 어쩔 수 없다. 열사가 많을수록 인민은 우리를 지지한다."

린뱌오는 복종 외에는 선택의 여지가 없었다.

주력을 이동시킨 린뱌오는 쓰핑 교외 리수진(梨樹鎭)에 도착했다. 배꽃(梨花)이 만발하는 계절이었다. 작은 마을 도처에 배나무 고목이 널려 있었다. 방을 구하라고 지시했다.

"회의가 가능한 넓은 방 있는 집을 찾아봐라. 창문은 있으면 좋고 없어도 상관없다. 사회주의 혁명은 계급혁명이다. 지금은 전시(戰時)다. 계급은 따지지 마라. 부잣집이라야 넓은 방이 있다."

마을 지주 류(劉)씨 집 방 한 칸을 빌렸다. 집주인 류추이핑(劉翠萍)은 화사한 중년의 과부였다. 훗날 구술을 남겼다.

"오전 9시경 군복 차림의 사내가 마당에 나타났다. 눈에 총기가 가득했다. 경호원으로 보이는 청년이 커다란 케이크 상자를 내 하녀에게 전달하자 군인이 입을 열었다. '전쟁 중이라 마땅한 선물 구하기가 힘들었다. 보잘것없는 물건으로 고마움을 표한다.' 나는 흔해 빠진 장교 정도로 여겼다. 고개 끄덕이며 웃음으로 답했다."

공격에 능한 린뱌오, 방어 능력은 부족

방을 둘러본 린뱌오는 만족했다. 문턱에 앉아 여주인과 대화를 나눴다. 전사들이 몰려왔다. 마당 쓸고 이 집 저 집 다니며 물 얻어다 집 안 청소에 분주했다. 여주인 류추이핑은 호기심이 동했다. 조심스럽게 이름을 물었다. "린뱌오라고 한다" 한마디에 여주인의 입이 벌어졌다.

"세상에, 천하의 린뱌오가 내 앞에 있다니."

벌떡 일어나 큰절하고도 감히 일어나지를 못했다. 린뱌오가 황급히 일으켜 세웠지만 고개 숙인 채 미동도 안 했다. 린뱌오가 입을 열었다.

"나만 먼저 왔다. 며칠 후 가족과 애들이 오면 번잡한 일이 많을까 우려된다. 내 집무실은 가까운 곳에 따로 마련했다."

8일 후, 예췬(葉群)이 2살이 채 안 된 딸과 포대에 싸인 아들 안고 리수쩐에 왔다. 집주인 류추이핑의 환대는 친형제 자매보다 더했다. 온종일 같이 놀며 같은 밥을 먹었다.

린뱌오는 공격에 능했다. 방어는 해본 적이 없고, 능력도 부족했

린뱌오의 식습관은 소박했다.
항일전쟁 시절 미군들과 함께한
보기 드문 식사 광경.

다. 1946년 4월 18일부터 5월 18일까지 벌어진 '쓰핑보위전'에서 병력 10만 명을 잃고 퇴각했다. 류추이핑의 구술 한 구절을 소개한다.

"배꽃이 지자 린뱌오도 떠났다. 수채화 같던 짧은 시간은 한 편의 서정시였다."

2년 후 '4차 쓰핑전역(戰役)'에서 린뱌오는 전신(戰神)의 진면목을 발휘했다. 여세를 몰아 동북 전역을 장악했다. 국·공전쟁 승리의 초석이었다.

계급 수여식

"대장들도 원수 자격이 충분한 장군들이다.
원수와 대장은 '개국원수'와 '개국대장'에 한한다."

린뱌오 · 천밍런, 계급 수여식 불참

1955년 9월 27일, 신중국 최초의 군 계급 수여식이 열렸다. 그간 선정 과정이 복잡했다. 30여 년간 전쟁터만 누빈, 사연 많은 사람이 대상이었다. '엄격한 기준' 외에는 대안이 없었다. 역사 용어가 된 '10원수 10대장'(十元帥十大將) 원수 10명과 대장 10명 선정부터 애를 먹었다. 소문을 퍼뜨렸다.

"대장들도 원수 자격이 충분한 장군들이다. 원수와 대장은 '개국 원수'와 '개국대장'에 한한다. 평화 시대에 대장 계급은 합당치 않다. 전쟁이 일어나면 상장(上將) 중 각 분야 지휘관에게 대장 계급장 달아준다."

상장과 대장도 그게 그거라는 소리였다.

'개국상장' 57명은 공통점이 있었다. 중앙홍군에서 시작해 장정, 항일전쟁, 국·공내전, 6·25전쟁 참전(항미원조)을 거친 '병단사령 관'이나 병단급 사령관이 대부분이었다. 우리의 군단 격인 '군'(軍) 의 군장(軍長)들은 소장 혹은 중장 계급을 받았다. 인간 세상이다 보니 예외가 있었다. 원래 개국상장으로 확정된 사람은 55명이었다.

1949년 2월, 동북을 점령한 린뱌오의 '제4야전군'은
화북야전군과 합세, 톈진을 점령하고 베이징에 입성했다.
베이징에서 열린 '제4야전군' 환영 음악회.

마오쩌둥이 2명을 추가했다. 그중 한 명이 천밍런(陳明仁)이었다.

소장 확정자 명단을 보던 마오가 천밍런 세 글자를 발견하자 눈살을 찌푸렸다. 이견을 냈다.

"해방전쟁(국·공전쟁) 시절, 우리에게 린뱌오가 있었던 것처럼 장제스에겐 천밍런이 있었다. 네 차례에 걸친 '쓰핑전역'(四平戰役)에서 린뱌오의 10만 대군도 천밍런이 지휘한 2만 명의 국민당 군을 당해내지 못했다. 1차는 린뱌오, 2차와 3차는 천밍런이 승리했다. 네 번째는 린뱌오가 이겼지만, 적 지휘관은 천밍런이 아니었다. 귀때기 얇은 장제스의 엉뚱한 포상 덕에 국민당 군 8만 명 이끌고 우리 쪽으로 왔다. 내가 제안한 병단사령관 거절하며 군장을 자청했다. 나는 병단사령관과 같은 예우 외에는 보답할 방법이 없었다."

끝으로 단언했다.

"중장도 부족하다. 상장이 마땅하다. 파격이 아니다."

아무도 이의를 제기하지 못했다. 마오가 "지휘력이나 전술이 린뱌오가 천밍런만 못하다"는 말도 했다고 하지만 소문일 뿐, 확인할 방법은 없다. 확실한 것은 있다. 계급 수여식 날 린뱌오는 병 핑계를 댔다. 원수 계급장 받으러 나오지 않았다. 천밍런도 마찬가지였다. 식장 근처에도 가지 않았다. 이유가 평범했다. 그냥 가기 싫었다.

천밍런은 1903년, 개나리꽃이 질 무렵 후난(湖南)성 산골 마을에서 태어났다. 21세 때 광저우(廣州)에 군사학교(육군강무학교)가 문 열었다는 소식 듣고 흥분했다. 광저우에 갔지만 낭패였다. 학생 모집이 끝난 후였다. 중학 성적표 들고 교장 집 문전에서 죽쳤다. 교장 청첸(程潛)은 용모가 준수한 청년이 맘에 들었다. 학교 성적표는 보지도 않았다. 고향이 문제였다. 방법을 일러줬다.

"동향 청년은 뽑지 않겠다고 내 입으로 큰소리쳤다. 고향만 바꿔 적어라."

1924년 9월, 강무학교는 황푸군관학교와 합병했다. 얼떨결에 황푸 1기생이 된 천밍런은 동기 두위밍과 죽이 맞았다. 황푸 생도들은 수업과 전쟁을 병행했다. 천밍런은 겁이 없었다. 전쟁터에서 두각을 나타냈지만 봐주는 사람이 없었다. 목숨 건 도박과 다를 바 없었다. 상관이 "나는 내가 세계에서 가장 죽음을 두려워하지 않는다고 자부했다. 너는 나보다 더하다"며 어깨 두드려주는 것이 고작이었다.

1925년 10월 중순, 천밍런은 황푸군관학교 교장 장제스와 교육장 저우언라이, 두 사람에게 깊은 인상을 남겼다. 계기는 전쟁이었다. 후이저우성(惠州) 공략이 시작되자 평소처럼 깃발 들고 냅다 뛰었다. 아직 죽을 팔자가 아니었는지 총알이 피해 가는 것 같았다. 성루(城樓)에 올라가 혁명군 깃발을 좌우로 흔들었다. 망원경 들고 현장을 지휘하던 장제스가 부관에게 망원경을 넘겼다.

"누군지 확인해라."

참모들이 법석을 떨었다. 저우언라이가 가장 민첩했다.

"교장의 학생 천밍런입니다."

장제스는 천밍런을 중용했다. 천밍런도 북벌전쟁과 항일전쟁에

장제스와 천밍런. 1946년 3월, 난징.

마오쩌둥은 천밍런만 만나면
은근한 미소를 보냈다. 천밍런도 마찬가지였다.

서 장제스를 실망시키지 않았다. 일본 패망 8개월 후 두위밍이 장제스에게 천밍런을 추천했다.

"천밍런이라면 린뱌오와 해볼 만하다."

'71군' 이끌고 동북에 온 천밍런은 '쓰핑전역'에서 린뱌오를 궁지에 몰아넣고 쓰핑을 사수(死守)했다. 병단사령관으로 승진한 천밍런의 명성이 사해(四海)에 자자했다. 두위밍 후임으로 동북에 부임한 천청(陳誠)이 꼴을 못 봤다. 장제스에게 고자질했다.

"천밍런은 미국과 관계가 깊다."

장제스는 미국에 의존하면서도 미국과 가까운 사람을 싫어했다. 천청에게 전문을 보냈다.

"천밍런의 보직을 해임해라."

장제스가 총애한 천청

1950년 3월 14일, 홍콩 침사추이 국제여객선 부두는 평소와 달랐다. 새벽부터 한쪽 손을 주머니에 넣은, 눈매 매서운 청년들이 어슬렁거리며 오가는 사람들을 쏘아봤다. 현장에 있던 『홍콩상보』(香港商報) 기자가 훗날 구술을 남겼다.

"간밤에 이상한 전화를 받았다. 내일 오전 부두에 가보라는 말 남기고 툭 끊어버렸다. 속는 셈 치고 새벽부터 어디 가냐는 집사람의 신경질을 뒤로했다. 부두 주변이 살벌했다. 이상한 행동 했다간 어디서 총알이 날아올지 모를 그런 분위기였다. 흑색 승용차가 도착하자 청년들이 주변을 에워싸고 눈을 부라렸다. 차에서 내리는 50대 중반의 부부 보고 가슴이 철렁했다. 항일전쟁 시절 인도지나 주둔군 사령관과 한때 동북의 군·정을 총괄하던 국민당 2급상장 웨이리황(衛立煌)과 부인 한취안화(韓權華)가 분명했다.

시계를 보니 오전 7시 18분이었다. 두 사람이 배에 오르자 청년들도 흩어졌다. 지휘관 같은 사람이 내게 한쪽 눈 찡긋하며 가볍게 손을 흔들었다. 나는 웨이리황의 최종 목적지가 베이징이라고 직감했다."

일본 패망 후 동북은 두위밍, 천청, 웨이리황이 번갈아가며 통치했다. 두위밍은 건강 문제로 동북을 비우는 날이 많았다. 천청은 장제스의 총애가 두터웠다. 인간 세상이 모두 그런 것처럼 장제스와의 인연도 우연이었다. 황푸군관학교 견습 교관 시절, 외출에서 돌아온 천청은 잠을 이루지 못했다. 달빛에 의지해 국부 쑨원(孫文)의 『삼민주의』(三民主義) 읽다 보니 창밖에 어둠이 걷히기 시작했다. 벌떡 일어나 체조로 몸을 풀었다.

산책 나온 교장 장제스는 다들 자는 시간에 유리창 안에서 어른거리는 청년이 누군지 궁금했다. 문에 손이 갔다. 교장을 본 천청은 기겁했다. 팬티 바람으로 황급히 군례를 했다. 침상에 있는 국부의 저술을 본 장제스는 감동했다. 계속 근면하고 분투하라며 성명을 물었다. 말단 견습 교관의 운명이 희미한 새벽 햇살과 함께 비상하는 순간이었다.

장제스의 천청 총애는 끝이 보이지 않았다. 남들만큼 해도 칭찬

장제스의 명령으로 동북을 뒤로한 두위밍은
화이하이 전역(淮海戰役)에서 대패했다.
부관과 함께 산간 지역 전전하다 포로로 전락했다.

천청과 탄샹의 신혼 시절. 천청은 장인의 3불주의,
책임질 일 하지 않고, 간언(諫言)하지 않고,
죄짓지 말고를 죽는 날까지 준수했다.

이 잇달았다. 웬만한 실책은 눈에 들어오지도 않았다. 이길 만한 곳에 내보내고 패할 것 같으면 보직을 바꿔줬다. 쑹메이링도 천청이 맘에 들었다. 국민정부 주석을 역임한 국민당 원로 탄옌카이(譚延闓)가 사윗감 구하자 천청을 불렀다.

"탄옌카이의 딸 탄샹(譚祥)은 내 수양딸이다. 함께 가정을 꾸려라."

고향에 처가 있던 천청은 난감했지만 거절도 안 했다. 얼굴 붉히는 것으로 수락을 표했다. 조강지처는 미련함과 현명함이 뒤죽박죽인 여인이었다. 지혜로운 여자 소리 듣는 것에 만족했다. 비슷한 일이 많은 시절이었다.

천청은 장점이 있었다. 엉망진창이던 관료사회에서 근엄하고 정직하고 청렴했다. 군사적 재능은 평균 이하였다. 탄샹과 결혼 직후 장시(江西)성의 중공 근거지 섬멸 작전을 지휘했다. 결과가 형편없었다. 사단장 2명이 포로가 되는 등 참혹했다. 성 주석이 장제스에게 건의했다.

"천청은 만고 죄인이다. 당장 파면하고 죄를 물어야 한다."

집으로 돌아온 천청은 대문 닫아걸고 칩거했다. 식음을 전폐하고 방문객도 만나지 않았다. 탄샹이 쑹메이링에게 달려갔다. "남편이 죽게 생겼다"며 통곡했다.

천청을 처벌하려던 장제스를 쑹메이링이 만류했다.

"천청만큼 우리에게 충성할 사람이 누굴지 잘 생각해봐라."

장제스가 마음을 바꿨다. 천청에게 다른 요직을 맡겼다. 항일전쟁이 끝나자 더했다. 전공(戰功)이 없던 천청에게 육군사령관과 해

동북을 점령하고 화북(華北)의 바이양뎬(白洋淀)에 진출한
중공의 동북야전군. 바이양뎬은 갈대가 우거진 섬이
도처에 널려 있는 거대한 호수였다.
1941년 겨울, 갈대숲에 불을 지르는 전통 덕에
섬에 있던 일본군이 몰살했다.
주민들도 본의 아니게 항일투사로 이름을 남겼다.

군사령관을 겸직시켰다. 내전이 본격화되자 천청이 장제스를 안심시켰다.

"3개월이면 관외(關外)의 공산비적들을 소멸시킬 수 있다. 관내도 3개월이면 족하다."

현실은 천청의 예측과 달랐다. 중공은 때리면 때릴수록 몸집이 커졌다. 장제스는 난감했다. 천청에게 동북전구(戰區)를 직접 지휘하라고 지시했다. 천은 개혁을 좋아했다. 탄샹이 "개혁인지 뭔지 해봤자 그 사람이 그 사람"이라고 말려도 듣지 않았다. '동북보안사령부'를 없애버리고 군·정 대권을 장악했다. 천청은 전쟁보다 개혁과 대도시 고수에만 신경을 썼다. 군의 사기가 위축되자 불안했다. 탄샹에게 고충을 털어놨다.

탄샹이 수도 난징으로 날아갔다. 쑹메이링에게 하소연했다.

"남편의 건강이 엉망이다. 전쟁터가 아닌 병상에서 죽는 것은 치욕이라며 한숨만 내쉰다. 웨이리황이라면 모를까 남편은 야전에 적합하지 않다."

그날 밤 쑹메이링을 통해 동북 얘기 듣던 장제스는 웨이리황을 거론하자 '아녀자들이 병(兵)을 논한다'며 발끈했지만 그때뿐이었다. 날이 밝자 천청을 웨이리황으로 교체했다. 악수(惡手)도 이런 악수가 없었다.

장제스는 천청의 건강을 우려했다. 누가 들어도 자신의 귀를 의심할 보직을 줬다.

"대만(臺灣)에 가라. 공기 좋고 물 맑은 곳에서 건강 회복하며 후속 지시 기다려라."

일본과 중국의 훈풍 6

"회담은 싸움이다. 싸우다 보면 저절로
친구가 된다. 평등을 유지하며 열심히 싸워라.
전 세계가 우리의 만남을 놓고 전전긍긍한다.
미국과 소련은 대국이다. 조심해야 한다.
방심은 금물이다."

리틀 쑨 웨이리황

"타고난 재능과 노력으로 일가를 이룬 사람일수록
고전을 소홀히 하면 생각과 행동이 거칠어진다."

쑨원 "나를 보위해라"

20세기 말, 톈진의 유서 깊은 골목에 가면 흔히 들을 수 있는 말이
있다.

"한(韓)씨 집안 딸들은 예쁘고 총기가 넘쳤다. 남자 보는 눈도 빼
어났다. 저우 총리도 이 집안 드나들다 덩잉차오(鄧穎超)를 만났다."

"다섯째 딸 취안화(權華)가 가장 빼어났다. 당차기가 이루 말할
수 없었다. 어쩌다 군인의 후처가 됐는지 안타깝다."

"모르는 소리 그만해라. 웨이리황은 보통 군인이 아니다. 국민당
2급 상장은 전 군에 5명밖에 없었다. 취안화도 그랬지만 사별한 첫
번째 부인도 간단한 여자가 아니었다. 웨이리황은 여자 복을 타고
났다."

"아니다, 웨이리황은 네 번 결혼했다. 고향에 두 명의 부인이 있
었지만 일찍 사망했다. 예전에도 명문이고 지금도 명문인 충스(崇
實)여중 교장 주윈헝(朱韵珩)과 속현(續絃)했다. 주윈헝도 명이 짧
았다."

웨이리황은 어릴 때부터 군대놀이를 즐겼다. 마을에 군인들이 들

태평양 전쟁 말기, 버마 파견군 최고사령관 시절의
웨이리황(오른쪽 넷째). 여섯째가 참모장 쑨리런(孫立仁).
쑨은 한때 장제스의 후계자라는 소문
덕에 20여년 간 곤욕을 치렀다.

어오면 졸졸 따라다녔다. 1911년 10월, 열세 살 때 혁명이 일어났다. 세상이 군인 천지로 변했다. 군인이 되겠다고 2년간 부모를 졸랐다. 자식 이기는 부모 없기는 중국도 마찬가지였다. 부친은 자식의 고집에 넌더리가 났다. 아들 데리고 '육군소년병학교'에 갔다. 긴말이 필요 없었다. "노랫소리보다 총소리를 좋아하는 애다" 한마디에 입학 허가를 받았다. 하루는 콧수염 난 사람이 시찰을 왔다. 다들 설설 기었다. 훈화는 지루했다. 혁명에서 시작해 혁명으로 끝났다. "학문보다 예의가 더 중요하다"는 말 외에는 귀에 박히지 않았다.

훈화를 마치고 소년병학교를 나서던 국부 쑨원은 헐레벌떡 달려와 거수경례하는 앳된 청년이 눈에 들어오자 깜짝 놀랐다. 옆에 앉은 주칭란(朱慶蘭), 대한민국 임시정부 요인들을 극진히 돌봐준, 바로 그 주칭란에게 차를 멈추라고 지시했다. 직접 내려 성명과 나이를 물었다. 기백과 예의가 맘에 들었다.

"내 옆에서 나를 보위해라."

쑨원은 웨이리황에게 초급장교 계급장을 달아줬다. 웨이는 자연스럽게 장제스와도 인연을 맺었다. 쑨원 사망 후 북벌(北伐) 전쟁에서 전공(戰功)이 탁월했다. 북벌군 사령관 장제스의 눈에 들었다. 장제스의 인사원칙은 단순하고 철저했다. 동향이나 황푸군관학교 출신이 아니면 공을 세워도 포상에 인색했다. 웨이만은 예외였다. 중요 보직은 물론 진급도 빨랐다. 웨이가 한 현(縣)을 점령하자 명칭을 '웨이리황현'으로 바꿀 정도였다.

웨이리황은 우연을 중시했다. 말년에 자주 한 말이 있었다.

국·공전쟁 말기 웨이리황(오른쪽)은 베이징 위수사령관
푸쮀이(왼쪽)와 함께
북방의 국민당 군 최고사령관이었다.

"국부는 물론 장제스 위원장과의 인연이 우연이었던 것처럼 주원형과 한취안화와의 만남도 우연이었다. 마오 주석과 주더(朱德), 린뱌오와의 인연도 우연이었다는 말 외에는 표현할 방법이 없다."

주원형은 전쟁으로 양친을 잃은 고아였다. 구걸하다 종소리 듣고 가보니 미국 선교사가 설립한 교회였다. 마음이 넉넉한 목사 부인은 소생이 없었다. 눈에 총기가 가득한 누더기 차림의 중국 소녀를 보자 가슴을 쳤다. 그냥 보내지 않았다. 씻겨주고, 입혀주고, 먹여주고, 재워줬다. 교회에서 운영하는 학교에 입학도 시켰다.

키운 보람이 있었다. 해를 거듭할수록 총기가 빛을 발했다. 중학 과정 마치자 미국 유학을 보냈다. 덴버대학에서 교육학과 고고학 석사과정 마치기가 무섭게 충스여중의 초빙을 받았다. 충스여중은 1884년 미국 성공회가 전장(鎭江)에 설립한 장강(長江) 유역 최초의 교회학교였다. 젊은 여자 교장도 중국 현대 교육사상 처음 있는 일이었다.

1927년 4월, 북벌군이 난징에 입성했다. 웨이리황은 1개 사단 이끌고 70km 떨어진 전장의 펑처산(風車山) 밑에 사령부를 차렸다. 산 중턱에 충스여중이 있었다. 사병들은 승리에 들떴다. 떼를 지어 고성방가하고 지나가는 여학생들을 희롱했다. 학교에 몰려가 축구하고 씨름하고 유리창을 깼다. 대소변도 장소를 가리지 않았다. 교사들도 미국인 선교사 외엔 전부 여자였다. 항의할 엄두를 못 냈다. 용기 내서 불만 토로하면 같은 답이 돌아왔다.

"우리는 언제 죽을지 모르는 인생들이다."

교장 주원형이 직접 나섰다. 사병들을 설득했다.

"학생 교육에 지장이 많다, 당장 철수하기 바란다."

사병들은 대꾸도 안 했다. 배꼽 움켜쥐고 깔깔댔다.

웨이리황과 주원형의 첫 만남

주원형은 화가 치솟았다. 난징에 있는 친구에게 편지를 보냈다. 전장에 주둔 중인 사령관이 어떤 사람인지 알아봐 달라고 부탁했다. 답신은 예상에서 크게 빗나가지 않았다.

"계급은 육군 중장. 정규 교육을 받지 못했다. 무식하고, 난폭하고, 감정의 기복이 심하다. 일반 군벌과 다를 바 없다. 쑨원 따라 하느라 콧수염을 길렀다. 별명이 리틀 쑨이다. 머리에 든 것이 없다 보니 아는 척하다 남을 웃기는 경우가 빈번하지만 본인은 모른다. 전쟁에서만 용감한 군인이다. 이겨도 크게 이기고 패해도 크게 패할 사람이다."

당시 주원형은 28세, 호기심이 식지 않은 나이였다. 웨이리황을 직접 찾아갔다.

두 사람의 만남은 한편의 코미디였다. 웨이리황은 여학교 교장이 왔다는 보고에 시큰둥했다. 안 봐도 어떨지 뻔했다. 잠시 후 주원형을 만난 웨이는 눈이 휘둥그레졌다. 늘씬한 키의 젊은 여인이 꼿꼿이 서서 당장 군인들을 철수시키라고 호통치자 당황했다. 주원형도 놀라기는 마찬가지였다. 거칠게 나올 줄 알았던 장군이 땀 뻘뻘 흘리며 연신 고개를 숙였다. 부관을 불러 소리쳤다.

"학교에 진입한 군을 당장 철수시켜라. 모든 것을 원 상태로 복원시켜라. 앞으로 여학교 근처에 얼씬거리면 장교건 사병이건 군법으로 엄히 다스리겠다."

부관이 나가서 다시 불러 목청을 높였다.

"당장 시행해라."

자기를 곁눈질하며 허둥대는 웨이의 모습에 주원형은 웃음을 참느라 이를 악물었다. 자신도 모르게 엉뚱한 행동을 했다. 땀 닦으라며 손수건을 건넸다. 받아 쥔 웨이가 씩 웃자 주원형도 미소를 감추지 않았다.

웨이리황이 주원형에게 오찬을 함께하자고 청했다. 주원형은 가볍게 고개를 끄덕였다. 옆방에서 기다리는 비서를 불렀다.

"학생들도 학교 정리하는 군인들을 도와줘라."

웨이가 그럴 필요 없다고 손사래를 쳤다. 오찬은 화기애애했다. 웨이가 음식을 권하자 주원형이 조용히 응답했다.

"명령이 몸에 뱄군요."

다음에 제대로 된 만찬 준비하겠다며 민망한 표정 짓자 주원형이 맞받았다.

"한 번으로는 부족하다."

주도 웃고 웨이도 웃었다. 그날 밤 웨이는 잠을 설쳤다. 주도 그랬다.

한취안화는 우리 대학의 꽃

1910년대 말, 중국은 '신문화운동'을 계기로 금기(禁忌)에 균열이

가기 시작했다. 대학이 특히 심했다. 학생들은 '자유'와 '공개'를 입에 달고 다녔다. 남녀공학이 시작되자 캠퍼스에 '자유연애'가 만발했다. 학생들은 연애편지 쓰며 문장력을 키웠다. 1920년대에 들어서자 연애편지 쓰는 법과 연서(戀書)만 모은 작품집이 인기를 끌 정도였다.

1924년 5월 7일, 일이 터졌다. 베이징대학 중문학과 여학생 한취안화(韓權華)가 유력 언론 『신보』(晨報)에 사학과 교수 양둥린(楊棟林)이 보낸 연애편지 전문을 공개했다. 말미에 이유를 빠뜨리지 않았다.

"중국 최고학부 교수가 면식도 없는 여학생에게 연애편지를 계속 보냈다. 나는 이런 일이 남녀공학의 장애물이 될까 우려된다. 베이징대 여학생과 대학의 불행을 막기 위해 스스로 공개를 결정했다."

대학이 발칵 뒤집혔다. '양둥린 배척운동'이 벌어졌다. 학내에 유인물이 낙엽처럼 굴러다녔다. 한취안화를 좋아하던 남학생의 벽보가 주목을 끌었다. 내용이 무지막지했다.

"베이징대학의 불행이며 전국 여성들의 불행이다. 양 선생의 편지는 교수 특유의 강도 행위다."

당시 남녀공학은 실험단계였다. 제일 먼저 실시한 베이징대학이 여론의 중심에 서자 교장 차이위안페이(蔡元培)가 직접 수습에 나섰다. 양둥린에게 교수직 사직을 권고했다. 양도 순순히 받아들였다.

"더러워서 못 해먹겠다. 사람 키우느니 고향에 가서 돼지 키우며 농사나 짓겠다."

입방아는 끝나지 않았다. 화장실에 격문이 빽빽했다.

"한취안화는 우리 대학의 꽃이다. 남학생들의 편지가 그칠 날이 없다. 양 선생도 젊은 남자다. 여학생에게 얄궂은 편지 보낸 일은 교수의 자질과 상관없다. 한의 배경과 용모에 샘이 난 여학생들이 일을 크게 만들었다."

몇 달간 이상한 소문이 꼬리에 꼬리를 물었다. 한취안화의 집안 내력까지 도마 위에 올랐다. 부럽다 보니 깎아내렸다.

"톈진의 8대가족(八大家族) 중 하나인 한(韓)씨 집안 5자매 중 막내다. 조선과 동남아 오가는 무역선 90여 척과 대형전당포 17개로 치부한 부잣집 딸이다 보니 고고하고 오만하기가 말로 표현하기 힘들 정도다. 양 선생과도 무슨 은밀한 일이 있었는지 알 수 없다. 추측만 가능할 뿐이다."

한취안화는 소문을 견디기 힘들었다. 베이징대학을 자퇴하고 여자사범대학으로 전학했다. 이것도 뉴스거리였다. 사범대학 생활은 하루하루가 지옥 같았다. 학생들이 상대해주지 않았다. 삼삼오오 모여 있다 한취안화만 지나가면 힐끔거리며 수군댔다. 마주치면 열이면 열 얼굴 찡그리고 흥 하며 고개를 돌렸다.

한취안화는 하루에도 몇 번씩 중국 떠날 결심하며 이를 악물었다. 관비유학생 시험에 거뜬히 합격했다. 미국에서 음악사 전공하고 샌프란시스코 교외의 음악 교사로 정착했다. 교사 생활은 순조로웠다. 청혼이 쇄도했다. 남자라면 꼴도 보기 싫었다. 칭화대학 교장 메이이치(梅貽琦)의 부인인 언니가 결혼 권하며 동봉한 군복 차림의 남자 사진 보고 깜짝 놀랐다. 자세히 볼 것도 없었다. 시사 주간지

웨이리황과 한취안화.

『타임』(TIME)의 표지를 장식했던 항일명장 웨이리황이었다.

웨이리황과 주원형의 결혼식

그간 웨이리황의 사연도 한취안화 못지않았다. 1927년 12월 1일, 장제스와 쑹메이링의 결혼식에 충스여중 교장 주원형과 함께 참석했다. 마오간산(莫干山)으로 신혼여행 떠나는 장제스가 웨이와 주원형을 불렀다.

"같이 가자."

도착하자 다시 두 사람을 불렀다.

"온 김에 열흘 정도 있다 가라. 결혼식은 12월 24일, 나와 같은 식장에서 올려라."

웨이는 당황하고 주원형은 얼굴 붉히며 고개를 숙였다. 결혼식은 성대했다. 참모총장이 주례를 서고 윈난(雲南)성 주석 룽윈이 보증인란에 도장을 찍었다.

충스여중은 이상한 교칙이 있었다. 결혼할 여교사는 사직이 원칙이었다. 주원형은 교장직을 던지고 남편 교육에만 진력했다.

"타고난 재능과 노력으로 일가를 이룬 사람일수록 고전을 소홀히 하면 생각과 행동이 거칠어진다. 계급이 높아도 육군대학에 입학해라. 젊은 장교들과 같은 밥 먹으며 정신을 단련해라. 나는 남편 외에는 의지할 곳이 없는 사람이다. 자식보다 남편이 소중하다. 관용과 명예를 존중하지 않으면 죽어버리겠다."

주원형은 현처(賢妻)며 양처(良妻)였다. 웨이리황의 모친, 형수, 조카, 전 부인 소생 자녀 4명과 친생자 2명 등 30여 명을 극진히 보살펴 전선에 있는 남편의 걱정을 덜어줬다. 과로가 누적됐다. 1939년 10월, 돌팔이에게 수술받은 지 4일 후 37세의 나이로 숨을 거뒀다. 웨이는 제정신이 아니었다. 식음 전폐하고 통곡만 했다.

쑹메이링은 주원형의 사망 소식에 정신이 번쩍 들었다. 황급히 주원형의 시신이 안치된 쓰촨(四川)성 청두(成都)로 날아갔다. 이유와 목적이 분명했다.

대륙으로 돌아온 웨이리황

1946년 중반부터 본격화된 국·공내전은 시간이 흐를수록 우세가 중공야전군 쪽으로 기울었다. 장제스는 화가 치밀었다. 당 고위 간부들 모아놓고 질책했다.

"세계 역사상 지금의 국민당처럼 노후하고 썩어빠진 혁명정당은 없었다. 얼빠지고 기율이 엉망이고 옳고 그름의 기준을 상실한 정당으로 전락했다. 진작 쓸어버려야 했다."

외신기자들의 질문엔 짜증을 냈다. 연전연패를 인정하지 않았다.

"모든 면에서 우리가 압도적으로 우세하다. 공산 비적들의 장비, 전투력, 경험은 우리에 비해 보잘것없다. 군사물자 공급과 보급도 우리가 10배는 앞선다."

군 지휘관들에겐 욕설까지 퍼부으며 분함을 억눌렀다.

"너희들은 명색만 군사령관과 군단장이다. 수준이 형편없다. 자신의 지식과 능력에 의존해 외국에서 군 생활을 한다면 연대장도

항일전쟁 시절 중공 근거지 옌안 가는 길은 험했다.
웨이리황의 옌안 방문은 마오에게 감동을
주기 충분했다. 임지로 돌아온 웨이리황은
마오를 아낌없이 지원했다.

항일전쟁 시절 중국을 방문한 헤밍웨이도
중공의 통전 대상이었다.

버거울 놈들이다. 낙후되고 인재가 없다 보니 능력이 쥐꼬리만 한 것들에게 중책 맡길 수밖에 없는 내가 한심하다."

중공(중국공산당)을 부러워하며 칭찬하는 일기도 남겼다.

"공비(共匪)들은 내가 갖기를 바라는 것과 우리 당이 갖지 못한 조직과 기율, 도덕성을 완벽히 갖추었다. 무슨 일이건 철저히 연구하고 토론하고 실천에 옮긴다. 우리 기간요원 대부분은 머리 쓰는 것을 싫어하고, 연구할 생각을 안 한다."

미국과의 동맹이 추종자와 군 지휘관들에게 끼친 영향도 아쉬운 점이 많았다.

"군대는 미군과 접촉하면서 사치를 즐기고 퇴폐가 만연해졌다. 성병환자도 늘어났다."

맞는 말이다. 당시 정부군(국민당 군) 장교 반 이상이 매독과 임질로 끙끙댔다. 군의관과 위생병은 돈벌이에 급급했다. 전투가 벌어지면 제일 먼저 도망갔다. 부상병은 제대로 된 응급치료를 받지 못했다. 웬만한 부상에도 죽는 경우가 허다했다. 전쟁을 오래 한 나라에 불구자가 드문 이유를 장제스가 모를 리 없었다. "미국 원조에 의지하다 보니 중국인들은 전통적인 자립성을 상실했다"며 가슴을 쳤다.

장제스는 거미줄 같은 희망을 포기하지 않았다. 1947년 9월 이런 일기를 남겼다.

"저들의 조직, 훈련, 선전술이 우리보다 우수해도 이념, 사상, 정치노선은 우리가 선진적이고 민족의 요구에 더 부응할 수 있다. 연구를 통해 저들의 본질만 터득하면, 소멸시키는 것은 시간문제다."

1949년 8월, 미국이 원조 중단을 발표하자 이구동성으로 하는 말이 있었다.

"국민당의 승리는 물 건너갔다."

중공은 통전(통일전선)과 무장투쟁으로 성공했다. 2번에 걸친 국·공합작도 통전의 일환이었다. 합작은 동업이나 마찬가지였다. 분열이 당연했다. 군을 장악한 장제스의 칼질에 지하로 들어갔다. 두 차례 무장폭동 시도했지만 실패했다. 패잔병 이끌고 산속에 들어가 근거지 구축하고 소비에트를 설립했다. 군의 필요성을 절감했다. 패잔병을 홍군으로 둔갑시켰다. 말이 좋아 홍군이지 비적이나 다름없었다. 장제스가 대군을 동원해 소비에트를 압박했다. 도망에 도망을 거듭한 홍군은 옌안(延安)에 도착해 겨우 다리를 폈다.

일본이 중공을 살렸다. 일본관동군의 동북 침략으로 입장이 난처해진 동북왕 장쉐량은 궁지에 빠진 중공의 통전대상 1호였다. 통전을 지휘하던 저우언라이가 리커눙을 통해 장쉐량에게 접근했다. 장쉐량은 시안에 온 장제스를 감금했다. 저우언라이와 함께 국·공합작을 촉구했다. 구국과 항일을 능가할 명분은 없었다.

국·공합작으로 중공은 기사회생했다. 홍군도 국민혁명군 팔로군으로 정규군에 편입됐다. 통전도 극성을 떨었다. 국민당 좌파와 민주세력, 말 잘하고 아는 것 많고 불평은 더 많은 지식인과 문화인들에게 손을 내밀었다. 효과가 기대 이상이었다. 홍색 수도 옌안 방문이 줄을 이었다. 지하당원도 괄목할 정도로 늘어났다.

휘하에 115만 대군을 거느린 웨이리황은 통전 대상이 아니었다. 제 발로 옌안을 방문했다. 마오쩌둥은 근거지 설립 후 최대 규모의 환영을 준비하라고 지시했다.

"12km 밖에 환영 현수막 내걸고 중공 중앙위원들이 직접 나가서 맞이해라. 200m 간격으로 현수막 걸고 정치국 상무위원들이 성(城) 입구에서 기다리다 회의실로 안내해라. 나는 회의실 앞에 서 있겠다."

굴러들어온 복덩어리

당시 옌안은 무기, 약품, 식량 부족으로 애를 먹었다. 마오쩌둥에게 웨이리황은 굴러들어온 복덩어리였다. 마오의 지원 요청에 토를 달지 않았다. 홍군의 아버지 주더(朱德), 중공 군사위원회 부주석 겸 남방국 서기 저우언라이와 항일군정대학 교장 린뱌오, 훗날 신중국 개국원수 허룽(賀龍)과 감동을 주고받았다.

임지로 돌아온 웨이리황은 마오쩌둥과의 약속을 지켰다. 장총, 실탄, 수류탄, 박격포, 의약품, 식량, 애들 과자까지 아낌없이 지원했다. 일본 패망 후 내전이 시작되자 장제스는 웨이와 중공의 관계를 의심했다. 해외 시찰 명목으로 외유를 권했다. 동북에서 연전연패하자 귀국시켰다. 보직은 주지 않았다. 마오는 의심 많은 장제스가 웨이를 해치지 않을까 우려했다. 장제스를 안심시키기 위해 신화사(新華社)가 발표할 전범자 명단에 웨이리황을 넣으라고 지시했다.

마오의 예상은 적중했다. 동북지구 최고사령관으로 부임한 웨이리황은 린뱌오의 동북야전군과 충돌을 피했다. 예하 지휘관들의 지원 요청도 거부했다. 동북야전군이 동북을 장악하자 장제스는 웨이를 난징으로 소환해 연금시켰다. 죽음을 기다리던 웨이는 중공지하당원의 도움으로 탈출에 성공했다. 대륙도 싫고 대만도 싫다며 상하이를 거쳐 홍콩에 정착했다.

1949년 2월, 제2야전군이 웨이리황의 고향 허페이(合肥)를 점령했다. 웨이는 부모의 안위를 걱정했다. 주더에게 편지를 보냈다.

"부모의 안전이 나의 유일한 소원이다."

마오쩌둥과 주더가 제2야전군 정치위원 덩샤오핑에게 긴급 전문을 보냈다.

"웨이리황의 부모와 가족들을 극진히 보호해라."

웨이리황의 홍콩 생활은 국민당 특무의 감시로 순탄치 못했다. 저우언라이에게 귀국 의사를 밝혔다. 보고를 받은 마오쩌둥은 감회에 젖었다.

"웨이 장군은 내게 강한 인상을 남겼다. 집착한 적이 한두 번이 아니다. 도착하는 날 원수들이 나가서 영접해라."

1955년 6월 대륙으로 돌아온 웨이리황은 신중국 개국원수 6명의 영접을 받았다.

영웅 떠난 세상

"원자탄은 파괴와 살상을 위한 무기가 아니다.
우리를 보호하기 위한 자위용이다."

새 영웅 찾기 논쟁

인간은 공과 허물을 한 사람에게 집중시키는 묘한 동물이다. 변덕도 특성이라면 특성이다. 1976년 중국에 줄초상이 났다. 1월에 저우언라이가 세상을 떠났다. 온 중국이 훌쩍거렸다. 이름 앞에 '인민의 총리'가 붙기 시작했다. 콧방귀 뀌는 사람이 의외로 많았다.

"빼어난 연기자였다. 인간미라곤 전혀 없었다. 그 인간이 잔재주 부리는 바람에 문혁이 오래가고 린뱌오도 억울하게 죽었다."

7월에 '홍군의 아버지' 주더(朱德)가 눈을 감았다. 절차가 저우에 비해 요란하지 않았다. 내놓고 말은 못 해도 뒤에서 쑥덕거리는 사람이 부지기수였다.

"홍군은 모두 위대했다. 아버지가 따로 없다."

9월 9일 마오쩌둥이 인간세상을 뒤로했다. 세계가 들썩거렸다. 신(神)의 죽음도 인간의 변덕 앞엔 속수무책이었다. 격하 운동이 벌어졌다.

결국은 그놈이 그놈인 줄 알면서도 영웅 없는 세상은 싱거웠다. 중공(중국공산당)은 의도적으로 새로운 영웅을 찾기 시작했다. 양탄

명문 옌칭(燕京)대학 재학 시절의 왕청수.

일성(兩彈一星), 원자탄과 수소폭탄, 인공위성에 얽힌 얘기들이 주목을 끌었다. 핵물리학자 첸싼장(錢三强)이 '중국 원자탄의 아버지'라는 말이 입소문을 탔다. 고만고만한 언론매체들이 경쟁적으로 첸싼장에 관한 기사와 방문기를 내보냈다. 관심을 끌자 권위 있는 관방 매체가 뒤를 밀어줬다. '중공중앙선전부'의 인정을 받은 것과 매한가지였다. 1차 핵실험을 지휘한 장아이핑(張愛萍)도 생전에 양탄원훈(元勳) 소리 들었지만 금세 흐지부지됐다. 장아이핑은 과학자가 아니었다.

1987년 6월, 중앙군사위원회 주석 덩샤오핑이 소문만 무성하던 1차 핵실험 주역 덩자셴(鄧稼先)의 업적을 살펴봤다. 국방과학위원회 부주임 임명장에 직접 서명했다. 1개월 후 덩자셴은 원자병으로 세상을 떠났다.

7년 후 『인민일보』가 재미(在美) 화교물리학자 양전닝(楊振寧)의 추모문을 실었다. "우리는 전쟁 시절 서남연합대학(西南聯合大學)을 함께 다녔다. 50년간 쌓은 우정으로 가깝기가 형제보다 더했다"며 덩자셴을 '미국 원자탄의 아버지' 오펜하이머와 함께 거론했다. 노벨물리학상 수상자의 말이다 보니 폭발력이 있었다.

한 영국 학자가 자신의 저서에서 중국 원자탄의 진짜 아버지는 녜룽전(聶榮臻)이라는 주장을 폈다.

"중국의 국방과학은 녜룽전이 총괄했다. '중국 원자탄의 아버지'로 손색없다."

새로운 주장이었지만 파급은 크지 않았다. 녜룽전은 신중국 개국원수였다. '원자탄의 아버지'와는 급이 달랐다.

2011년 시골학자의 평론 몇 줄이 논쟁에 쐐기를 박았다.

"한동안 '원자탄의 아버지' 찾느라 갑론을박으로 시간만 허비했다. 현재 과학은 에디슨이 살던 시대와는 다르다. 원자탄이나 수소폭탄은 복잡하고 정교한 과정을 거쳐야 한다. 1964년 10월 16일 1차 핵실험이 성공하기까지 5,058명의 과학자와 기술자들이 제 몫을 했다. 뒤에서 무슨 일 하는지 모르고 일한 사람도 부지기수다. 모두 무명의 영웅들이다."

왕청수의 유언

다시 세월이 흘렀다. 2018년 가을, 경공업부 부부장을 역임한 85세의 여성 물리학자가 24년 전 세상 떠난 왕청수(王承書)를 소환했다.

"타고난 복을 누릴 줄 몰랐고, 돈이 있어도 쓸 줄 몰랐다. 국가가 안겨준 엄청난 권력도 관심이 없었다. 평생 핵 연구와 교육, 인재 양성에만 매진했다. 양전닝과 덩자센 등 세계적인 물리학자도 서남연합대학 시절 왕청수 선생의 제자였다. 왕 선생이 없었다면 중국의 원자탄은 몇 년 늦었을 가능성이 크다. 1956년 좋은 조건과 환경 뿌리치고 미국 떠날 때 유력한 노벨물리학상 후보의 귀국을 아쉬워하는 과학자들이 많았다고 들었다. 귀국 후 비밀업무 수행하느라 종적을 감췄다. 30년간 남편도 만나지 못했다. 왕 선생 만나기 전 나는 눈뜬장님이나 마찬가지였다. '원자탄은 파괴와 살상을 위한 무기가 아니다. 우리를 보호하기 위한 자위용'이라는 말을 귀에 못이 박히도록 들었다."

중·일전쟁(1937~1945) 시절 베이징(北京), 칭화(淸華), 난카이(南開)
3개 대학이 윈난(雲南)성 쿤밍(昆明)에 설립한 서남연합대학은
명교수와 인재의 집결지였다. 평생 핵 연구와 인재 양성에
매진한 왕청수도 남편과 함께 교사 생활을 했다.

유서도 직접 읽었다.

"80 춘추를 헛되게 보냈다. 귀국한 지 36년이 흘렀다. 그간 일에 매달렸지만 객관적 원인이었다는 이유로 귀국 전 하고자 했던 일을 완전히 실현하지 못했다. 국가와 국민에게 미안할 뿐이다. 죽음은 객관적 규율이다. 새처럼 미지의 세계로 날아갈 날에 대비코자 몇 가지 희망을 남긴다. 어떤 형식의 장례도 바라지 않는다. 화장할 필요 없다. 의학용으로 충분히 사용해라. 개인 서적과 자료는 과학원으로 보내라. 매달 국가로부터 국권(國券)과 현금을 과하게 받았다. 현금 8,000위안은 평생 미혼인 언니에게 주고 나머지는 국가에 반납해라. 가내에 있는 물건과 의류는 며느리가 처리해라."

읽기를 마친 노 물리학자가 통곡했다. "평생을 검소하고 깔끔하게 살았다. 옷도 두 벌이 다였다. 항상 실험복 차림에 손님이 오면 입었다가 깔끔히 빨아서 보관했다."
왕청수의 행적과 연구가 줄을 이었다.

대일공작위원회 출범

"몰려오는 불길이 맹렬하다. 중요한 물건은 빨리 꺼내야 한다.
바람 그치기 기다렸다간 모두 재가 된다."

랴오청즈의 조직력

6·25전쟁 휴전협상이 지지부진하던 1952년 4월, 대만의 중화민국 정부가 일본과 평화조약을 체결했다. 총통 장제스는 일본 관련 정책을 직접 관장했다. 집행은 총통부 국책고문 장췬(張群)이 맡았다. 장췬은 일본 정·관계에 지인들이 많았다. 걸림돌이 없었다. 일본 정계에 친대만파가 득실거렸다. 대륙의 중공정권도 일본을 강 건너 불 보듯 하지 않았다. 총리 저우언라이가 측근 랴오청즈(廖承志)에게 지시했다.

"일본 문제 연구기관을 만들어라."

국민당 좌파의 영수 랴오중카이(廖仲愷)와 허샹닝(何香凝)의 아들로 도쿄에서 태어난 랴오청즈는 망명객 쑨원의 무릎에서 유년기를 보냈다. 교육도 유치원에서 대학까지 일본에서 받은 일본통이었다. 어릴 때부터 내로라하는 혁명가들의 안방을 제집처럼 드나들었다. 보고 들은 것이 많았다. 웬만한 고생은 고생으로 치지도 않는 낙천가였다. 조직력과 수완도 남달랐다. 약관의 나이에 함부르크 부두 노동자 파업을 주도할 정도였다. 대륙은 물론 미국, 홍콩, 일본,

유럽에 거미줄처럼 얽혀 있는 친인척들이 부지기수였다. 대만의 장징궈와도 깊은 인연이 있었다. 청년 시절 형 동생 하는 사이였다. 2년 어린 장징궈가 배고파하면 만두 사주고, 넘어지면 달려가 일으켜줬다.

중공은 일본과 외교관계가 없었다. 일본 연구에 투입할 인력은 차고 넘쳤다. 당 중앙에 일본 관계만 전담할 외사조(外事組)를 출범시켰다. 조장은 부총리 겸 외교부장 천이(陳毅), 부조장은 랴오청즈가 맡았다. 국무원이 차린 외사판공실(外事辦公室)도 주임은 천이, 부주임은 랴오청즈였다.

랴오청즈의 조직력이 빛을 발했다. 일본 연구와 대일정책 기획 및 집행을 전담할 '대일공작위원회'를 만들었다. 주임에 지일파(知日派) 궈뭐뭐(郭沫若)를 추대했다. 사회과학원 원장 궈뭐뭐는 유명한 훈수꾼이었지만, 그건 중요하지 않았다. 일본 학계와 문화계에 명성이 자자한 문·사·철의 대가였다. 쓸모가 있었다. 여기서도 랴오청즈는 부주임이었다. 다른 부주임들의 면면도 화려했다. 외교부장 조리(차관보급), 적십자 회장, 대외무역부 부장, 전국총공회 부주석 등이 영문도 모른 채 이름을 올렸다. 상임부주임 랴오청즈의 권한은 막강했다. 필요 시 당·정부 기관과 언론매체의 간부들을 징발할 수 있었다.

랴오청즈가 이끈 '대일공작위원회'는 중·일관계 정상화의 초석을 깔았다. 뒷구멍으로 온갖 공작을 폈다. 1953년부터 1975년까지 22년간 일본 각 분야의 대표단을 295차례 중국으로 초청했다. 저우언라이가 직접 만나 악수하고 밥 먹은 일본인이 3,000명에 조금 못

미쳤다. 접견 대상도 정당 대표와 기업인 외에 노동단체, 여성단체, 청년단체 등 각양각색이었다. 통역이 구술을 남겼다.

"도로 포장 노동자와 청년, 교사로 구성된 대형 단체가 베이징에 온 적이 있었다. 총리는 오랜 시간 대화 나누고 만찬도 함께 했다. 총 8시간이 걸렸다. 만찬을 마친 총리는 차에 오르자 고개를 뒤로 젖히며 잠시 졸았다. 피곤해하는 모습에 눈물을 참기 힘들었다. 울컥해서 손으로 입을 가리자 랴오 동지도 눈시울을 붉혔다."

무슨 생각이 났는지 눈을 번쩍 뜬 저우가 랴오에게 지시했다.
"대표단 단장 편에 외무대신 후쿠다에게 선물을 보내고 싶다. 치궁(啓功)에게 내 말을 전해라."
후쿠다는 한학(漢學)과 서예에 조예가 깊었다. 평소 치궁의 문장과 글씨를 좋아했다. 저우언라이의 선물인 치궁의 작품 '여주재연'(如珠在淵) 네 글자를 집무실 벽 정면에 걸어 놓고 즐거워했다. 당시 후쿠다는 자민당의 친대만파 영수였다.

다나카는 현대판 도요토미 히데요시

1972년 2월 미국 대통령 닉슨의 중국 방문으로 일본이 발칵 뒤집혔다. 친미 일변도였던 사토 에이사쿠(佐藤榮作)가 총리직에서 내려왔다. 중국과 수교를 주장하던 다나카 가쿠에이(田中角榮)의 말에 힘이 실렸다. 후쿠다를 누르고 총리에 취임했다. 중학교를 겨우

마오쩌둥은 다나카에게 주희(朱熹)가 주석(註釋)한
애국시인 굴원(屈原)의 『초사집주』(楚辭集注)를 선물했다.

마친 토목기사 출신 서민재상, 현대판 도요토미 히데요시의 등장에 일본열도가 환호했다. 다나카는 유능한 건설업자로 입신한 사람다 웠다. 언행이 일치하고 민첩했다. 1차 각료회의에서 일·중수교와 대만과의 단교를 선언하고 미국으로 갔다. 닉슨에게 양해와 자문을 구했다. 닉슨의 답은 간단하고 명료했다.

"중국 지도자들은 외국인과 오밤중에 회의하는 습관이 있다. 9시 이후에는 취침해야 한다며 미리 양해를 구해라. 저 사람들 하자는 대로 했다간 머리가 산만해져서 냉정함을 유지하기 힘들다."

7월 16일, 저우언라이도 베이징을 방문한 일본 정치인 편에 답을 보냈다.

"현 일본 총리나 대신(大臣)이 관계 회복을 위해 중국에 올 의향 이 있으면 언제건 베이징 공항을 개방하겠다."

수많은 사람이 이런저런 이유로 양국을 오갔다. 9월 21일 양국이 동시에 합의사항을 발표했다.

"다나카 총리가 저우 총리의 방문 요청을 수락했다. 양국의 관계 정상화와 우호를 건립하기 위해 9월 25일부터 30일까지 중국을 방 문한다."

동북아는 물론 세계가 진동할 징조였다.

가짜 특사

1970년대 일본의 경제성장은 미국과 소련 다음이었다. 장족의 발 전을 이루려면 새로운 시장이 절실했다. 눈길이 30년 전 쫓겨난 중 국을 향했다. 1971년 7월 15일, 미국은 '1972년 5월 전 미국 대통령 닉슨의 중국 방문에 합의했다는 미·중 공동성명'을 발표 3분 전 일본 총리 사토 에이사쿠에게 통보했다. 미국에 뒤통수를 맞은 사토는 중국에 방문 의사를 타진했다. 저우언라이의 반응은 가혹할 정도였다.

"사토는 대표적인 전범 가족의 일원이다. 이런 사람이 이끄는 정부와 양국 관계를 정상으로 돌려놓는 것은 불가능하다."

랴오청즈도 익살을 떨었다.

"중·일 관계에서 사토는 하릴없는 무작(無作)이다. 영작(榮作) 되기는 글렀다. 이름이 아깝다."

사토는 잔여 임기 마치지 못하고 총리 관저를 뒤로했다. 근 8년 간 총리직 유지하며 경제성장과 오키나와를 반환받은 사토의 후임 다나카 가쿠에이는 전임 총리들과 달랐다. 명문 집안이나 명문 대학과는 거리가 멀었다. 중학을 겨우 마치고 토목기사와 3류 잡지 기자하며 터득한 것이 있었다. "무슨 일이건 시작은 뒷구멍으로 해야 효과가 있다. 공직자들이 썩었기 때문이다. 공식적인 절차 밟았다간 되는 일이 없다"는 말을 자주 했다. 중국 접촉도 공식 라인은 배제시켰다.

문제는 사람이었다. 중·일 관계 정상화 실현과 평화조약 체결, 대만 문제 처리, 공동성명 발표 등 중국과 협의할 인물을 물색했다. "우리도 미국처럼 키신저 같은 특사를 비밀리에 파견하자"는 여론은 귀에 담지 않았다. 외무대신 오히라에게 중임이 떨어졌다. 양국 지도자의 신임이 두텁고, 책임감 강하고 입 무거운 사람을 정부 요원이 아닌 야당이나 재야인사 쪽에서 찾았다. 공명당 위원장 다케이리 요시카스(竹入義勝) 외에는 적합한 사람이 없었다. 다케이리는 1년 전 공명당 대표단 이끌고 베이징을 방문한 적이 있었다. 중·일 관계 정상화를 위한 5원칙을 제시해 저우언라이에게 강한 인상을 남겼다.

다케이리가 중임을 수락하자 다나카가 신분을 주지시켰다.

"나는 키신저 같은 특사를 파견할 생각은 없다. 개인 자격으로 가서 특사 행세를 해라. 속된 말로 가짜 특사다. 결렬될 경우 나는 특사를 파견한 일이 없다고 잡아떼겠다."

1997년 봄, 나고야의 공원 찻집에서 다케이리가 25년 전을 회상했다.

"1972년의 역사적 사건에 주선자로 참여한 것은 행운이었다. 당시 나는 밀서 한 장 없는 가짜 특사였다. 지금도 그때 생각하면 등에 식은땀이 난다. 특사 신분 요구했지만 총리는 거절했다. 중국 측에 전달할 일본의 구상을 물어도 대답을 주지 않았다. 담배 피우며 냉수만 들이켰다. 나는 공명당의 지지도 받지 못했다. 당적을 버리고 가라는 소리도 심심치 않게 들었다."

1972년 7월 25일, 다케이리는 일행 2명과 함께 홍콩행 비행기에 올랐다. 당시 중국과 일본은 직항로가 없었다. 홍콩과 광저우(廣州)를 경유해 베이징에 가려면 3일이 걸렸다. 홍콩에 도착한 가짜 특사는 저우언라이의 배려를 받았다. 전용열차와 전용기로 도쿄 출발 14시간 만에 베이징에 도착했다. 저우언라이와 랴오청즈는 인민대

일본의 단교 소식에 대만은 분노했다. 일본상품과
다나카 사진을 불사르는 대만대학 학생들.

회당에서 3일간 10시간 이상 다케이리와 회담했다.

일본 총리의 중국 방문

저우와 랴오는 일본의 사회주의자들과 달랐다. 제도와 격식에 구애받지 않는, 과거보다 미래를 중요시하는 사람이었다. 요구는 복잡하지 않았지만 용어에는 민감했다. 저우언라이는 "다나카 내각은 중화인민공화국을 중국의 유일한 정통정부로 인정한다"는 말에 이의를 제기했다. 다케이리가 같은 의미라고 하자 발끈했다.

"정통은 계승을 의미한다. 중화인민공화국은 전 정권인 중화민국을 계승하지 않았다. 인민의 선택을 받은 합법적인 정부다. 합법의 반대어는 불법이다. 대만은 인민에게 버림받은 불법 정권이다. 불법 정권과 체결한 모든 조약을 폐기하기 바란다. 공명당은 문제될 것이 없다. 자민당의 법률 전문가들이 합법과 정통의 차이를 모를 리 없다."

다케이리는 정신이 번쩍 들었다. 귀국하면 다나카를 설득하겠다며 저우를 진정시켰다.

랴오청즈는 혁명 기간 감옥을 7번 들락거렸다. 들어갈 때도 웃고 나올 때도 웃는, 역경에 처해도 스트레스를 받지 않는 낙천가였다. 별명도 많았다. 덩샤오핑이 붙여준 '감옥전문가'를 제일 좋아했다. 이날도 발끈하는 저우언라이와 당황하는 다케이리를 바라보며 끼득거리는 바람에 모두를 웃기고 분위기를 풀었다. 배상 등 중요문제도 단숨에 합의를 도출했다.

베이징을 떠난 다케이리는 홍콩의 호텔에서 3일간 두문불출했다. 다나카에게 보고할 비망록 작성하느라 끼니를 거르고 잠도 설쳤다. 귀국 이튿날 오히라와 함께 총리 관저로 갔다. 비망록 보여주며 설명도 곁들였다. 다나카는 흥분했다. "내가 직접 중국에 가겠다. 빠르면 빠를수록 좋다"는 말만 반복했다. 비서를 불렀다.

"당장 중국 인물 평전과 회고록을 수집해라."

밤마다 중국 연구에 몰두했다. 춥지도 덥지도 않은 9월 25일 방중을 중국에 통보했다.

저우언라이도 다나카의 성격과 습관은 물론 좋아하는 음식과 술, 노래까지 깡그리 조사하라고 지시했다. 실수도 잘하고 사과도 잘하는 사람이라는 생각이 들자 안심했다. 사진을 보니 앉는 자세가 쩍벌다리였다. 소파 다리를 한 뼘 낮추라는 지시도 잊지 않았다. 9월 말 도쿄의 집무실 온도도 체크하고 외출에서 돌아오면 얼음물부터 마신다는 정보도 확인했다.

9월 25일 베이징에 도착한 다나카는 숙소의 공기가 쾌적해서 놀랐다. 복무원이 들고 온 얼음물을 두 잔 들이켰다. 소파도 일본의 집무실보다 편했다. 피로가 풀릴 즈음 저우언라이의 방문을 받았다. 방풍 코트를 벗자 옆에서 거들었다. 다나카는 사진을 통해 저우의 오른팔이 불편한 것을 알고 있었다. 저우가 만류하자 입을 열었다.

"오늘부터 이 방의 주인은 나다. 총리는 최고의 귀빈이다. 내가 거드는 것이 당연하다."

저우도 웃고 다나카도 웃었다. 회담이 순조로울 징조였다.

상하이발레단 단장 쑨핑화(가운데)를
직접 만나 중국 방문의사를 밝힌 다나카(오른쪽).
1972년 8월 15일 오후, 도쿄 제국호텔.

발레외교에 분주한 일본 발레리나와
상하이발레단 단원들.
1972년 7월 23일, 시즈오카.

도쿄연락처와 베이징 연락사무소

중공(중국공산당)은 신중국(중화인민공화국) 선포 후 소련과 우호 조약을 체결했다. 일본은 미국 눈치 보며 대만의 중화민국과 외교 관계를 맺었다. 중화민국은 일본에 전쟁 배상을 요구하지 않았다. 20년 가까이 밀월관계를 유지했다. 중·소관계가 악화되자 미국과 중국이 손을 잡았다. 일본도 대륙과 관계 정상화를 추진했다. 그간 외교관계는 없어도 문화교류는 활발했다. '랴오청즈(廖承志) 사무실 도쿄연락처'와 일본이 베이징에 설립한 '다카사키 다스노스케(高崎達之助) 사무실 베이징연락사무소'라는 기관이 있었기 때문이다.

'도쿄연락처'와 '베이징연락사무소'는 수교가 없던 양국 관계를 민간교류에서 반관반민(半官半民) 단계로 격상시키는 역할을 했다. '중국 대외우호협회' 회장도 겸한 '도쿄연락처' 수석대표는 아무나 가는 자리가 아니었다. 위상이 해외 주재 대사 이상이었다.

'핑퐁외교'로 시작된 미·중관계의 파빙(破氷)에 일본은 민감하게 대응했다. 일·중관계 회복을 요구하는 정당과 사회단체의 집회와 시위가 줄을 이었다. 사회당과 공명당, 민사당도 중국을 방문해 공동성명을 발표했다. 자민당과 야당 의원 300여 명은 '일·중수교 촉진 의원연맹'까지 결성했다. 재계와 문화계는 말할 것도 없었다.

중국 총리 저우언라이가 랴오청즈를 불렀다.

"일본에 중국 바람 일으킬 필요가 있다."

랴오도 동의했다. 전 '도쿄연락처' 수석대표 쑨핑화(孫平化)에게 지시했다.

"일본 언론계 인사들을 접촉해라."

1972년 7월 10일 밤, 일본의 일·중문화교류협회와 『아사히신문』(朝日新聞)의 초청에 응한 상하이발레단 208명을 태운 일본 항공기 2대가 하네다 공항에 착륙했다. 야밤에 내리는 보슬비도 일본의 중국 선풍 식히기엔 역부족이었다. 환영객 2,000여 명이 몰려와 극성을 떨었다. 7월 12일, 다나카 내각 출범 1주일 후, 『아사히신문』이 주관한 상하이발레단 환영연도 가관이었다. 전국에서 운집한 각계 인사 2,000명이 쑨핑화의 입을 주목했다. 쑨도 참석자들의 귀를 실망시키지 않았다.

"우리가 온 이유는 단순한 문화교류 차원이 아니다. 정상적인 관계 회복 원망(願望)하는 양국 국민의 우호를 다지기 위해서다."

14일 첫 번째 공연에서 관객들은 발레무 「백모녀」(白毛女)에 열광했다. 단장 쑨핑화의 기자회견이 주목을 끌었다.

"나는 「백모녀」를 처음부터 끝까지 본 적이 없다. 중국 특유의 발레무에는 백지나 다름없다. 공연에 관한 질문은 삼가해주기 바란다."

기자들은 "뭐 저런 사람이 다 있느냐"며 어이가 없었다. 미모의 여기자가 온 이유를 물었다. 쑨은 노련했다. 실실 웃으며 입을 열었다.

"옛 친구들 두루 만나고, 새로운 친구도 만나러 왔다. 1개월간 전국 순회공연하며 새 친구의 연락오기를 기다리겠다."

쑨이 말한 새 친구는 일본 총리 다나카를 의미했다.

발레외교

배경 설명이 필요하다. 발레단 출발을 앞두고 저우언라이와 랴오청즈는 쑨핑화를 단장에 임명했다. 쑨에게 주지시켰다.

"너는 어린 나이에 일본으로 갔다. 우수한 대학 마치고 체류 기간도 길었다. 그간 발레는 이해하지 못해도 일본문화를 이해하고 일본인 홀리는 재주가 탁월했다. 일본에 보내는 이유는 다나카의 중국 방문을 앞당기기 위해서다. 일본 정부 안에는 우익세력이 만만치 않다. 10년 전 사회당 위원장이 중국과 관계 정상화 촉구하는 연설하다 무대에 뛰어오른 우익분자의 칼에 죽은 일이 있었다. 다나카는 발레단이 보내는 메시지에 무반응으로 일관할지도 모른다. 다나카를 만나겠다는 신호를 계속 보내라. 침묵을 깨고 나타날 때까지 그치지 마라. 발레외교로 핑퐁외교 못지않은 성과를 기대한다."

외무대신 오히라나 총리 다나카 면담에 필요한 정상회담 의제와 마오쩌둥의 생각도 알려줬다. 쑨핑화가 발레에 문외한이라며 반대하는 사람에겐 호통을 쳤다.

일본 언론이 상하이발레단과 쑨핑화의 동향, 일본인들의 반응을 연일 대서특필했다. 오히라는 쑨핑화가 중국 최고위층의 특사라고 직감했다. 직접 쑨을 만났다.

"나와 다나카는 일심동체(一心同體)의 맹우다. 외교 문제는 내게 전권을 부여했다. 양국관계를 정상화시킬 시기가 도래했다."

쑨핑화도 평소 마오쩌둥의 구상을 전달했다.

"상대가 오면 대화를 나누고 싶다. 말로 묵혔던 체증이 풀려도 좋고, 안 풀려도 좋다. 몰려오는 불길이 맹렬하다. 중요한 물건은 빨리 꺼내야 한다. 바람 그치기 기다렸다간 모두 재가 된다. 주석은 다나카 총리와 오히라 외무대신이 베이징에 와서 저우언라이 총리와 회담하기를 희망한다."

8월 11일, 오히라가 다시 쑨핑화를 접견했다.
"발레단 귀국 전 다나카 총리가 직접 쑨 선생에게 중국방문 의사를 전달하고 싶어 한다."

8월 15일, 발레단 귀국 하루 전 다나카가 오히라와 관방장관 니카이도를 대동하고 제국호텔 쑨핑화의 숙소를 방문했다. 쑨에게 정식으로 저우언라이 총리의 중국방문 요청 수락을 전달했다. 쑨이 9월 25일에서 30일까지가 좋다고 하자 그것도 수락했다.
다나카는 저우언라이에게 행동으로 메시지를 보냈다. 일본 항공기 타고 귀국하는 상하이발레단은 홍콩을 경유하지 않고 상하이로 직행했다. 저우도 다나카에게 메시지를 잊지 않았다. 홍차오 공항에 3,000명을 동원해 발레단의 귀국을 환영했다.

암살 기도

1972년 9월 초, 중국은 일본과 관계정상화를 앞두고 대만의 중화민국 정부를 난도질했다.
"중화인민공화국 정부가 중국의 유일한 합법 정부다. 대만은 중화인민공화국 영토의 일부분이다. 일본과 대만이 체결했던 모든 조약은 불법이며 무효다."

9월 16일, 일본 자민당 대표단이 베이징에 도착했다. 목적은 총리 다나카의 중국 방문 마지막 준비 공작이었다. 공동성명 초안에 합의하기까지 이틀이 걸렸다.

일본 자민당에는 친대만파가 많았다. '청풍회'(淸風會)를 중심으로 총리 다나카의 베이징 방문 반대 목청이 만만치 않았다. 여론 주도층도 마찬가지였다. 대륙과의 관계정상화만 지지했다. 대만과의 단교는 지지하지 않았다. 다나카도 암살당할지 모른다는 예감이 들었다. 출국 전날 딸 마키코에게 유언 비슷한 말을 남겼다.

"어느 나라를 가건 너를 데리고 다녔다. 중국은 함께 갈 수 없다. 대륙이나 대만의 자객들이 우리를 기다릴지 모르기 때문이다. 너는 나의 유일한 자식이다. 네게 무슨 일이라도 생기면 가업을 계승할 사람이 없다."

외무대신 오히라에겐 대놓고 불안함을 숨기지 않았다.

"골프장에 가자."

오히라가 반문했다.

"내일 우리는 베이징에 가야 한다. 골프가 웬 말이냐?"

다나카는 씁쓸한 표정을 지었다.

"어쩌면 마지막 골프가 될지 모른다. 베이징에 가면 살아서 돌아오지 못할 예감이 든다. 사람은 모두 죽기 마련이다. 골프 치며 준비를 하고 싶다. 중국과의 담판에 실패하면 우리의 생명도 끝난다."

과장이 아니었다. 당일 밤 경시청이 세타가야(世田谷)에서 다나카 암살을 기도하던 우익청년을 체포했다. 오히라와 관방장관 니카이도의 가족들은 매일 밤 협박 전화에 시달렸다.

1972년 9월 27일 밤 중난하이(中南海)의 마오쩌둥 서재.
오른쪽부터 랴오청즈, 일본 관방장관 니카이도, 외무대신 오히라,
다나카 총리, 마오쩌둥, 저우언라이, 중국 외교부장 지펑페이(姬鵬飛).

중국도 다나카 방문이 임박하자 선전활동을 폈다.

"일본 군국주의자 일부와 일본 국민을 구분할 줄 아는 지혜가 필요하다. 일본 인민도 중국 인민과 매한가지로 지난 전쟁의 피해자들이다."

닉슨보다 거창한 다나카 영접

9월 25일 오전 베이징 공항에서 열린 환영 장면도 닉슨에 비해 거창했다. 닉슨은 의장대 도열이 다였다. 환영 군중이나 헌화도 없었다. 다나카는 달랐다. 3,000명이 꽃 수술 흔들고 총리 저우언라이와 예젠잉(葉劍英) 등 지도층의 영접을 받았다. 다나카는 저우와 악수 나누며 자기소개를 했다.

"성명은 다나카 가쿠에이, 당년 54세, 현직 일본 총리다. 잘 부탁한다."

다나카는 평소 중국 음식과 술을 좋아했다. 첫날 오찬 때 식욕 과시하며 마오타이주(茅台酒)를 통음했다. 첫 번째 회담도 마오타이주 칭찬으로 시작했다.

"정말 좋은 술이다. 회담 끝나고 또 마시고 싶다."

저우언라이가 외교부장 지펑페이(姬鵬飛)에게 지시했다.

"귀국 선물로 마오타이주 48병을 준비해라."

일본에 마오타이주 선풍이 일었다. 가격이 4배로 급등했다.

인민대회당에서 환영 만찬이 열렸다. 다나카의 답사 중 한 구절이 중국 측 참석자들의 심기를 건드렸다. "지난 수십 년간 양국 관계에 불행한 시절이 있었다. 중국 국민들에게 유감을 표한다"를 일본 측

통역이 "폐를 끼쳤다"로 옮겼다. 저우언라이의 영문전담 통역 탕원셩(唐聞生)이 당시 분위기를 구술로 남겼다.

"큰 전쟁을 일으킨 일본이 '폐를 끼쳤다'는 한마디로 얼버무리는 것은 가당치 않다는 생각이 들었다. 감정 표현 자제하는 총리도 만면에 불만이 가득했다."

일본 언론들은 저우가 다나카의 앞접시에 음식 놔 주는 사진과 화기애애한 만찬 분위기를 대서특필했다. 『아사히신문』은 달랐다. 다나카 총리의 치사는 길었다. 한 단락이 끝날 때마다 중국 측 참석자들의 박수가 요란했다. 저우언라이가 '재난'이라고 했던 전쟁을 다나카 총리가 '폐를 끼쳤다'고 하자 장내에 냉기가 돌았다. 박수는 커녕 자리를 뜨는 중국인도 있었다. 두 번째 회담에서 저우가 다나카의 발언에 문제를 제기했다. 다나카는 솔직했다.

"중국은 선거가 없어서 좋겠다. 우리는 무슨 일이건 선거를 통해 결판이 난다. 말 한마디 잘못했다가 암살당하는 경우가 허다하다. 일본의 친대만파를 의식하지 않을 수 없다."

변명도 곁들였다.

"일본에선 '폐를 끼쳤다'는 말 속에 사죄의 의미가 있다. 내 생각을 말하겠다. 과거사에 책임을 통감하고 사죄한다."

마오와 다나카의 회견

최종 정리는 마오쩌둥이 했다. 9월 27일 저녁 무렵 외교부 '예빈사 사장'(의전장) 한쉬(韓敍)가 일본 측에 통보했다.

"오늘밤 마오 주석과 귀국 총리의 회견이 있다. 몇 시가 될지는 나

1972년 9월 29일 오전,
연합성명에 서명을 마친 저우언라이(오른쪽)와 다나카.

도 모른다. 8시에서 9시 사이로 알면 된다."

다나카는 긴장했다. 계속 얼음물만 마셔댔다. 8시 무렵 저우가 랴오청즈, 지펑페이와 함께 다나카의 숙소에 나타났다. 다나카는 얼음물을 두 잔 더 마시고 저우의 차량에 탑승했다. 오히라와 니카이도는 지펑페이와 랴오청즈의 차에 동승했다.

마오가 직접 문 앞에서 다나카 일행을 맞이했다. 악수를 나눈 다나카의 첫마디가 모두를 웃겼다.

"화장실을 빌리고 싶다. 소변이 급하다."

마오가 화장실로 안내했다. 볼일 마치고 나온 다나카의 긴장을 풀어줬다.

"혁명 시절 길바닥이나 논두렁에서 대소변 보면 정말 시원했다."

다나카도 "나도 노가다 시절 그랬다"며 웃었다.

자리에 앉은 마오쩌둥은 농담으로 대화를 시작했다.

"최근 나는 대관료주의자로 변신했다. 손님을 오래 기다리게 하는 습관이 생겼다."

니카이도에게 랴오청즈를 소개했다.

"국민당 원로 랴오중카이(廖仲愷) 선생과 허샹닝(何香凝) 동지의 아들이다. 와세다대학 재학 시절 야구부였다. 일본 사정에 훤하다."

니카이도도 동의했다.

"일본인 치고 랴오 선생 모르는 사람은 없다. 참의원에 나가도 쉽게 당선된다."

다나카와 저우에게도 눈길을 줬다.

"회담은 싸움이다. 싸우다 보면 저절로 친구가 된다. 평등을 유지하며 열심히 싸워라. 전 세계가 우리의 만남을 놓고 전전긍긍한다. 미국과 소련은 대국이다. 조심해야 한다. 방심은 금물이다."

배상문제도 거론했다.

"장제스가 이미 배상을 요구하지 않았다. 우리도 뒤만 보고 살 수 없다. 앞이 중요하다."

니카이도는 회고록에서 마오와의 만남을 한마디로 평했다.

"회담이 아니었다. 1시간가량 마오쩌둥 혼자서 얘기했다. 우리는 듣기만 했다. 귀국길에 오른 다나카는 딸을 데리고 가지 않은 것을 후회했다."

지식인의 향연 7

"인간 사회의 수많은 비극은 입과 손끝에서
시작됐다. 언론자유의 본질은 특정된 내용과 목적이
필요 없다. 지금 우리는 언론의 자유가 혼란을
일으키고 종식시킬 수도 있는 도구로 변질된,
자유와 방종을 구분하기 힘든 시대에
살고 있다. 방종의 원동력은 지나친 열정과
사욕(私慾)이다. 자유는 다르다. 이성과 책임이
출발점이다. 방종과 혼합이 불가능하다."

젊은 지식인들의 우상

"사색이 없는 사람은
행동이 거칠고 염치를 모른다."

절세의 자유주의자 사상가

1950년대와 60년대, 대만에는 대륙에서 명성을 날리던 지식인들이 부지기수였다. 그중 가장 저명한 인물 한 명만 꼽으라면 누가 뭐래도 후스(胡適)였다. 영향력이라면 얘기가 달라진다. 천하의 후스도 인하이광(殷海光)엔 미치지 못했다. 자유주의의 상징으로 이름만 나란히 했다.

1949년 말 국민당은 대륙에서 실패했다. 대만 천도 후 실패 원인을 분석했다. 한쪽은 전제(專制)에 철저하지 못했다며 보다 강력한 1인독재를 주장했다. 다른 한쪽은 정반대였다.

"자유와 민주를 너무 억압했다. 말로만 혁명과 진보를 외쳤다. 국민이 우리를 버렸다. 철저한 반성이 먼저다."

반성을 주장한 사람은 극소수였다. 호응도 기대 이하였다. 반성에 성공한 사람이 인하이광이었다.

인하이광의 제자가 스승의 성공 원인을 글로 남겼다.

"선생의 강의는 문장만 못했다. 문장도 한가하게 차 마시며 나

누던 한담 내용만 못했다. 한담도 강연만 못했다. 강연은 재기가
번득거렸다. 감성 색채가 농후한 이성의 설파였다. 흡입력도 대단
했다. 우리의 정신적 자석이었다. 모든 것을 덮고도 남을 원인이
있다. 선생은 매력이 있었다."

1976년, 세계 각국 작가 300여 명이 연합으로 일을 벌였다. 미국
인 남편과 함께 아이오와대학에 작가습작교실을 설립한 중국 여류
작가 녜화링(聶華苓)을 노벨평화상 후보로 추천했다. 녜화링의 작
품들이 영어권은 물론 한자문화권을 강타했다. 문학작품보다 단편
소설 모음 형식의 회고록이 주목을 끌었다. 황당했던 시절의 중국
명인들, 특히 인하이광의 이야기를 유려한 문체로 접한 독자들의
반응은 긴말이 필요 없었다. "애통하다" 한마디면 충분했다. 여자들
이 특히 심했다. 학생, 미혼여성, 유부녀, 노는 여자 할 것 없이 하는
말들이 비슷했다.

"인하이광과 몇 년을 한집에서 생활한 녜화링 모녀는 복을 타고
났다. 20년을 부부로 함께한 샤쥔루(夏君璐)는 말할 것도 없다. 부
러워 죽겠다. 나라면 몇 달만 같이 살다 죽어도 여한이 없겠다."

소년 인하이광은 조숙했다. 중학생 시절 철학자 진웨린(金岳霖)
의 난해한 논리학 서적 읽으며 새벽을 기다렸다. 모르면 읽고 또 읽
으면 된다는 것을 일찍 깨달았다. 고등학교 마치자 진웨린 만나겠다
며 무조건 베이핑(지금의 베이징)으로 갔다. 칭화대학 철학과 교수
진웨린은 타고난 자유주의자였다. 사람이라면 누구나 똑같이 대하
고 존중했다. 나이나 신분은 중요하지 않았다. 생면부지의 청년에

샤쥔루의 부친은 '큰 사고 칠 놈'이라며 인하이광과의 결혼을
반대했다. 가출한 샤쥔루는 대만행 마지막 배에 올랐다.
대만대학 농학과 졸업 후 인하이광과 결혼했다.

게 맥스웰 커피 권하며 친절을 베풀었다. 대철학자의 서재를 본 인하이광은 깜짝 놀랐다. 서가에 책이라곤 30여 권이 다였다. 용기를 내서 이유를 물었다. 비수 같은 답이 소년의 가슴을 파고들었다.

"학술서적이건 문학작품이건 유행을 탄 책들은 선전문이나 다름없다. 사색의 원천이 될 몇십 권이면 충분하다. 사색이 없는 사람은 행동이 거칠고 염치를 모른다. 사색은 사고가 한곳에 정착하는 것을 허락하지 않는다. 자신을 진보나 보수라 규정하는 사람들은 변기통에서 꿈틀거리는 구더기나 다름없다."

평생의 스승 진웨린

1937년 여름 중·일전쟁이 발발했다. 진웨린은 쿤밍(昆明)에 있는 전시 중국의 최고학부 서남연합대학으로 자리를 옮겼다. 인하이광은 진웨린이 있는 곳이라면 어디라도 좋았다. 서남연합대학에 합격했다. 전국에서 몰려온 준재들과 어울리며 진웨린의 지도를 받았다. 정치적으로는 장제스를 지지하고 숭배했다. 틈만 나면 국민당 기관지 『중앙일보』에 민족주의와 애국주의 내지는 파시즘 성향이 강한 글을 투고했다. 내용이 격렬하고 흡입력이 있었다. 학생들 사이에서 자타가 인정하는 우파로 명성을 떨쳤다. 장제스 숭배가 원인이었다.

국민당 지도부가 인하이광을 내버려두지 않았다. 『중앙일보』에 자리를 마련했다. 필봉이 매서웠다. 장제스도 어떤 청년인지 궁금했다. 관저에서 인하이광과 점심 하며 장시간 얘기를 주고받았다. 서로 실망했다. 장제스는 기대를 접지 않았다. 버르장머리 없는 청년을 『중앙일보』 주필에 임명했다. '민심을 수습하라'는 인하이광의 글 읽고 얼굴을 찌푸렸다. 불쾌한 내용이지만 틀린 말은 아니었다. 국·공전쟁 패배를 감지하자 중요 임무를 줬다.

"『중앙일보』를 타이베이로 이전해라."

인하이광은 싸구려 니켈반지를 사서 곱게 포장했다. 친구 여동생 샤췬루와 강변을 산책했다. 헤어질 무렵 선물을 줬다.

"나는 대만으로 떠난다. 인연이 있으면 대만에서 만나자. 5년이고 10년이고 기다리겠다. 올 때는 이 반지를 끼고 와라. 싫으면 저 강물에 던져버려라. 네가 오면 나는 무조건 네 말만 듣겠다."

샤췬루는 나이는 어려도 알 건 다 알았다. 반지를 인하이광에게 돌려주면서 왼손 약지를 내밀었다.

타이베이에 정착한 '대만판 『중앙일보』' 주필 인하이광은 민주와 인권을 노래하며 언론의 자유를 맘껏 누렸다. 대만대학도 철학과 교수로 초빙했다. 강의실은 연일 인산인해였다. 인하이광의 시대가 열리기 시작했다.

귀여운 괴짜

네화링은 소녀 시절 글솜씨가 출중했다. 난징의 중앙대학 외국문학과 재학 시절 퇴짜 맞을 셈 치고 문학잡지에 가명으로 원고를 보냈다. 결과가 의외였다. 고액의 원고료와 글 청탁이 계속 들어왔다.

하루는 교육부 차장이 보자고 했다. 만나보니 순국한 부친 친구였다. 싱거운 말만 주고받았다.

"일자리 구한다고 들었다."

"맞다."

"교사를 시켜주마."

"교사는 싫다."

차장은 웃기만 했다.

"하고 싶은 일 있으면 말해라."

"나도 잘 모르겠다."

런던대학 마치고 여러 대학교수를 역임한 항리우(杭立武)는 마음이 넓었다. 무례를 나무라지 않았다. 격려해줬다.

"네 글을 봤다. 글에 속기(俗氣)가 없다. 계속 써라. 네 모친은 훌륭한 교사였다. 잘 봉양해라."

녜화링은 졸졸 따라다니던 대학 동기와 결혼했다. 남편은 결벽증과 의처증이 심했다. 언어폭력이 이만저만 아니었다. 항상 밖으로 떠돌았다. 1년에 한 번 얼굴 보기도 힘들었다.

1949년 중반, 국민당은 내전 패배를 자인했다. 대만 천도 앞두고 순국한 장성 유족들을 챙겼다. 녜화링 가족도 1949년 6월 대만 땅을 밟았다. 당장 먹고살 길이 없었다. 거리에서 만난 대학 친구가 일자리를 소개하며 수다를 떨었다.

"국민당 중앙위원 레이전(雷震)이 『자유중국』(自由中國)이라는 잡지를 창간했다. 편집위원들의 면면이 교육부장과 대만은행

총재 등 화려하고 다양하다. 대만대학 교장 푸쓰녠(傅斯年)이 철학과 교수로 초빙한 자유주의자 인하이광도 편집위원으로 참여했다. 발행인은 미국에 있는 후스이지만 실제 업무는 레이전이 총괄한다. 장제스도 자금 지원을 했다고 들었다. 내가 보기에 너는 남자보다 문자(文字)와 인연이 많다. 지금『자유중국』은 좋은 필자 구하느라 분주하다. 내가 레이전 부부를 잘 안다. 소개할 테니 함께 가자.”

레이전은 녜화링의 참여를 반겼다. “좋은 글 부탁한다”며 집까지 마련해줬다.

“대만성 주석 우궈전(吳國楨)이 일본 적산가옥 한 채를 우리에게 내줬다. 방 3개에 거실도 쓸 만한 집에 인하이광 혼자 살고 있다.”

녜화링은 인하이광에 관한 소문을 익히 들었다.

“성격이 괴팍하고 변덕이 심하다. 비사교적이고 오만함이 말로 표현하기 힘든 사람이다. 흉측한 집에 귀신과 함께 산다.”

거처가 마땅치 않았던 녜화링은 선택의 여지가 없었다. 어린 두 딸과 모친 모시고 이사했다. 남루한 복장으로 마당에서 서성이던 인하이광은 표정이 없었다. 그날 밤 모친은 괴물 중에 상괴물과 한 집에 살게 됐다며 한숨만 내쉬었다. 녜화링도 걱정이 태산 같았다. 날이 밝자 상황이 급전했다. 모친이 장미꽃 한 다발 들고 녜화링을 깨웠다. “일어나 보니 방문 앞에 꽃이 놓여 있다. 귀여운 괴짜를 괴물로 오해했다. 꽃 좋아하는 사람치고 나쁜 사람은 없다. 하류배들의 입소문은 귀에도 담지 말라”며 행복한 미소를 지었다. 녜화링의

1958년 4월 대만에 정착한 후스(둘째 줄 왼쪽 넷째)는 정부 눈 밖에 난
『자유중국』과 선을 그었다. 중앙연구원 원장 취임을 앞두고 『자유중국』
편집위원들과 마지막 만찬을 나눴다. 후스 왼쪽이 녜화링과 샤쥔루.
셋째 줄 중앙 장신이 레이전, 레이전 오른쪽 둘째가 인하이광.

회고 한 구절을 소개한다.

"장미꽃을 계기로 중국이 자랑하는 자유주의자는 우리 가족에
합류했다. 같이 저녁이라도 하는 날은 밥보다 언어의 성찬이 벌
어졌다. 인하이광은 아름다움과 애정, 중국인의 문제점과 미래의
세계, 쿤밍(昆明)의 서남연합대학 시절과 존경하는 스승 진웨린
과의 인연, 쿤밍의 가을 하늘과 야생화, 러셀, 하이에크, 아인슈타
인과 주고받은 편지 얘기하며 모친을 웃기고 울렸다. 애정 표현도
특이했다. 매주 토요일 대만대학 재학 중인 약혼자 샤쥔루가 오
면 말없이 바라보며 웃기만 했다."

인하이광의 강연 참관 회상도 빠뜨리지 않았다.

"모친이 조르기에 함께 갔다. 인하이광은 젊은 지식인들의 우
상이었다. '우리의 총통은 위대한 반공주의자다. 그래서 나는 총
통을 지지하고 존경했다. 총통이 모순덩어리라는 것을 알고 지지
를 철회했다. 총통은 스탈린을 맹렬히 비난하면서 전제(專制)는
계승했다. 자유와 인권을 무시하고 좁디좁은 섬에 계엄령이 웬
말이냐'는 말에 환호가 터졌다. 강연 마친 후 우리 모녀 발견하자
씩 웃으며 손을 흔들었다. 모친도 두 손 번쩍 들고 화답했다. 청중
들의 시선이 우리를 향했다. 열렬한 박수 보내며 인하이광을 연호
했다."

레이전은 녜화링의 글을 좋아했다.

"미국에 있는 후스도 여사 글 보고 칭찬했다. 문예(文藝)란 전담하고 편집위원회 회의에도 참석해라."

녜화링은 자기주장이 강했다. 조건을 달고 수락했다.

"순수문학 작가를 발굴하고 반공문학은 배제하겠다."

당시 국민당은 반공문학이 아니면 문학으로 취급하지 않았다. 작가들은 먹고살기 위해 반공문학에만 전념할 때였다.

그날 밤 인하이광이 모녀의 방을 노크했다.

"잠깐 들어가고 싶다."

맥스웰 커피 두 잔 들고 한 개밖에 없는 등나무에 털썩 앉았다. 모녀에게 한 잔씩 주고 후스를 비판했다.

"신문화운동시기 청년들을 들뜨게 했던 후스는 이미 죽었다. 정치가도, 학자도, 사상가도 아니다. 세계 각국 다니며 명예학위 수집가로 전락했다. 34개 명예학위 받은 것 자랑하는 속물로 변했다. 지금 대륙과 대만은 해외에 있는 명망가 영입에 분주하다. 후스가 어린 아들이 있는 대륙을 버리고 대만으로 온다는 소식을 접했다. 천륜을 무시한 사람이다. 지금은 『자유중국』의 상징이지만 언제 우리를 버릴지 모른다."

인하이광의 예측은 적중했다.

녜화링은 70년 전, 인하이광이 타준 커피 맛을 평생 잊지 못했다. 100세를 앞둔 지금도 최고의 커피는 맥스웰이라는 말을 자주 한다.

『자유중국』의 진정한 영혼

"법 앞에는 모두가 평등하다는 말 남발하는 사람은 법을
다룰 자격이 없다. 법을 통치의 도구로 이용할 가능성이 크다."

명연기자 후스

먼 옛날부터 인간은 유희(遊戲)를 좋아했다. 구경은 더 즐겼다.
세월이 흐를수록 정치도 한 편의 유희라고 단정하는 사람들이 늘어
났다. 정치무대에서 명연기 뽐내는 인물들에게 흥미를 느꼈기 때문
이다.

중국인이 자유와 민주의 상징이라 추앙하던 후스는 명연기자였
다. 등 떠밀고 여차하면 뒤로 빠지는 재주에 능했다. 믿고 있다 골탕
먹은 사람이 한둘이 아니었다. 1949년 봄 후스는 대륙을 떠나기로
작정했다. 상하이에서 미국 갈 기회 엿보던 중 국민당 중앙위원 레
이전(雷震)의 방문을 받았다. '자유와 민주'를 선전하는 간행물을
내자고 하자 입이 벌어졌다. 즉석에서 동의했다.

"잡지 이름은 『자유중국』으로 하자. 발간사는 미국으로 가는 배
안에서 작성하겠다."

대만에 정착한 레이전은 『자유중국』을 창간했다. 발행인에 미국
에 있는 후스의 이름을 올렸다. 창간호를 받아본 후스는 편집위원의
면면에 깜짝 놀랐다. 국민당 개혁파는 그렇다 치더라도 인하이광은

『자유중국』 문예란을 총괄하던 시절 『자유중국』의
여류 작가들과 자리를 함께한 녜화링(가운데).

버거웠다.

『자유중국』은 젊은 군인과 지식청년들을 열광시켰다. 독자투고가 줄을 이었다. 국민당 비판으로 통치권력과 충돌 직전까지 간 적이 한두 번이 아니었다. 창간 2년 후 일이 벌어졌다. 1951년 가을 고리대금업자들의 금융사건이 터졌다. 보안사령부가 함정을 파서 범인들을 체포했다. 인하이광을 위시한 편집위원들은 분노했다. "정부가 범죄를 저지르도록 유도했다"며 정부를 맹폭했다. 보안사령부 부사령관 펑멍지(彭孟緝)는 보안사령부 실세였다. 『자유중국』 편집위원 체포를 지시했지만 대만성 주석을 겸한 사령관의 반대로 주저 앉았다. 미국에 있던 후스는 불안했다. 레이전에게 묘한 편지를 보냈다.

"범죄를 유발토록 한 정부를 비판한 옛 친구들의 글에 감동했다. 경의를 표한다. 군사기관의 언론 자유 간섭에 분노한다. 항의 표시로 발행인직을 사직하겠다."

당시 대륙과 대만은 해외에 있는 명망가 영입에 열을 올렸다. 전 총통대리 리쭝런(李宗仁)과 우주과학자 첸쉐썬(錢學森), 전 주미대사 후스의 향방이 주목을 끌었다. 1952년 11월 미국을 출발한 후스의 대만 도착은 국민당 지지를 의미했다. 정부와 척을 진 『자유중국』과의 관계 설정에 관심이 집중됐다. 인하이광 등 젊은 편집위원들은 후스를 믿지 않았다.

"고통을 삼킬 줄 모르는, 양지만 찾아다닌 사람이다. 전쟁 시절 중국에 있어본 적이 없다. 미국에서 여자와 명예학위 구걸에만 열중했다. 말로만 민주와 언론의 자유, 관용을 외치며 청년들을 험지로 떠밀었다. 정작 일이 터지면 미꾸라지로 돌변했다. 요리 빠지고 조리 빠졌다. 대만 선택은 우리와 상관없다."

레이전은 달랐다. 후스의 『자유중국』 지지를 의심치 않았다.

"후스는 누가 뭐래도 『자유중국』의 사장이다. 창간 3주년에 맞춰 대만으로 왔다. 열렬히 환영해야 한다."

네화링에게 권했다.

"후스가 여사의 글을 좋아한다. 공항에 나가 환영 화환 주도록 해라."

네화링은 후스가 싫었다. 레이전의 책상에 메모를 남겼다.

"제게 헌화를 요청하셨습니다. 공항에서 벌어질 아름답고 열광적인 정경이 눈에 선합니다. 저는 아름다운 여자가 아닙니다. 갈채의 중심에 함께할 자격이 없습니다. 헤아려주시길 청합니다."

그날 밤 레이전은 후스와 『자유중국』 동인들을 집으로 초청했다. 후스 만나느니 엄마와 윌리엄 홀든 나오는 영화 보러 가겠다는 네화링을 인하이광이 달랬다.

"후스는 『자유중국』의 호신부다. 부적 보러 가는 셈 치고 함께 가자. 헌화 거절은 잘했다. 유명 작가에게 헌화 권한 레이전의 고충을 이해해라."

모친도 인하이광 편을 들었다.

"윌리엄 홀든은 항상 우리 모녀를 기다린다. 다음에 보러 가자."

후스의 대만 방문은 대형 사건이었다. 레이전의 집 앞에 기자들이 진을 쳤다. 문단의 총아로 자리 잡은 『자유중국』 문예란 주임 네화링이 나타나자 머리 굴리기에 분주했다. 다양한 소문이 퍼졌다.

대만대학 철학과 교수 시절 열강하는 인하이광.
학생들 외에 교수들, 특히 여교수들이 많이 청강했다.

"후스가 대만에 온 이유는 단순하다. 좋아하는 여류작가 만나는 것이 주목적이다."

떠도는 말도 부지기수였다. 한 가지만 소개한다.

"이름 밝히기 꺼려 하는 여인이 후스에게 홀딱 반했다. 가는 곳마다 모습을 드러낸다. 문밖에서 기다리다 이동하는 곳으로 몇 발짝 뒤에서 따라간다. 이름만 대면 알 수 있는 사람이다."

뜬소문의 피해를 입은 녜화링은 후스가 더 싫어졌다. 위로하는 인하이광에게 너 때문이라고 화를 냈다.

『자유중국』이 후스 환영회와 창간 3주년 기념식을 열었다. 사회 명사와 국민당 관료 100여 명을 초청했다. 후스가 대만 도착 후 첫 번째 마이크를 잡았다. 레이전과『자유중국』동인들을 추켜올렸다.

"그간 레이 선생과『자유중국』은 민주와 자유를 위해 분투했다. 대만인들은 선생의 동상을 건립해야 한다."

박수가 요란했다. 이어서 엉뚱한 발언을 했다.

"『자유중국』잡지는 발행인에 내 이름을 사용했다. 국민당 원로 한 분이 내게 다가와 발행인을 환영한다는 말을 했다. 나는 발행한 적이 없는 발행인이라며 부끄럽다고 했다. 수년간 발행인이라는 허명에 도취했다. 책임지려 해도 질 일이 없어 곤혹스럽다. 이제 허명에서 벗어나려 한다."

인하이광이 조용히 자리를 떴다. 따라오는 녜화링에게 한마디 했다.

"저거 꼭 저럴 줄 알았다."

편집동인들은『자유중국』의 진정한 영혼을 찾았다. 인하이광 외에는 적합한 사람이 없었다.

복잡하면서도 단순한 사람

인하이광은 책과 꽃을 생명처럼 여겼다. 이재에는 숙맥이었다. 대만대학 교수 월급과 원고료도 적지 않았지만 항상 빈털터리였다. 매일 아침 한집에 사는 『자유중국』 동인 녜화링의 모친에게 더우장(豆漿) 사 먹을 돈을 빌렸다.

"아침 먹을 돈이 없다. 원고료 나오면 갚겠다."

녜화링의 모친은 기다렸다는 듯이 한마디 하며 돈을 내줬다.

"인 선생아, 원고료 받으면 통째로 내게 맡겨라. 제발 꽃과 책은 그만 사라."

같은 일을 하루도 거른 적이 없었다.

녜화링에게 소설을 쓰라고 권한 사람도 인하이광이었다.

"너는 총명한 여자다. 남이 쓴 소설만 보지 말고 직접 써라."

2003년 봄, 80세를 앞둔 녜화링이 반세기 전 타이베이의 골목에서 모친과 두 딸 데리고 절세의 자유주의 사상가와 한집에 살던 시절을 회상했다.

"당시 나는 너무 가난했다. 만년필 사고 싶어도 돈이 없었다. 먹물과 펜으로 만족했다. 하루는 인하이광이 원고료 탔다며 파커 만년필 사 들고 와서 모친에게 자랑했다. 어린애처럼 좋아하는 인하이광 바라보며 웃기만 하던 모친이 달래듯이 말했다. '이 사람아! 쓰던 만년필 두고 새것은 뭐 하러 샀느냐. 지금 네가 입고 있는 옷을 봐라. 진작 쓰레기통에 들어가야 할 것들이다. 비싼 만년 필이 웬 말이냐?' 인하이광은 줄 사람이 있다며 자기 방으로 들 어갔다. 잠시 후 그간 사용하던 파커 만년필 들고 나와 내게 줬 다. '오래 썼지만 소설 몇 권은 더 쓸 수 있다.' 나는 대사상가가 오랫동안 사용하던 만년필을 받고 감동했다."

이튿날 저녁 인하이광이 녜화링 모녀의 방을 노크했다. 좌불안석, 한동안 어쩔 줄 몰라 쩔쩔매다 어렵게 입을 열었다.

"만년필을 돌려줘도 되겠느냐?"

녜화링은 웃음이 나왔다.

"원래 모두 네 만년필이다."

인하이광은 아니라며 손사래를 쳤다.

"네게 줬으니 이젠 네 물건이다. 다시 달라는 것은 예의가 아니다."

만년필을 돌려받은 인하이광은 고맙다며 세세(謝謝)를 연발했다. 이어서 두 손으로 새로 산 만년필을 녜화링에게 선물했다. 옆에서 지켜본 녜화링의 모친은 어이가 없었다.

"복잡하면서도 단순한 사람이다. 원래 너 주려고 산 만년필이다. 부담 덜어주려고 저런 식으로 선물하는 사람은 처음 본다."

당시 파커 만년필은 고가였다. 밀가루 15부대 값과 비슷했다. 녜화링은 인하이광의 귀한 선물로 소설 6권을 썼다.

압수수색

인하이광과 녜화링의 모친은 서로를 아꼈다. 1951년 봄, 공군에 있던 네화링의 남동생이 항공기 사고로 세상을 떠났다. 네화링은 모친에게 사실을 숨겼다. 영민한 모친이 아들의 사망을 모를 리 없었다. 인하이광은 졸지에 자식 잃은 여인은 돌아버리기 쉽다는 것을 누구보다 잘 알았다. 매일 황혼 무렵 밖에 나가자며 손을 내밀었다.

『자유중국』 사택 인근은 사방이 논밭이었다. 함께 산책하며 생사애락(生死哀樂)과 전란과 생활과 종교를 얘기하며 심리적 방어막 만들어주기에 골몰했다. 6개월간 하루도 거르지 않았다. 1956년 샤쥔루와 결혼한 인하이광은 대만대학 교수 숙소로 이사했다.

1960년 9월 4일 토요일 오전 9시 대만경비총사령부(警總)가 『자유중국』 발행인 레이전과 직원 3명을 체포했다. 간첩불고지와 내란음모가 이유였다. 네화링의 집도 압수수색을 피하지 못했다. 모녀는 인하이광의 안위를 우려했다. 신문만 오면 체포자 명단을 꼼꼼히 살폈다. 인하이광이 체포를 면한 이유는 1951년 『자유중국』에 발표한 「언론자유의 인식과 기본조건」이라는 글 덕분이었다.

"언론의 자유는 천부(天賦)의 인권이다. 고대의 군주전제와 근대의 극권통치는 천부의 기본권리를 박탈했다. 언론의 자유 요구는 대역부도(大逆不道)나 마찬가지였다. 인간 사회의 수많은 비극은 입과 손끝에서 시작됐다. 언론자유의 본질은 특정된 내용과 목적이 필요 없다. 지금 우리는 언론의 자유가 혼란을 일으키고 종식시킬 수도 있는 도구로 변질된, 자유와 방종을 구분하기 힘든 시대에 살고 있다. 방종의 원동력은 지나친 열정과 사욕(私慾)이다. 자유는 다르다. 이성과 책임이 출발점이다. 방종과 혼합이 불가능하다.”

법치(法治)와 법률가의 자격도 한마디로 정의했다.

“법은 말이 없다. 다루는 사람이 중요하다. 법 앞에는 모두가 평
등하다는 말 남발하는 사람은 법을 다룰 자격이 없다. 법을 통치
의 도구로 이용할 가능성이 크다. 고지식하고 상식을 존중하는 사
람이 적합하다.”

젊은 나이에 10년간 『자유중국』 문예란 담당했던 녜화링은 발행
인 레이전과 주필 인하이광에게 받은 영향에서 평생 벗어나고 싶지
않았다. 10년간 『자유중국』 발행한 레이전은 혹독한 대가를 치렀다.
후스가 만인에게 건립 제의했던 동상은커녕 10년간 감옥 밥을 먹었
다. 인하이광은 대학에서 쫓겨났다. 특무요원과 문화경찰의 감시받
으며 연금생활 하다 나이 50에 백발이 된 채 세상을 뒤로했다. 마지
막 외출이 녜화링 모친의 병문안이었다

미묘한 인간관계

1911년 10월 신해혁명 후 선보인 중화민국은 동아시아 최초의
민주공화국이었다. 줄여서 민국(民國)이라 불렀다. ‘민국시기’는 전
통적인 농경문화와 서구문명의 충돌이 격렬했다. 국가와 국민을 덮
친 재난이 표현하기 힘들 정도였다. 학계와 사상계도 혼란이 극에
달했던 춘추전국(春秋戰國)과 위진(魏晉)시대와 흡사했다. 밤하늘

의 별처럼 무수한 대학자와 사상가들이 줄을 이었다. 백가쟁명(百家爭鳴), 화려하고 섬뜩한 문장과 언사(言辭)로 찬란함 뽐내며 서로를 물어뜯었다.

민국시대의 학자와 사상가들은 공통점이 있었다. 한결같이 학문의 독립과 자유만은 시종일관 견지했다. 자유를 만끽한 지식인들은 세계가 괄목할 만한 업적을 남겼다. 국민정부의 공이 컸다. 형편이 어려워도 교육투자는 아끼지 않았다. 지출이 군비(軍費) 다음이었다. 지식인을 너무 존중했던 장제스의 성격 때문이었다. 공산당 선전과 비호, 반대당 결성이 아니면 건드리지 않았다. 전쟁 시절에도 그랬고 대만으로 온 후에도 그랬다.

최고 학술기관 중앙연구원 원장 취임식에 장제스가 참석했다. 공개석상에서 늘 하던 말로 끝을 맺었다.

"중앙연구원도 정부의 통일대업에 힘써주기 바란다."

단상에 오른 원장 후스가 총통의 마지막 말에 불편한 심기를 표출했다.

"방금 한 총통의 말은 틀렸다. 중앙연구원은 순수 학술기관이다. 독립과 자유를 견지하지 못하면 존립할 이유가 없다. 통일대업은 정부가 할 일이다. 정부를 위해 복무하라는 요구는 받아들일 수 없다."

장제스는 속이 끓었다. 꾹 참았다. 측근들에게 지시했다.

1956년 3월, 인하이꽝과 샤쥔루의 결혼 축하연에 참석한
녜화링(왼쪽 둘째)과 녜의 모친(왼쪽 넷째).
이날 인하이꽝은 녜의 모친이 장만한 양복을 입었다.

"후스가 무슨 말 하건 내버려 둬라. 나와 정부를 비판해도 맞서지 말고 듣기만 해라. 외부에 보여줄 언론자유의 상징으로 가장 적합한 사람이다. 항상 존경받고 있다는 생각이 들도록 작은 부탁은 다 들어줘라."

1960년 가을, 한때 후스가 사장이었던 『자유중국』 발행인 레이전의 체포와 『자유중국』 봉쇄도 후스가 없는 틈을 이용했다. 최측근인 총통부 비서장 장췬(張羣)에게 귓속말했다.

"『뉴욕타임스』와 시사주간지 『타임』이 눈치챘다는 보고를 받았다. 레이전 체포를 대서특필하면 미국 출장 중인 후스가 레이전 구하겠다며 귀국할 것이 뻔하다. 군사재판에 회부해서 재판을 빨리 끝내라. 미욱한 군 재판부가 사형 선고하지 못하도록 조치해라. 형량은 10년이 적당하다. 『자유중국』 주간 인하이광은 학술사에 자리가 확고할 사람이다. 건드리지 마라. 대만대학 철학과 강의과목 없애고 월급은 평소처럼 지급해라. 후스가 나 면담 요청하면 시간 끌어라. 레이 얘기 꺼내지 않겠다는 확약 받은 후 수락해라. 그간 후스와는 독대만 했다. 지금은 상황이 다르다. 몇 명 배석시켜라."

장제스는 그래도 추종자들은 달랐다. 대만의 기재(奇才) 리아오(李敖)에게 국민당의 문화특무(文化特務)라고 매도당한, 중국 신유학(新儒學)의 대가 쉬푸관(徐復觀)이 후스를 맹폭했다.

"후스 선생은 박사학위에 눈이 먼 사람이다. 선생보다 박사를 존칭으로 아는 분이니 그렇게 부르겠다. 후스 박사의 중앙연구원 원장 취임은 중국인의 치욕이며 동방인의 치욕이다. 내가 그러는 이유는 후 박사가 문학·사학·철학·중국을 제대로 모르고, 서구의 과거와 현대는 더 이해 못 하기 때문이 아니다. 후 박사는 70년간 어느 학문이건 주변에도 제대로 접근해본 적이 없다. 서구에 관한 얕은 지식과 영어로 유구한 전통문화에 대한 무지를 덮으려 하는 열등의식의 결정체라는 것이 내 생각이다. 후 박사의 반론을 기대한다."

후스는 병 핑계로 대응을 피했다. 쉬푸관은 가벼운 상대가 아니었다. 중국의 완전 서구화를 주장하던 전반서화론자(全盤西化論者) 인하이광이 쉬와 논쟁을 벌였다. 시작이 심상치 않았다.

"언어가 너무 악독하다. 후스 원장이 그 정도는 아니다. 쉬의 편견이 그렇게 심한 줄 몰랐다."

쉬가 발끈했다.

한 시대를 풍미했던 쉬푸관과 인하이광은 적이면서 친구였다. 쉬가 기라성들이 운집한 신유학의 상징이라면 인은 자유주의의 기수였다. 가치관도 달랐다. 쉬는 전형적인 전통주의자, 인은 신문화운동의 세례를 받은 반전통주의자였다. 상대를 용납할 공간이 바늘구멍만큼도 없었다. 둘이 만나면 목청을 높이고 크게 웃기를 반복했다. 인이 녜화링의 모친에게 단언한 적이 있었다.

"20년간 쉬를 혐오했지만 내가 아는 최상의 인물 중 한 명이라는 생각을 접은 적이 없다. 내겐 가장 빼어난 감상의 대상이다. 반려자 샤쿼루도 쉬의 소개로 처음 만났다.”

녜의 모친은 감동했다. 딸에게 이런 말을 남겼다.

“인하이광은 열정과 용기로 충만한 이상주의자다. 원수 사이인 줄 알았던 쉬푸관을 가슴 깊은 곳에 담고 있는 것 보고 놀랐다. 두 사람은 단순한 적대관계가 아니다. 진정한 친구며 적이다. 저토록 미묘한 인간관계는 처음 본다.”

녜화링은 모친 병문안 온 인하이광을 모질게 대했다. 인이 다시 오겠다고 하자 고개를 가로저었다.

“다시는 오지 마라. 너와 병상의 모친이 마주한 모습 보면 너무 슬프다. 내 억장이 무너진다.”

인하이광은 알겠다며 등을 돌렸다. 죽음이 임박하자 녜화링 모녀와의 인연을 잊지 않았다. 지혜로운 조강지처 샤쿼루와 주고받은 서신을 제외한 저서의 저작권을 미국에 있는 녜화링에게 선물했다.

녜화링 모친 사망

1960년 9월 ‘대만경비총사령부’(경총)가 자유주의자의 보루『자유중국』을 봉쇄하고 사장 레이전을 감옥으로 보냈다.『자유중국』의 영혼이나 다름없던 총주필 인하이광도 온전치 못했다. 대만대학 교수직은 유지하되 교단에는 서지 못했다. 그것도 잠시였다. 교수 겸직이 불가능한 교육부 한직으로 쫓겨났다. 한직도 보통 한직이 아니었다. 집무실은커녕 책상과 의자도 없었다.

10년간『자유중국』문예란 주간 역임하며 문단에 바람을 일으켰던 녜화링도 예외가 아니었다. 실직자로 전락했다. 천하의 경총도 상상력과 빼어난 문장력은 어쩌지 못했다. 허리춤 불룩한 사람들이 집 주변 어슬렁거리고 가는 곳마다 미행이 붙어도 작가 녜화링의 명성은 흠집이 나지 않았다. 환자로 변해가는 인하이광 만나거나 레이전 면회 갔다 얼굴도 못 보고 쫓겨나는 날은 실성한 여자 같았다. 『자유중국』 초대 발행인 후스 원망하며 눈물도 닦지 않았다.

사정 아는 사람들 앞에서 웃음 잃지 않고 자존심 하나로 버티다 보니 성격이 변했다. 오만해지는 것 외에는 대안이 없었다. 눈치 있는 친구나 작가들이 안쓰러워하는 줄 알아도 어쩔 수 없었다. 설상가상, 1962년 11월, 모친이 평소 하고 싶어도 못 했던 말 남기고 세상을 떠났다.

"너는 결혼생활 14년 중 9년을 남편과 떨어져 살았다. 도쿄의 스캡(맥아더 사령부)에 간 후로는 단 한 번, 그것도 미국에 간다는 말 하러 온 것 외엔 편지 한 통도 없었다. 나 죽으면 이혼해라. 인하이광에겐 내 죽음 알리지 마라. 병문안 왔을 때 퇴원하면 맛있는 밥 해주겠다고 했더니 좋아했다. 약속 지키지 못해 미안하다. 어린애 같은 희대의 천재에게 혼이 떠난 모습 보여주기 싫다."

녜화링은 모친의 부음 듣고 달려온 인하이광을 모질게 대했다.
"부탁이 있다. 다시는 내 앞에 나타나지 마라. 너만 보면 자꾸 죽고 싶다."

1960년『자유중국』이 폐간당한 후 녜화링(앞줄 오른쪽 셋째)은
대만을 뒤로했다. 재혼한 미국인 남편이 운영하는 아이오와대학
'국제 창작계획'에 합류했다. 감옥에 있던『자유중국』발행인 레이전과
서신 왕래를 그치지 않았고 대학에서 퇴출당한 인하이광에겐
'하버드대학 동아시아연구센터'를 통해 생활비를 지원했다. 2018년
참석자들과 단체 기념사진을 남겼다.

아름다운 자석

1963년 1월, 미국 시인 폴 앵글이 대만을 방문했다. 주대만미국문화원이 아이오와대학 부설 '작가공작방'(作家工作坊)을 운영하는 미국 문화계의 실력자를 위해 환영연을 열었다. 초청장 받은 녜화링은 참석을 망설였다.

"정부의 백색공포와 모친의 사망, 치료 불가능한 암 덩어리 같은 결혼생활, 어린 두 딸이 없었다면 살 이유가 없던 시절이었다. 친구의 재촉을 거절하기 힘들었다. 주최 측이 작가들을 한 사람씩 폴에게 소개했다. 내 앞사람 대하는 폴은 방약무인(傍若無人)이었다."

녜화링은 오만함이 꼴 보기 싫었다. 자리를 뜨기로 작심했다. 폴의 회고록 한 구절을 소개한다.

"얘기 나누는 중국 시인 뒤에 서 있던 여인이 몸을 돌리더니 입구 쪽으로 걸어갔다. 통역에게 누구냐고 물었다. 미국을 떠나기 전날 페어뱅크가 대만 가면 꼭 만나보라고 알려준 이름이었다. 황급히 따라가 손을 내밀었다. 도도함이 다른 참석자들과 달랐다. 딴 약속 있어 미안하다며 고개만 숙일 뿐 악수는 거절했다. 녜화링은 아름다운 자석이었다. 끌려들어 가는 나를 밀쳐 버리고 연회장을 떠났다."

이튿날 미국문화원장이 녜화링에게 전화했다.

"폴은 이틀 후 홍콩으로 떠난다. 약속이 꽉 차 있다. 오늘 만찬 모임 취소하고 녜 여사를 만나고 싶어 한다. 장소는 문화원에 우리가 마련하겠다."

녜화링을 만난 폴은 말을 더듬거렸다.

"아이오와대학에 자리를 마련하겠다. 거절하지 말기를 갈망한다."

네가 사정을 설명했다.

"몸담았던『자유중국』강제 폐간으로 반은 연금 상태나 다름없다. 출국이 불가능하다."

그날 밤 폴은 녜화링을 집 앞까지 바래다줬다. 헤어지면서도 했던 말을 반복했다.

"꼭 미국에 와라."

폴의 대만 일정은 엉망이 됐다. 떠나는 날까지 녜화링만 졸졸 따라다녔다. 홍콩, 파리, 런던, 베를린, 가는 곳마다 편지를 보냈다.

폴이 무슨 재주를 부렸는지, 경총이 녜화링의 출국을 허락했다. 딸들을 친척 언니에게 맡기고 미국에 온 녜화링이 폴에게 제안했다.

"나라와 인종이 다른 세계 각국의 작가와 예술가를 초청해 쓰고 싶은 글 쓰고, 토론하고, 교유하는 국제적인 기구를 만들자."

폴은 녜화링의 스케일에 혀를 내둘렀다. 페어뱅크의 주선으로 포드재단이 거금을 지원한 '국제 창작계획'(International Writing Program)을 출범시켰다.

중국 최후의 사대부

"네게는 그 누구도 갖지 못한 강력한 무기,
　학문과 지식과 문재文才가 있다. 붓을 들어라."

유별난 여성관

1997년 5월 16일 밤, 관영 신화통신이 작가 왕쩡치(汪曾祺)의 사망을 타전했다. 중화권의 문화부 기자들은 술김에 들은 것 같기는 한 이름에 당황했다. 머리에 든 것은 없어도 손가락은 민첩했다. 여기저기 전화통 들고 들쑤셨다. 왕쩡치의 이름 앞에 '경파(京派) 작가의 대표 인물, 민간예술에 조예가 깊었던 서정적 인도주의자' 등 온갖 수식어가 난무하기 시작했다.

홍콩 언론이 『뉴욕타임스』 중국 전문기자의 글을 원용했다. 왕쩡치를 '중국 최후의 순수 문학자, 중국의 마지막 사대부'라고 정의했다. 원로작가 바진(巴金)이 맞는 말이라며 무릎을 쳤다.

시장 상인들 평가는 달랐다. 신문에 난 사진 보고 반응이 비슷했다. "벌레가 건드린 흔적 있는 야채를 선호하던, 식재료 가장 잘 고를 줄 알았던 진짜 미식가를 볼 수 없게 됐다"며 눈을 붉혔다. 식재료뿐만이 아니었다. 왕쩡치의 여성관도 유별났다. 튼튼하고 건강한 여자는 싫어했다. 말로만 듣던 모친처럼 젊되 총명하고 병든 여자를 좋아했다. 조건이 까다롭다 보니 여자친구 구하기가 쉽지 않왔다.

왕쩡치는 어릴 때부터 책을 끼고 살았다. 글솜씨도 뛰어났다. 중학 시절, 네가 쓴 것이 분명하냐고 묻는 교사를 당황케 했다.

"고전 많이 읽고 머릿속에 요약해 두면 글은 저절로 됩니다."

당돌한 질문도 했다.

"집안에 병든 따님 있으면 알려주시기 바랍니다. 연령이나 용모는 상관없습니다."

교사는 어이가 없었다. 왕쩡치의 부친이 어떤 사람인지 탐문했다. 답들이 거의 비슷했다.

"박학다식하고 금기서화(琴棋書畵)에 능한 지식인이다. 아들이 세 살 때 상처(喪妻)했다. 행동이 자유자재지만 여자 문제는 복잡하지 않다. 부권(父權) 의식이 없는 특이한 성격이다. 아들과 친구처럼 지낸다."

부권이 강하다 보니 자녀들은 부친의 사유물이나 다름없을 때였다. 가가호호(家家戶戶) 말이 좋아 엄부(嚴父)지 폭부(暴父)가 더 많았다. 자녀들은 허구한 날 매를 맞으며 동년(童年)의 자유를 박탈당했다. 왕쩡치는 부친 성격 덕에 남 눈치 안 보고 자유를 만끽하며 어린 시절을 보냈다. 대학도 체질에 맞는 쿤밍(昆明)에 문을 연 서남연합대학을 지원했다.

서남연합대학은 전국에서 몰려온 진보적인 학생의 집결지였다. 교수들도 융통성이 많았다. 학술사에 남을 괴짜 몇 명 외에는 고집불통이 없었다. 중문과에 원서를 낸 왕쩡치는 입학시험에서 중졸의 문호 선충원(沈從文)의 눈에 들었다. 작문 시험은 100분이었다. 감독하며 답안지 작성하던 응시자들의 글을 힐끔거리던 선충원이 제출하고 나가는 왕쩡치를 불렀다.

"20분 더 줄 테니 쓰고 싶은 대로 더 써라."

왕쩡치는 신이 났다.

개강 첫날 강의를 마친 선충원이 왕쩡치에게 저녁 사주며 물었다.

"베트남 경유해 갖은 고생하며 쿤밍에 왔다고 들었다. 일본군 손 미치지 않는 지역에도 좋은 대학이 많다. 먼 길 온 이유가 궁금하다."

대답이 의외였다.

"예쁜 여학생 많다는 소문 듣고 왔습니다."

선충원도 미래의 수제자에게 맞장구를 쳤다.

"잘 생각했다. 여기 여학생들은 콧대가 보통 아니다. 조심해서 접근해라."

경험담 들려주며 충고도 아끼지 않았다.

"초임 교수 시절 내 수업 듣는 예쁜 여학생이 있었다. 어찌나 예쁘던지 밤잠을 설칠 정도였다. 한번 만나자는 편지 수십 통 보냈다. 답장은커녕 교장에게 편지 들고 달려가 일러바치는 바람에 망신당할 뻔했다. 당시 교장이 관용덩어리 후스가 아니었다면 지금 너와 마주하지도 못했다."

엄청난 격려도 해줬다.

"작문 답안지 보니 네 글이 나보다 월등하다. 학업보다 하고 싶은 일에 충성해라."

이쯤 되면 평범한 교수와 학생의 대화가 아니었다.

신혼 시절 산책 나온 왕쩡치와 스쑹칭.
1947년 겨울, 상하이 교외.

"반지 대신 국수 바꿔 먹자"

물리학과는 15명 중 14명이 남학생이었다. 유일한 여학생 스쑹칭 (施松卿)은 건강이 엉망이었지만 악착같았다. 동기생의 회고를 소개한다.

"스쑹칭은 말레이시아 화교의 무남독녀였다. 조국에서 공부하겠다며 단신으로 쿤밍까지 왔다. 셈본 실력이 탁월했다. 동기생인 훗날의 노벨물리학상 수상자 양전닝(楊振寧)이나 '중국의 오펜하이머' 덩자셴(鄧稼先)에게 거의 밀리지 않았다. 문제는 건강이었다. 체력이 받쳐주지 않았다. 생물학과로 전과해도 힘들기는 마찬가지였다. 다시 서양문학과로 옮겼다."

학생 왕쩡치는 제멋대로였다. 기분 좋으면 학교에 가고 아니면 틀어박혀 잠만 잤다. 해가 지면 친구들과 찻집과 술집을 순례했다. 부친이 충분히 보내준 용돈 덕에 주머니는 항상 두둑했다. 한잔 들어가면 항상 같은 말 하며 불평을 늘어놨다.

"이 학교 괜히 왔다. 나는 총명하고 병태미(病態美) 풍기는 여자 만나러 여기까지 왔다."

친구가 서양문학과에 가보라고 하자 정신이 번쩍 들었다. 매일 그러다 보니 좁은 바닥에 소문이 났다. 스쑹칭도 귀가 있었다. 서양문학과 주변에 왕쩡치가 얼쩡거리면 친구들과 어울려 피해 버렸다. 왕은 숫기는 없었다. 두 사람은 졸업 후 상하이의 한적한 골목에서 우연히 마주쳤다. 쭈뼛거리는 왕쩡치에게 스쑹칭이 다가가 아는 체를 했다. 그날따라 날씨가 음산했다.

왕쩡치 사망 후 스쑹칭이 기자에게 반세기 전을 회상했다.

"꼴도 보기 싫던 왕쩡치를 보는 순간 인연은 어쩔 수 없다는 생각이 들었다. 3주 후 둘이 교회 찾아가 결혼식을 올렸다. 첫날 저녁은 국수로 때웠다. 반쯤 먹자 엉뚱한 제안을 했다. '반지 대신 국수 바꿔 먹자'며 먹던 국수 그릇을 정중히 내게 건넸다. 두 살 어린 천하의 낭만덩어리와 살 일 생각하니 웃음이 나왔다."

2년 후, 스쑹칭도 마지막 한숨 내쉬고 눈을 감았다.

대리 시험

자신의 재능을 본인은 모르는 경우가 허다하다. '중국 최후의 사대부' 왕쩡치도 그랬다. 태평양전쟁 종결 후 왕쩡치는 학창 시절 보낸 쿤밍을 떠났다. 하노이와 홍콩 거쳐 상하이에 도착했다. 국제도시는 살벌했다. 반기는 곳이 없었다. 베이징에 있는 스승 선충원에게 유서 비슷한 편지를 보냈다.

"쓸모없는 인간이라는 것 비로소 알았다. 위대한 스승과 친구들 실망시키지 않을 묘안이 떠올랐다. 더는 존재할 의미가 없다."

선충원의 답장이 왕쩡치를 살렸다.

"네게는 그 누구도 갖지 못한 강력한 무기, 학문과 지식과 문재(文才)가 있다. 붓을 들어라."

맞는 말이다. 수재들의 집결지 서남연합대학 재학 시절 왕쩡치의 학식에 명교수들은 혀를 내둘렀다. 컬럼비아대학이 배출한 전 칭다오(靑島)대학 교장 양전성(楊振聲)은 서남연합대학 재직 중 왕쩡치가 칠판에 쓴 낙서 보고 감탄했다. 학생들에게 공고했다.

"기말시험에 모두 참석해라. 왕쩡치만은 예외다."

비운의 시인 원이둬(聞一多)도 왕을 극찬했다. 기말시험 앞두고 서클 활동에 분주한 후배에게 왕이 대리시험을 자청했다. 답안지를 본 원이둬는 감동했다. 학생을 불렀다.

"너 같은 제자가 있으니 부러울 것이 없다. 열 번도 더 읽었다. 정말 잘 썼다. 학교신문에 실린 왕쩡치의 글보다 운치가 있다. 답안지에 곁들인 그림도 일품이다."

후배는 왕쩡치가 뭐라고 썼는지 알 길이 없었다. 원이둬의 말이 길어질까 당황했다. 방문객이 찾아오자 벌떡 일어나 인사하고 황급히 나와 버렸다. 그날 밤 쿤밍의 찻집과 술집을 뒤졌다. 친절한 선배 발견하자 숨 헐떡이며 물었다.

"내 수준도 생각해야지, 원이둬 선생 입이 벌어졌다."

왕은 대충 쓰고 나왔다며 후배를 진정시켰다. 백지에 몇 줄 쓰고 삽화까지 그려서 건넸다.

"네 이름으로 쓴 글이니 이젠 네 것이다. 내게 다그치지 마라."

당대(唐代) 시인 이하(李賀) 작품의 특징을 요약한 명문이었다. 훗날 이 후배는 이하 연구자로 대성했다. 왕쩡치 사망 후『왕쩡치 문집』편찬에 직접 참여했다. 50년 전 왕이 쓴 대리시험 내용을 문집에 포함시키며 반세기 전의 에피소드도 빠뜨리지 않았다. 마지막 한마디로 만인의 갈채를 받았다.

"평소 글도둑보다 더한 도둑은 없다는 말 들을 때마다 찔끔했

다. 그간 선배의 책이 출간될 때마다 돌려드리려고 했지만 내게
준 것이라며 거절당했다. 나도 선배 있는 곳으로 갈 날이 멀지 않
았다. 쓸데없는 짓 했다고 꾸중들을 일 상상만 해도 즐겁다."

왕쩡치는 서화(書畵)에도 조예가 남달랐다. 원칙이 있었다. 주고
싶은 사람에게 주기 위해 쓰고 그렸다. 한 점도 돈 받고 판 적은 없
었다. 화상(畵商)들은 불만이 많았다. "왕쩡치의 그림과 글씨는 예
쁘고, 까다롭고, 성질 개떡 같은 과부 같다"며 빈정대고 키득거렸다.
일화도 많이 남겼다.

"하루는 낯선 사람이 왕쩡치의 집을 찾아왔다. 화랑 주인이라며
용건을 말했다. '그림과 글씨를 구입하러 왔다.' 왕이 대답했다. '나
는 화가나 서예가가 아니다. 주기만 했지 상품화한 적은 없다. 필요
하면 자오푸추(趙樸初)나 우관중(吳冠中)을 소개시켜 주겠다.' 화랑
주인이 왕 선생 그림 고가로 사고 싶어 하는 사람이 있다고 하자 당
장 내 집에서 나가라며 화를 냈다."

왕쩡치는 헤밍웨이의 작품과 대만의 『자유중국』 문예란 주필 녜
화링의 글을 좋아했다. 마오쩌둥이나 레닌의 글은 돈 주고 산 적도
없고 그냥 받아도 딴사람 줘버렸다. 1958년 우파로 분류되자 한바
탕 웃어댔다.

"다행이다. 이런 일이 없었다면 인생이 너무 단조로울 뻔했다."

왕쩡치는 4년간 고랭지의 감자연구소에서 감자와 자연을 스케치
하며 고난과 화해했다. 연상의 부인 스쑹칭에게 편지를 보냈다.

"감자연구소에 혼자 있다. 여기는 위대한 영도자도 없고, 회의도 없다. 내가 나를 관리하면 되는 신선과 같은 나날이다. 감자의 품종이 얼마나 다양한지 매일 관찰하며 쓰고 그려도 끝이 없다. 온갖 종류의 감자를 나보다 많이 보고, 그리고, 먹어본 사람은 전세계에 없다고 자부한다."

문혁 시절 홍위병들은 왕쩡치의 역작『중국감자도보』(中國馬鈴薯圖報) 원고를 난로 속에 던져버렸다. 중국작가협회 주석 톄닝(鐵凝)은 지금도 이 얘기만 나오면 가슴 치며 발을 동동거린다고 한다.

엄처 스쑹칭

스쑹칭은 엄처(嚴妻)였다. 소문난 애주가 왕쩡치에게 금주령 내린 적이 있었다. 스쑹칭의 말은 왕쩡치에겐 법이나 마찬가지였다. 하루는 서재에 있던 스가 주방에서 저녁 준비하던 왕을 큰 소리로 불렀다. 앞치마 두르고 잘못 들통난 초등학생처럼 서 있는 남편을 다그쳤다.

"내가 술 끊으라고 분명히 얘기했다. 최근 오밤중에 훔쳐 마시고 몰래 사다가 숨겨 놓고 마신 것 내가 다 안다. 주방에서 요리할 때 나 들어가서 쉬라고 한 이유도 알면서 모른 체했다. 며칠 전 친구 생일잔치 갔을 때 통음하고 경극 한마당 부른 것도 내가 모를 줄 아느냐?"

왕이 잡아떼자 보고 있던『문학월간』내밀며 웃었다.

"방금 네가 발표한 단편소설 읽었다. 술기운 없이 이렇게 아름다운 글이 나오는 것은 불가능하다. 계속 마셔라."

두 사람은 이런 사이였다.

왕쩡치 사후 며느리가 스쑹칭에게 시아버지와 결혼한 이유를 물었다. 스쑹칭은 주저하지 않았다.

"중문과 다니던 쩡치는 불량학생이었다. 나는 물리학과와 생물학과를 거쳐 외국문학과로 전과했다. 외문과 학생들은 중문과 애들을 거들떠보지도 않았다. 쩡치를 택한 이유는 재능, 그 누구도 넘볼 수 없는 재능이 있었기 때문이다."

정확한 말이다. 왕쩡치의 재능과 학식은 '중국 최후의 사대부'로 손색이 없었다.

첫 방문지는 헤밍웨이 출생지

냉전 말엽, 중국 대륙과 서구 세계의 장벽에 작은 구멍이 생겼다. 러시아와 체코, 폴란드 외에 중국 작가들도 주목을 받기 시작했다. 녜화링은 선충원, 딩링(丁玲), 황융위(黃永玉), 우쭈광(吳祖光) 등 문혁 시절 고초가 극에 달했던 작가와 예술가를 아이오와로 초청했다. 지난 시대와 새로운 시대를 연결할 수 있는 작가도 물색했다. 전쟁 시절 『뉴욕타임스』 특파원으로 충칭에 있었다는 노기자가 정보를 줬다.

"세 번째 부인과 중국에 신혼여행 온 헤밍웨이가 충칭에 있다는 신문 보고 달려온 서남연합대학 학생이 있었다. 헤밍웨이는 만나지도 못하고 한 학기 학점만 통째로 펑크 냈다. 소식 들은 헤밍웨이도 안타까워했다. 작가로 대성했다고 들었다."

냉전 말엽 외국 나가기가
하늘의 별 따기 같던 시절,
헤밍웨이의 출생지를 찾아간 왕쩡치.

찾는 건 일도 아니었다. 중국작가협회에 왕쩡치 초청 서신을 보냈다.

집안에서 요리하고 글 쓰고 몰래 술 마시느라 분주하던 왕쩡치는 작가협회 부주석의 방문에 술친구 왔다며 신이 났다. 잔이 몇 순배 돌자 부주석이 입을 열었다.

"혁명이나 개혁을 노래하던 시대는 끝났다. 역시 미국이다. 대문호를 알아보는 눈이 있다. 노벨상 수상자와 문화계에 자리 잡은 네 대학 동기들이 너를 기다린다."

외국 나가기가 하늘의 별 따기 같던 시절이었다. 부주석은 몰래 왕쩡치를 입당시키고 출국 절차를 밟았다. 왕쩡치는 부인이 사준 양복 입고 아이오와로 갔다. 첫 번째 간 곳이 헤밍웨이 출생지였다.

천하의 기재^{奇才} 예궁차오

"객지에서 고독을 즐기려면 붓을 희롱할 줄 알아야 한다.
화날 때는 대나무를 그리고 즐거운 날은 난^蘭을 쳐라."

노인의 본색

1981년 10월 중순, 타이베이의 룽민총의원(榮總) 응급실에 80 언저리의 육중하고 초라한 노인이 가슴을 움켜쥐고 나타났다. 숨 헐떡이며 원장을 연결해 달라고 요구했다. 황당해하는 간호사를 발견한 응급실 책임자가 다가왔다. 환자를 물끄러미 바라보며 고개를 갸웃거리더니 화들짝 놀란 표정을 지었다. 응급조치 지시하고 수화기를 들었다. 잠시 후 병원장이 내려왔다. 노인을 직접 입원실까지 모시고 갔다.

노인은 다른 환자와 달랐다. 병실이 유난히 처량했다. 돌보는 사람이 없고 문안객도 없었다. 정신이 들면 왕방울 같은 눈이 창 쪽을 향했다. 탁한 숨 내쉬며 한동안 뭐라고 웅얼거리다 다시 눈을 감았다. 관찰력과 호기심을 겸비한 견습 간호사가 있었다. 회진하는 의사 따라왔다가 환자 기록 카드도 없고 병실 문에 이름도 붙어 있지 않은 노인의 정체가 궁금했다. 하루에도 몇 번씩 노인의 병실을 찾았다. 문 여닫을 때마다 입술 움직이면 귀를 대고 숨을 죽였다. 반복을 거듭하자 해독에 성공했다. 항상 같은 내용이었다.

"미국에 있는 내 아내와 두 딸이 보고 싶다. 결혼한 지 50년이 흘렀다."

말 같지 않은 소리에 짜증이 났지만 정성껏 돌봤다.

11월 20일 오후 노인이 세상을 떠났다. 한적하던 병실 주변이 북적거렸다. 중국인뿐만 아니라 기자로 보이는 외국인들도 수첩 들고 분주히 오갔다. 이튿날 조간을 본 간호사는 예궁차오(葉公超) 사망 기사와 함께 실린 사진 보고 가슴이 철렁했다. 예궁차오라는 사람의 중년 시절 모습을 한눈에 알아봤다. 신문 움켜쥐고 화장실로 달려갔다. 한 시대를 풍미했던 인물의 비극적인 최후를 목도했다 생각하니 눈물을 주체하기 힘들었다.

주말에 남자친구 바람 놓고 도서관으로 갔다. 인명사전 놓고 옛날 신문을 뒤졌다. 다재다능과 박학다식의 상징인 노인의 본색에 혀를 내둘렀다. 시인, 학자, 예술가, 외교관, 그것도 앞에 큰 대(大)자가 붙을 정도였다. 전직이 베이징대학과 서남연합대학 교수, 외교부장, 주미대사, 유엔 안전보장이사회 상임이사에 이르자 벌린 입을 다물지 못했다.

대륙에 있는 제자들도 밤하늘의 별처럼 화려했다. 문화곤륜(文化崑崙) 첸중수(錢鐘書), 동방학의 대가 지셴린(季羨林), 만인의 베개폭을 적신 서정시인 볜즈린(卞之琳), 노벨물리학상 수상자 양전닝(楊振寧) 등 끝이 없었다.

1904년 장시(江西)성에서 태어난 예궁차오는 어린 시절을 베이징에서 보냈다. 20세기 초 베이징은 만주족과 한족의 거주지역이 달랐다. 한족 지식인들은 자녀들의 만주족 지역 출입을 엄격히 단속했다. 어른들이 그러건 말건 애들은 막무가내였다. 떼를 지어 만주족 구역에 가서 놀기를 즐겼다. 호기심 때문만은 아니었다. 다른 곳에선 볼 수도 없고 살 수도 없는 신기한 물건과 희귀한 장난감, 맛있는 서양사탕이 아이들을 유혹했기 때문이다. 만주족 어른들은 관대했다. 한족 아이들의 웬만한 실수는 모른 척했다. 한족 어른들은 달랐다. 만주족 지역 다녀온 것 알면 몽둥이를 들었다. 예궁차오는 예외였다. 다른 애들과 환경이 달랐다.

엄청난 실수

예궁차오는 세 살 때 모친이 세상을 떠났다. 계모는 만청(晚淸) 서화가 조지겸(趙之謙)의 유복녀였다. 어린 예궁차오를 방치했다. 상황을 안 숙부가 분노한 적이 한두 번이 아니었다. 형이 세상을 떠나자 아홉 살 된 조카를 집으로 데려왔다. 숙부는 중국 역사의 한 장을 장식하는 시서화(詩書畵)의 대가였다. 조카 교육이 엄격하고 혹독했다. 고루하지도 않았다. 몽둥이 들고 영어와 고전 교육을 병행했다. 붓과 먹 다루는 법은 기본이었다.

"객지에서 고독을 즐기려면 붓을 희롱할 줄 알아야 한다. 화날 때는 대나무를 그리고 즐거운 날은 난(蘭)을 쳐라."

조카의 재능에 만족했다. 열여섯 살이 되자 미국으로 등을 떠밀었다.

명문 사립 앰허스트대학에 입학한 예궁차오는 유창한 영어와 품위 있는 문장으로 교수들의 눈을 둥그렇게 만들었다. 대학 졸업 후 영국 케임브리지대학에서 석사과정 마치고 프랑스 파리대학에 연

부총통 천청(陳誠, 앞줄 가운데)과 함께 중앙연구원을
방문한 외교부장 예궁차오(둘째 줄 오른쪽 둘째).

구원 하다 보니 6년이 후딱 지나갔다. 22세 때 베이징대학 영문학과 교수로 부임했다. 베이징대학 역사상 최연소 교수의 등장은 고도(古都)의 화젯거리였다.

교외에 자리한 옌칭(燕京)대학 여학생들은 베이징대학에 인접한 협화의학원 여학생만 보면 눈을 흘겼다. 예궁차오는 옌칭대학 물리학과를 졸업한 1년 연상의 위안융시(袁永嬉)에게 마음을 뺏겼다. 다른 여자는 거들떠보지도 않았다.

예궁차오와 위안융시의 결혼생활은 순조롭지 못했다. 예궁차오는 산만하고 변덕이 이만저만 아니었다. 남들이 이해하기 힘든 행동을 자주 했다. 근엄 떨다 갑자기 음담패설 늘어놓으며 깔깔대는 경우가 빈번했다. 술과 풍류도 즐겼다. 위안융시는 격조 넘치는 비범한 과학자였다. 항상 정갈하고 번잡한 것을 싫어했다. 불평도 하는 법이 없었다.

한번은 예궁차오가 엄청난 실수를 했다. 손님으로 온 교수와 저녁 먹던 중 음식이 맘에 안 들자 위안융시를 불렀다. "돼지나 주라"며 음식을 위안의 얼굴에 던져 버렸다. 위안은 침착했다. 조용히 자리를 피했다.

일주일 후 말 한마디 없이 두 딸 데리고 미국으로 갔다. 30년간 캘리포니아대학 연구소에 근무하며 예궁차오에게 편지는 물론 전화 한 통도 걸지 않았다. 외교부장인 남편 체면 깎는 일은 절대 하지 않았다. 매년 국경일 행사에는 남편과 함께 참석했다. 끝나면 비행장으로 직행, 미국으로 돌아갔다. 예궁차오 사망 소식 듣고도 미국을 떠나지 않았다.

천하의 보물

흔히들 말한다.

"모공정(毛公鼎)은 비취에 조각한 배추(翠玉白菜), 돌덩어리 비슷한 옥으로 만든 돼지고기(肉形石)와 함께 타이베이 고궁박물관의 3대 보물이다. 그중 으뜸은 누가 뭐래도 모공정이다. 사연이 워낙 많기 때문이다."

서주(西周) 말년인 기원전 828년, 즉위를 마친 선왕(宣王)이 숙부 모공에게 국가 대소사를 처리하라고 당부했다.

"공의 일족이 금위군(禁衛軍)을 통솔해 왕가(王家)를 보위하고, 주식(酒食)과 이동 수단, 의복, 무기의 하사를 관장해라."

모공은 왕의 엄청난 지시를 자손들이 대대로 향유하기를 갈망했다. 적당한 크기의 정(鼎)을 주조했다. 안쪽에 왕이 한 말을 500자 정도로 새기는 것도 잊지 않았다.

2000년 하고도 600여 년이 흘렀다. 1843년 봄 산시(陝西)성 치산(岐山)현의 둥(董)씨 집성촌, 촌민 둥춘성(董春生)이 모공정을 발굴했다. 소문이 퍼지자 베이징의 골동상인 쑤(蘇)씨 형제가 치산으로 달려갔다. 은 300냥으로 둥춘성을 구워삶았다. 운반 도중 문제가 발생했다. 마을에서 힘깨나 쓰던 둥즈관(董治官)이 중간에 끼어들었다. 둥춘성의 턱에 주먹 한 방 날리고 쑤씨 형제에게 호통을 쳤다.

"둥씨 집안 공동 소유물이다. 돼지 5,000마리와 소 200마리 들고 와라. 그때까지 내가 보관하겠다."

쑤씨 형제는 현청(縣廳)으로 갔다. 거금으로 현의 우두머리 지현(知縣)을 매수했다. 지현은 보물을 사적으로 은닉한 죄로 둥즈관을

예궁차오는 일본이 밀반출하려는 중국 10대 보물 중
으뜸인 모공정(毛公鼎)을 목숨을 걸고 지킨 공로자였다.
아내 위안융시는 고궁박물원의 모공정 진열실을 자주 갔다.

이승만 대통령은 동서양의 철학과 문학은 물론 시·서·화에
일가를 이룬 중화민국 외교부장 예궁차오를 좋아했다.
1956년 8월 14일 오후, 서울을 방문한 예궁차오와
경무대에서 시담(詩談)을 나눴다.

하옥시키고 모공정을 압수해서 쑤씨 형제에게 줬다.

형제는 모공정 들고 유유히 치산을 떠났다. 시안(西安)에 도착하자 모공정을 은밀한 곳에 숨겨 놓고 현지의 유명 서화가에게 일거리를 줬다.

"정과 정 안에 있는 명문(銘文)을 임모(臨摹)해라."

완성품을 저장(浙江)성 자싱(嘉興)의 명사에게 기증했다. 금석학에 조예가 깊은 명사는 눈이 휘둥그레졌다. 침식을 거르며 모공정 연구에 매달렸다. 모공정에 관한 최초의 해석, '주모공정고석'(周毛公鼎考釋)을 남기고 비실비실 앓다 세상을 떠났다.

다시 9년이 흘렀다. 1852년 베이징의 대수장가였던 금석학자 천제치(陳介祺)가 쑤씨 형제에게 은 1,000냥을 주고 모공정을 넘겨받았다. 천은 모공정을 애지중지했다. 깊은 밀실에 숨겨 두고 혼자만 봤다. 부인들은 물론 자녀들도 밀실에 뭐가 있는지 몰랐다. 타고난 건강체였다. 아들들보다 오래 살았다. 임종 무렵 유일한 손자에게 유언을 남겼다.

"천하의 보물이 밀실에 있다. 개인이 끼고 있을 물건이 아니다. 내가 죽으면 국가에 기증해라."

손자는 조부의 마지막 말을 한 귀로 흘려 버렸다. 시신이 식기도 전에 모공정 들고 양강(兩江)총독 돤팡(端方)을 찾아갔다. 호기 있게 만 냥을 불렀다. 리훙장(李鴻章) 사후 북양대신 역임하며 청나라의 외교를 전담했던 돤팡은 모공정이 외국인 손에 넘어갈 것을 우려했다. 철없는 청년을 달랬다. "돈으로 사고팔 물건이 아니다. 내가 보관하겠다"며 보관료로 2만 냥을 줬다.

6개월 후, 돤팡은 쓰촨(四川)에서 혁명파에게 암살당했다. 돤의 아들은 모공정의 가치를 몰랐다. 가세가 몰락하자 톈진의 러시아 은행에 담보로 거액을 대출받았다. 영국과 미국의 부호들이 돤의 아들 집을 넘나들기 시작했다. 대출금 갚아줄 테니 모공정의 소유권 넘겨 달라며 어르고 달랬다.

명망가들이 모공정의 해외 유출 방지에 나섰다. 교통총장과 교육총장을 지낸 대수장가 예궁춰(葉恭綽)가 서화전을 열었다. 예궁춰의 글씨와 그림은 부르는 게 값이었다. 소장품인 송(宋)대의 문인화까지 몇 점 처분해 돈을 마련했다. 가명으로 구입한 모공정을 한동안 대륙은행 금고에 보관했다. 중·일전쟁이 발발하자 모공정을 상하이 교외의 농가에 은닉하고 모조품을 한 개 만들었다. 일본군이 상하이를 압박하자 쿤밍(昆明)에 있던 조카 예궁차오를 불렀다.

"모공정이 내 손에 있다는 것을 아는 일본인과 미국인이 있다. 몇 번 팔라는 간청에 응하지 않았다. 일본군이 상하이에 진입하면 모공정 뺏기 위해 무슨 짓을 할지 모른다. 나는 감당할 자신이 없다. 충판(崇范)이 있는 홍콩에 가 있겠다. 전쟁이 끝나면 난징의 중앙박물관에 보내라."

예궁차오가 숙부를 안심시켰다.
"저는 맷집 하나는 타고났습니다."
모공정을 안전한 곳에 옮겨 놓고 모조품은 마을 소나무 밑에 묻었다.

512

홍콩의 예궁차오와 예충판.
사촌 남매보다 부부가 더 어울리는 사이였다.

예궁춰는 슬하에 자식이 없었다. 누가 집 앞에 버리고 간 갓난 여자애를 애지중지하며 키웠다. 가는 곳마다 충판을 안고 다니며 어찌나 예뻐했던지 다들 친딸로 알았다. 예궁차오도 마찬가지였다. 어린 사촌 여동생 충판을 유난히 귀여워했다. 충판은 예궁춰의 무남독녀이며 '천하의 기재(奇才) 예궁차오'의 여동생이었다. 세상에 부러울 것이 없었다. 어딜 가도 당당했다. 상하이를 점령한 일본군이 오빠를 감옥에 가뒀다는 소식 접하자 홍콩을 떠났다.

상하이에 도착한 예충판은 일본 특무기관장을 부친의 그림 한 점으로 매수해버렸다. 일본은 두드려 패도 꿈쩍 않는 예궁차오를 설득하기 위해 충판을 이용했다. 매일 장시간 면회를 허용했다. 사정을 아는 충판은 모공정의 '모'자도 입에 올리지 않았다. 지극 정성으로 옥 뒷바라지만 열심히 했다. 하루는 특무기관장에게 오빠가 나올 수 있는 방법을 물었다. 기다렸던 대답이 나오자 오빠 설득을 자청했다.

"오빠는 변덕이 심하다. 평소 내 말은 잘 들었다. 세 사람이 만날 자리 마련해라. 내가 울면서 설득하겠다."

특무기관장 집무실에서 예궁차오를 만난 충판은 울면서 하소연했다.

"모공정인지 뭔지가 아무리 보물이라도 오빠의 목숨과는 바꿀 수 없다. 중국은 난세다. 굴러다니다 언제 없어질지 모른다. 일본이 관리하는 것이 안전하다. 끝까지 거부하다 옥사하면 나도 강물에 뛰어들겠다."

몇 날 며칠 같은 요구 되풀이하며 훌쩍거리자 예궁차오도 두 손을 들었다. 충판에게 모공정 복제본 있는 곳을 알려줬다.

감옥에서 풀려난 예궁차오는 충판과 함께 홍콩으로 갔다. 두 사람 사이가 심상치 않다는 소문이 나돌기 시작했다.

"말이 사촌일 뿐 피가 섞이지 않은 남남이다. 전형적인 남녀관계다."

철벽도 종잇장보다 쉽게 뚫는 것이 소문이라는 옛말이 틀리지 않았다. 사촌 남매 사이를 의심치 않았던 예궁차오의 부인은 사실을 확인하자 어이가 없었다. 당시 예충판은 유부녀였다. 동료 교수 앞에서 음식 맛없다며 밥상 뒤엎은 사건은 별것도 아니었다. 예궁차오와 완전히 결별했다.

임종을 앞둔 예궁차오는 마지막 숨 헐떡이며 모공정을 원망했다.

"모든 것이 모공정 때문이다."

백색 공포시대와 문성시대 8

"역사는 감상용이다. 절대 믿으면 안 된다.
현자(賢者)는 역사를 즐기지 믿지는 않는다.
역사 속의 위대한 인물이나 악인도
깊이 들어가 보면 그놈이 그놈이다."

대만 덮친 경제위기

"무슨 일이 있어도 행정이 중단되면 안 되고,
공장이 문 닫으면 안 되고, 학업이 중단되면 안 된다."

천이 "국가 부강해지려면 국민 총명해야"

1935년 5월 일본은 대만통치 40주년 기념을 앞두고 푸젠(福建)성 주석 천이(陳儀)에게 초청장을 보냈다. 평소 친일파 소리 듣던 천이는 난징의 중앙정부에 의견을 구했다. 허락이 떨어졌다.

"중앙정부와는 상관없는, 현지 고찰(考察)을 위한 지방성 외교 형식을 취해라."

장제스도 친서를 보냈다.

"청년 시절 친분이 두터웠던 일본의 군·정계 요인들을 두루 만나라. 중·일 관계는 복잡하다. 난제가 한둘이 아니다. 앞으로 무슨 일이 벌어질지 모른다. 상대의 빈틈을 파고들어 실리를 취하는 것이 외교다. 농담 속에 진심이 있다는 것을 명심해라. 현란한 칼춤을 추고 와라. 부인과 동행 여부는 알아서 결정해라."

타이베이에서 열린 경축 활동에 참석한 천이에게 원색적인 비난이 쏟아졌다.

"일본 육군사관학교와 육군대학을 졸업한, 머리끝에서 발끝까지 친일파다. 부인도 일본인이다."

천이는 누가 뭐라건 끄떡도 안 했다. 모두 사실이었다. 일본 패망 전까지 대만에 부임한 총독 10명이 천이의 육군대학 선배나 후배였다.

1945년 초, 국민정부는 전쟁 승리를 앞두고 '대만조사위원회'를 발족시켰다. 천이를 주임에 임명했다. 천이는 '대만 간부훈련반'을 신설하고 대만 총독이 보내준 『대만법령휘편』(臺灣法令彙編)을 집중 연구하라고 지시했다. 40만 자에 달하는 보고서를 근거로 '대만 접수관리계획안'을 만들었다. 8월 15일 일본이 투항하자 천이는 가슴을 쳤다.

"접수 준비가 안 된 상황에서 일본이 예상보다 일찍 손을 들었다."

대만 행정장관에 임명되자 졸업을 4개월 앞둔 훈련반원 120명 이끌고 대만으로 갔다.

10월 25일 '타이베이공회당'에서 대만 주둔 일본군의 항복 의식이 열렸다. 기자회견장에 나타난 천이는 자신이 넘쳤다.

"대만은 전리품이 아니다. 원래 중국 영토다. 나는 일을 하러 온 사람이다. 많은 협조 바란다. 나도 협조를 게을리하지 않겠다."

천이는 생활 습관이 검박했다. 총독 관저 입주를 거절했다.

"나는 백성의 머리에 올라탄 총독이 아니다. 공복일 뿐이다."

'대만전력'이 관리하던 영빈관에 몸을 풀었다. 정부 기관에 배치했던 무장 경비원도 철수시켰다. 행정장관공서(公署) 초소도 두 개만 남기고 없애버렸다. 산책 나왔다가 궁차로(公泊路)란 거리 이름 발견하자 버럭 화를 냈다. 당장 보아이로(博愛路)로 바꾸라고 지시했다. 이유가 있었다. 보아이(박애)는 국부 쑨원이 추종자들에게 잘난 척하고 싶을 때 즐겨 써주던 글귀였다. 궁차는 천이의 자(字)였다.

일본 투항 무렵 대만에는 40만 무장부대와 30만 정도의 일본 교민이 있었다. 일본총독부 관원들이 천이가 파견한 선발대에 건의했다.

"일본은 만신창이가 됐다. 파멸 직전이다. 어디서부터 다시 시작해야 할지 갈피를 잡지 못할 정도다. 만주와 대만, 조선, 동남아에 있는 교민들이 본국 일본으로 단시간 내에 몰려오면 실업(失業)문제로 혼란에서 헤어날 방법이 없다. 교사, 의사, 기술자 같은 고급 인력이 일본에 돌아가면 실업자로 전락한다. 이들은 전문가들이다. 대만에 잔류시키는 것이 양국에 이익이다. 천이 행정장관에게 건의해주기 바란다."

천이는 총독부의 건의를 수용했다. 군인을 제외한 각 분야의 전문 인력 8,000명과 가족 3만 명을 원래 자리에 있도록 했다.

푸젠성 주석 시절 천이는 교육을 중시했다.

"총명이 최대의 힘이다. 국가가 부강해지려면 국민이 총명해야 한다."

가는 곳마다 세 가지를 강조했다.

"무슨 일이 있어도 행정이 중단되면 안 되고, 공장이 문 닫으면 안 되고, 학업이 중단되면 안 된다."

대만대학 교원을 확충하고 교원양성을 추진했다.

직접 대만 전역에 계엄령을 선포하는 천이.
군·경의 완전무장을 지시했다.
1947년 3월 3일, 타이베이.

"술이나 퍼마시고, 도박 좋아하고, 교장과 학부모 눈치나 보는 교사들은 모교를 빛낼 졸업생을 배출할 수 없다. 일본인들만 다니던 총독부 부설 고등학교 자리에 대만사범대학을 설립해 우수한 교사들을 양성해라."

천이의 꿈은 국·공내전으로 좌절됐다. 전쟁으로 인한 대륙의 경제위기가 대만을 덮쳤다. 통화팽창으로 물가가 하늘 높은 줄 몰랐다. 1946년 1월부터 47년 2월 '2·28사건'이 일어나기까지 13개월간 쌀값이 4.8배, 밀가루는 5.4배, 소금은 7.1배, 설탕은 22.3배로 폭등했다.

1946년 10월 25일, 대만광복 1주년 기념식에 장제스가 참석했다. 노래하고, 사자춤 추고, 폭죽이 터졌지만 대만인들의 반응은 싸늘했다. 전 총독부 앞에 '개 떠난 자리에 살찐 돼지가 왔다'는 제목의 풍자만화가 걸리는가 하면 '일본이 우리를 버렸다'며 식민지 시절을 그리워하는 사람이 많았다. 간도 크고, 겁도 없는 대만대학 교수가 『뉴욕타임스』 기자에게 미국을 성토했다.

"미국인들은 일본엔 지나칠 정도로 관대하고 중국인들에겐 너무 가혹하다. 일본에는 원자탄 2개가 고작이고 대만에는 원자탄 천 개에 맞먹는 장제스를 투하했다."

장제스, 2·28사건 폭란 인정

단속이 심할수록 가짜도 범람했다. 담배가 특히 심했다. 2월 27일 오후, 전매국 감시원들이 경양식과 커피로 유명한 '톈마(天馬)다방' 앞에서 가짜 담배 파는 과부를 적발했다. 연행에 불응하며 반항하자 구경꾼들이 주변을 에워쌌다. 겁 많은 감시원이 권총을 빼들었다. 차마 쏘지는 못하고 손잡이로 과부의 머리를 후려갈겼다. 피를 본 군중이 분노했다. 감시원들과 충돌했다. 2명을 피투성이로 만들었다. 감시원 대장이 실탄을 발사했다. 1명이 쓰러지자 군중들도 흩어졌다. 그 틈에 감시원들은 공포를 쏘며 도망갔다. 소문이 퍼졌다.

"대륙에서 온 외성(外省)인들이 본성(本省)인을 살해했다."

군중들이 경찰국과 헌병대로 몰려갔다. 범인 처벌을 요구했다.

28일 오전 성안 시민들이 전매국을 포위해서 불 지르고 행정장관 공서로 이동했다. 위병들의 총구에서 불이 뿜었다. 사망자가 발생하자 무장충돌이 일어났다. 반독재, 반전제, 반폭행, 민주 쟁취, 자치 쟁취 구호가 타이베이 전역에 만연했다.

천이는 타이베이에 계엄령을 선포하고 군·경의 완전무장을 지시했다. 대만인들은 철시와 등교 거부, 파업으로 맞섰다. 행정장관공서와 경찰국, 방송국, 일인재산처리위원회를 포위하고 파출소를 잿더미로 만들었다. 일부는 군용창고에 몰려가 무기를 탈취한 후 감옥에 있는 죄수들을 석방했다. 방송국도 점령했다. 군·경의 폭행과 궐기를 호소하는 방송이 전파를 탔다. 웅크리고 있던 대만공산당이 기지개를 켰다. 무장세력을 동원해 가오슝(高雄)과 지룽(基隆)을 점령하다시피 했다.

천이가 난징에 급전을 보냈다.

"폭란이 발생했다. 신속한 군대 파견을 청한다."

보고를 받은 장제스도 2·28사건을 폭란으로 인정했다. 상하이에 주둔 중인 21군 선발대를 대만으로 파견했다. 선발대는 국민당 군

일본 항복 의식을 마친 대만성 행정장관 천이(앞줄 오른쪽 여덟째).

의 최정예였다. 지룽항에 도착하자 선상에서 기관총을 난사하며 상륙했다.

결과는 참혹했다. 사망자 숫자도 각양각색이다. 타이베이 주재 미국영사관은 2만 명 이상이 죽었다고 본국에 보고했다. 당시 행정원의 조사 보고가 걸작이었다.

"1만 8,000명에서 2만 8,000명 정도가 사망했다. 3만 명 이상이라는 주장은 낭설이다."

"외성인이 본성인 씨 말려"

일본의 대만 식민통치 기간 노예화 교육의 기초는 언어였다. 중국어와 푸젠(福建)방언 민남어(閩南語) 사용 엄금이 추상같았다. 원주민을 제외한 대만인은 푸젠 출신이 대부분이었다. 집안 일상용어였던 민남어는 막을 방법이 없었다. 중국어(국어) 사용은 금기(禁忌)였다. 들키면 날벼락이 떨어졌다. 50년에 걸친 고압 정책은 효과가 있었다. 1945년 일본 패망 무렵 대만 신세대 대부분이 중국어를 못했다. 대만인 70% 이상이 일본어를 구사했다. 작가들도 중국어보다 일본어가 편했다. 일단 일본어로 썼다가 낑낑대며 중국어로 바꿔 적었다.

1945년 10월 25일, 대만을 접수한 중화민국 행정장관공서는 국어추진위원회를 발족시켰다. 대륙에서 국어 발음 정확하고 문장력이 빼어난 교사들을 전국적으로 모집해 국어 보급에 나섰다. 평생 일본어만 접한 30세 이하는 대륙인과의 문화 차이가 심각할 정도로 심했다. 단시간 내에 중국문화 흡수가 불가능했다.

50년간 일본문화에 흠뻑 젖었어도 대만인들은 국민당 정부의 대만 수복을 진심으로 환영했다. 대륙에서 대거 몰려와도 당연한 것으로 여겼다. 자신을 본성인(本省人), 대륙에서 온 국민정부 관리나 가족들을 외성인(外省人)이라 불렀지만 적의가 내포된 구분은 아니었다. 국민당에서 파견한 고위 관원들 중에는 민의가 뭔지 모르고, 뱃속 채우는 재능만 탁월한, 엉터리들이 섞여 있었다. 인재 발굴이라는 기본의무를 망각했다. 임인유친(任人唯親), 말 잘 듣고 친한 것이 기용의 유일한 기준이었다. 대만인은 철저히 배제시켰다.

외성인 관원들은 대만 사정에 어두웠다. 식민지 시절 대만을 떠나 대륙을 떠돌다 광복 후 국민당과 함께 대만으로 돌아온 사람들을 활용했다. 본성인은 이들을 반산(半山)이라 부르며 뒤에서 손가락질했다. 반산은 거의 다 국민당원이었다. 대만 전역 휘젓고 다니며 일본인이 놓고 간 토지와 공장을 몰수하고 재물 긁어모아 저도 먹고 윗사람에게도 갖다 바쳤다. 광복 초기의 환희와 기대가 1년 6개월 만에 절망과 분노로 바뀌었다. 모든 책임을 행정장관 천이에게 돌렸다. 행정장관공서를 '천이 주식회사'라 부르며 저주했다.

웅크리고 있던 대만공산당엔 이런 호재가 없었다. 반전제, 반독재, 민주쟁취, 자치요구 등 군중운동 일으킬 조건이 완비됐다고 판단했다. 결정적인 기회 오기만 기다렸다.

1947년 2월 27일 담배 팔던 여인 구타 사건을 계기로 이튿날부터 폭동이 일어나자 기지개를 켰다. 외성인이 본성인의 씨를 말릴 작정이라는 소문을 퍼뜨렸다. 듣고 보니 그럴듯했다. 흥분한 군중들이 무기고를 털고 죽창으로 무장했다. 떼 지어 몰려다니며 외성

2·28사건 진압과 대만 엘리트 제거 및 공산당원 적발을
지휘한 펑멍지(彭孟緝, 오른쪽). 3군 참모총장과
주일대사를 역임했다. 왼쪽은 장징궈.

인들을 쏴 죽이고 찔러 죽였다. 대륙의 국민당 중앙은 군대를 파견해 가혹할 정도로 대응했다. 본성인을 자부하는 작가, 언론인, 예술가, 법조인, 의료인들의 씨를 말렸다. 실패를 자인한 대만공산당 지도부는 대만을 탈출했다. 홍콩을 거쳐 대륙으로 들어갔다.

2·28사건의 목격담

한동안 2·28사건의 원인은 외성인들의 대만인 멸시 때문이라는 주장이 지배적이었다. 외성인·본성인 할 것 없이 너무 많은 사람이 죽다 보니 논쟁이 그치지 않았다. 2006년 3월 초, 70세 생일을 앞둔 린밍주(林明珠)라는 평범한 여인이 목격자 자격으로 1947년 2월 27일에 있었던 일을 공개했다.

"국민당 담배 단속원이 권총 손잡이로 머리 후려치자 피 흘리며 쓰러졌다는 담배 장수 린장마이(林江邁)가 내 모친이다. 당시 나는 열 살이었다. 매일 엄마 옆에서 일을 도왔다. 국민당 관원 한 사람이 웃으며 다가왔다. 담배 고르며 묻는 모습이 살 눈치였다. 관원은 완벽한 중국어를 구사했다. 일어와 민남어만 할 줄 알았던 우리 모녀는 당황했다. 주변에 어슬렁거리는 사람들에게 도움을 청했다. 모친의 황급한 도움 요청을 대륙에서 온 국민당 관원이 대만인 모녀를 조롱했다고 오인했다. 떼거리로 몰려들어 멱살 잡고 항의하자 관원이 권총을 빼 들었다. 순전히 언어 문제로 발생한 우발적인 사건이었다."

당시 현장에 있었던, 그것도 국민당 관원의 무자비한 폭행에 피흘리며 쓰러졌다고 알려진 사람 딸의 말이다 보니 무게가 있었다. 아무도 이의를 제기하지 못했다. 국민당 책임으로 일관하던 민진당과 대만독립파도 입을 닫았다. 국민당도 가타부타 말이 없었다. 광복 초기 국민당이 대만인들의 민심 확보에 실패한 것은 사실이었다.

홍콩, 대만지구와 해외의 화교 연구단체는 2·28사건 발발 원인을 본성인의 외성인 외부인 배척운동으로 단정했다.

폭동을 일으킨 본성인들은 거리를 점거하고 행인들을 불러 세웠다. 민남어로 물어봐서 대답하면 일본어로 물어봤다. 통과하면 일본국가 기미가요를 불러 보라고 요구했다. 외성인은 일본어와 민남어로 답할 방법이 없었다. 일본 여인과 결혼하거나 동거 중인 외성인도 일본국가 부를 줄 아는 사람은 없었다. 재수 좋으면 온갖 모욕 받으며 얻어터지고 끝났다. 명 짧은 사람은 즉석에서 죽창에 선혈을 물들였다.

백색공포

> "역사는 감상용이다. 절대 믿으면 안 된다.
> 현자賢者는 역사를 즐기지 믿지는 않는다."

계엄령 선포

1949년 5월 18일 '중국인민해방군 4야전군'이 대륙의 배꼽 우한 (武漢)에 깃발을 꽂았다. 이틀 후 대만성 주석 천청(陳誠)이 섬 전역 에 계엄령을 선포했다. 간단한 포고문이 뒤를 이었다.

"계엄 기간 파업을 엄금하고 0시부터 5시까지 통금을 실시한다. 위반자는 사형에 처한다. 출입국 관리를 엄격히 강화한다. 벽보와 삐라 살포를 엄금한다. 무기와 탄약의 휴대와 운반을 금지한다. 외 출 시 신분증을 지참해라. 위반자는 군법으로 엄격히 다스린다."

일반적으로 1987년 7월 15일 계엄이 해제되기까지 38년간을 '백 색공포(白色恐怖) 시기'라고 불렀다. 기간을 더 길게 잡는 학자들도 있다.

"1949년 4월 6일 대만대학과 대만사범대학 학생 사건부터 진정 한 언론의 자유가 시작되는 1992년까지를 백색공포 시기로 봐야 한다."

진상이 밝혀질수록 공감하는 사람이 많았다. 계엄령의 도화선을 아직도 2·28사건으로 보는 사람이 많다. 중국을 몰라도 너무 모르는 외국의 얼치기 좌파 연구자라면 모를까, 대만과 대륙의 비중 있는 학자 중에는 그런 주장하는 사람이 없다. 2·28사건 이후 대만공산당 지도부는 대륙으로 도망갔지만 좌풍(左風)은 유행했다. 중공과 상관없는, 실의에 빠진 청년들을 좌익사조에 내포된 얄궂은 낭만적 요소가 유혹했기 때문이다.

학생들은 사회단체나 학생회 등 자치조직을 통해 시름을 달랬다. 선언문 발표하고, 표어 부치고, 시위하며 국민당의 실정을 비판했다. 극소수의, 공산당이 직장이나 마찬가지였던 학생들은 학원가에 사달이 나기를 고대했다. 사소한 사건이라도 일단 터지기만 하면 대형사태로 확대시키기 좋은 환경이었다.

기회가 일찍 왔다. 3월 20일 밤 10시쯤 경찰관이 자전거 1대에 같이 타고 가던 대만대학과 사범대학 학생을 교통 위반이라며 제지했다. 말다툼이 주먹질로 비화되자 주변에 있던 경찰관들이 몰려왔다. 실컷 얻어터진 두 명의 학생은 타이베이 경찰국 제4분국(경찰서)으로 끌려갔다. 경찰 중에는 프락치가 있었다. 날이 밝자 두 대학에 소문이 낭자했다. 학생들이 경찰국으로 몰려갔다.

경찰분국을 포위한 학생들이 요구사항을 제시했다.

"학생 두 명을 석방해라. 폭력 경찰 징계해라. 의료비를 배상해라. 경찰국장이 직접 부하들의 잘못을 사과해라."

공산당이 고대하던 사건의 막이 올랐다. 이튿날 민간인까지 합세한 시위가 벌어졌다. 군인과 경찰 정보요원들은 대륙의 반기아운동과 반정부운동 때 익히 듣던 구호가 등장하자 긴장했다. 노래도 격렬했던 난징의 반미시위 때 부르던 것과 같았다. 경찰국장이 학생

'4·6사건' 진압 후 경총 부사령관 펑멍지(가운데)는
선배들을 제치고 군과 외교계 오가며 승승장구했다.
주일대사 시절 전 중국주둔 일본군 사령관(오른쪽)과 교분이 두터웠다.

베이징대학 교장 시절 장제스와 함께한 푸쓰녠(왼쪽).

들의 요구를 들어줘도 시위는 그치지 않았다. 학생과 군경의 대립도 해소는커녕 더 악화됐다.

학생들이 먼저 문제를 일으켰다. 3월 28일 밤 대만대학과 사범대학은 물론 타이베이의 중학교(우리의 고등학교까지 포함) 자치연합회(서클에 해당)까지 연합해 청년절 경축행사를 열었다. 노래하고 춤추고 온갖 구호 외친 후 열린 회의에서 '대만성 학생연합회' 성립을 의결했다.

"상황 개선이 시급하다. 우리의 역량을 결집시켜 정부 당국을 압박하자. 승리의 여신은 우리 편이다."

4월 1일 난징에 출장 중이던 성 주석 천청이 황급히 타이베이로 돌아왔다. 장제스의 총애를 한 몸에 받는 경총(경비 총사령부) 부사령관 펑멍지(彭孟緝)에게 지시했다.

"학생들의 행동이 도를 넘어섰다. 공산당의 개입 없이는 일어날 수 없는 사태가 발생했다. 사회 질서에 영향을 끼칠까 두렵다. 엄격히 대처해라."

기한도 정해줬다.

"주모자 명단 작성해서 4월 5일 일망타진해라."

당부도 잊지 않았다.

"푸대포와 셰둥민(謝東閔)에게 미리 통보하고 협조를 구해라. 여학생 체포는 신중을 기해라. 총보다 더 무서운 것이 여자다. 잘못했다간 반란 주도자가 훗날 영웅으로 둔갑할 수 있다."

대포는 큰소리치기로 유명한 대만대학 교장 푸쓰녠(傅斯年)의 별명이었다. 푸쓰녠은 베이징대학 교장을 역임했던 교육계의 원로였다. 학계에 남긴 업적이 전국에 널려 있는 대학 교장들과는 격이 달랐다. 청년 시절도 화려했다. 중국 역사에 한 획을 그은 1919년 '5·4 학생운동'과 '신문화운동'의 대장 격이었다. 셰둥민은 대륙에서 교육받은 대만 출신 관료였다. 사실이 밝혀질 때까지 푸쓰녠은 비난받고 셰둥민은 추앙받았다.

"총보다 더 무서운 게 여자, 체포 땐 신중"

경총이 파악한 체포 대상은 많지 않았다. 대만대학 15명, 사범대학 6명이었다. 4월 5일 밤 무장한 군경이 두 대학에 진입했다. 푸쓰녠은 공산당이라면 질색이었다. 군경을 기숙사 학생 방까지 안내하며 체포에 협조했다. 사범대학은 학생들이 사전에 정보를 입수했다. 명단에 있던 체포 대상자들은 도망쳤다. 사정 모르는 학생들은 동료 학생 보호에 나섰다. 몽둥이 들고 군경과 대치했다. 난투극도 불사할 기세였다.

경총도 폭력으로 맞섰다. 4월 6일 오전 무장병력 동원해 방어선 치고 학교에 난입했다. 저항하는 학생들을 무자비할 정도로 진압했다. 찢어진 치맛자락 움켜쥐고 발 동동 구르는 여학생도 봐주지 않았다. 머리통 깨지고 팔다리 부러진, 기숙사에 있던 학생 300명 전원을 끌고 갔다. 소문이 난무했다.

"셰둥민은 진정한 교육자다. 끝까지 군경 진입을 거부했다. 푸쓰녠은 학생을 보호하지 않았다. 교장 자격이 없다."

푸쓰녠은 세간의 입놀림 따위는 한 귀로 흘렸다. 성 주석 천청 찾아가 네 가지를 요구했다.

536

"하루빨리 명단에 있던 학생들을 재판에 회부해라. 체포한 학생 중 명단에 없던 학생은 즉시 석방해라. 이후 새로운 사건이 발생하지 않는 한 교내에 진입해 학생을 체포하겠다는 청은 받아들이지 않겠다. 학교 측의 체포된 학생 면담을 허용해라."

푸쓰녠의 요구는 한 건도 성사되지 못했다. 경총은 체포 당일 학생 7명을 총살시키며 '백색공포 시대'를 예고했다.

푸쓰녠은 충격이 컸다. 매사에 의욕을 잃고 시름시름 앓았다. 1950년 겨울, 성탄절 닷새를 앞두고 세상을 떠났다. 54세, 당시에도 많지 않은 나이였다. 1999년 봄 노년에 들어선 푸쓰녠의 제자들이 스승을 회상했다.

"그 성질에 백색공포 안 보고 세상 하직한 것이 천만다행이다."

수감자로 꽉 찬 대만 감옥

1987년 여름 대만의 중화민국 총통 장징궈가 단안을 내렸다. 38년간 지속시킨 계엄령 시대를 제 손으로 종식시키고 6개월 후 세상을 떠났다. '철혈(鐵血)정치가'의 결자해지와 죽음은 비장미가 넘쳤다. 2·28사건을 시작으로 대만 전역을 휘감았던 백색공포 시대의 사건들을 희석시키기에 충분했다. 한동안 회자되는 말이 있을 정도였다.

"역사는 감상용이다. 절대 믿으면 안 된다. 현자(賢者)는 역사를 즐기지 믿지는 않는다. 역사 속의 위대한 인물이나 악인도 깊이 들어가 보면 그놈이 그놈이다."

지난날에 관심이 덜해도 사실은 어쩔 수 없었다. 안개 속에 있던 일들이 태양 아래 모습을 드러내기 시작했다.

계엄령 시대의 사법부는 군인, 경찰, 특무기관의 노예였다. 종사자 대부분이 공통점이 있었다. 얼굴 하나는 두꺼웠다. 계엄 해제 후 불법부(不法府)나 무법부(無法府)였다고 손가락질해도 대부분 눈 하나 꿈쩍하지 않았다. 양심적인, 가벼운 반발도 있었다.

"법은 신성하다. 우리는 징치반란조례(懲治叛亂條例)에 따라 조사하고 재판을 거쳐 형을 선고했을 뿐이다. 우리 모르게 처형당했거나 행방불명된 사람이 많다는 것 알아도 군사법정은 우리와 상관없다며 모른 체했다. 우리도 사람이다. 양심이 있고 실수도 범할 수 있다. 사과하면 흐지부지되는 실수가 태반이다. 우리는 경우가 다르다. 인정하면 파장이 크다 보니 철면피가 될 수밖에 없는 불쌍한 인간들이다. 아는 척하기 좋아하는 선배에게 법은 철학이라는 말 듣고 이 길 택한 것이 후회된다. 법은 신성하다는 말은 맞는 말이다. 우쭐대기 좋아하는 속물이 신성한 것을 다루자니 너무 힘들다. 사죄는 못 해도 돌팔매는 맞겠다."

통계에 의하면 백색공포 시절 군사법정은 정치적 사건 2만 9,407건을 판결했다. 무고한 희생자가 14만 명을 웃돌았다. 당시 대만 인구가 400만을 겨우 넘을 때였다. 국민당에 반대했다는 이유로 대만 전역의 감옥이 만원이었다. 타이베이는 권력의 중심지였다. 수감자들은 타이베이에 와서 조사받고 재판받았다. 지금의 타이베이역 건너편 구 힐튼호텔 자리는 정치범만 재판하던 군법처였다. 명동격인

대만 경비총사령관 황제(黃杰)의 생일에 함께한
백색공포의 주역들. 왼쪽 둘째가 국방부 총정치부 주임 장징궈.
얼굴만 보이는 사람(왼쪽 넷째)이
계엄령 시대의 저승사자 펑멍지(彭孟緝).

1970년 1월 대만 탈출 후 스웨덴에 도착한 펑밍민.

시먼딩(西門町)의 스쯔린(獅子林) 일대에는 고문으로 유명한 보안처가 있었다.

1952년 군법처에는 재판 대기자가 워낙 많았다. 정치범들을 교외에 있는 전 일본군 장교감옥으로 옮겼다. 유일하게 기록이 남아 있는 1955년 수감자 2,411명 중 875명의 죄명이 반란죄였다. 반란범은 무조건 사형이었다.

백색공포 기간 보안처와 군법처를 거친 정치범 중 4만여 명이 총살로 목숨을 잃었다. 운 좋은 사람은 12년에서 15년형이 기본이었다. 워낙 숫자가 많다 보니 수용할 감옥이 부족했다. 방은 좁고 수감자는 많았다. 동시 취침이 불가능했다. 교대로 자는 것 외에는 방법이 없었다. 반은 자고 반은 앉아 있었다. 시내 곳곳, 일본인이 쓰던 건물들을 감옥으로 개조했다. 처형장도 도처에 있었다.

초대 대만 행정장관 천이도 온전치 못했다. 1950년 6월 18일 신뎬(新店)의 군인감옥 잔디밭에서 공산당과 내통한 죄로 의연히 총탄 세례를 받았다. 자존심 강한 장제스는 천이의 정치적 배신행위를 세상에 알리고 싶지 않았다. 대만인 선무(宣撫)에 이용했다. 무고한 인명이 희생된 2·28사건의 책임추궁이라고 발표했다.

국민당은 대만독립 주장하는 대독파(臺獨派)를 간첩과 동급으로 취급했다. 대독파의 대부 펑밍민(彭明敏)은 예외였다. 대만의 유복한 의사 집안에서 태어난 펑밍민은 어릴 때부터 서구문화에 익숙했다. 형이 유학 중인 일본 고등학교 재학 시절 프랑스의 자유주의 사상에 빠져들었다. 부친과 형의 반대로 프랑스문학 연구가 좌절되자 도쿄제국대학 정치학과에 입학했다. 1944년 일본이 그간 유예시켰던 인문계 학생 징집령을 내렸다. 징집통지서는 염라대왕의 초청장이나 마찬가지였다. 형이 있는 나가사키로 피신 가던 도중 미군의 공습으로 왼쪽 팔을 잃었다.

대만 탈출에 성공한 펑밍민

일본 패망 후 대만대학은 일본의 제국대학에 다니던 학생들의 전학을 허락했다. 펑밍민은 대만대학 정치학과 재학 중 밀우(密友) 리덩후이(李登輝)와 함께 국민당의 중점 배양 대상이었다. 조건은 펑밍민이 리덩후이보다 좋았다. 대만대학 졸업 후 캐나다와 프랑스 유학을 마치자 국민당이 34세의 펑밍민에게 입당하라는 신호를 보냈다. '유엔대표단 고문'과 '대만대학 정치학과 주임' '대만10대걸출청년' 선전 등 선물 보따리를 안겨줬다. 펑밍민은 "학술에만 전념하겠다"며 권력의 농락을 거절했다.

1964년 초 제자 2명과 대만의 미래를 토론하던 중 대만인민자구운동을 펼치기로 합의했다. 내용이 엄청났다.

"세계는 한 개의 중국과 한 개의 대만을 인정해라. 대만에서 국민당 정권이 유지되는 이유는 미국의 지지가 있기 때문이다. 미국의 정책은 점차 중공 승인으로 기울 것이 확실하다. 국민당이 주장하는 대륙 수복은 절대 불가능하다. 국민당 정부는 이미 중국을 대표하는 정부가 아니다. 대만을 대표하는 정부도 아니다. 1947년 선거 2년 후 중국에서 쫓겨나자 패잔병들이 대만을 점거했다. 현재 대만 인구의 85%가 대만인이다. 중앙 입법원의 대표

중 대만인은 3%에 불과하다. 대만인과 대륙인의 합작이라는 국민당의 선전은 갈등을 부추기는 책략이다. 장제스는 이미 황제다. 우리는 사망하기만 기다릴 뿐이다. 절망한 장징궈가 대만을 대륙에 넘겨줄까 우려된다. 청년 시절 장징궈는 레닌과 트로츠키의 추종자였다. 아직도 혈액에 공산주의자의 피가 섞여 있다."

정부가 무고도 상관없다며 고발을 독려하던 시대였다. 선언문 보고 놀란 인쇄소 주인의 밀고로 펑밍민은 구속됐다. 10년형 선고받자 장징궈가 평소 안 하던 행동을 했다. 펑밍민이 수용된 감옥을 시찰 나왔다. 그날 밤 펑밍민은 감옥에서 풀려났다. 대만의 출입국 관리는 철저했다. 펑밍민은 외부 출입 안 하겠다는 약속을 지키지 않았다. 변장하고 대만 탈출에 성공했다. 변장술이 탁월했던지 그날따라 공항 경비가 허술했는지, 선언문 일부 내용에 공감한 장징궈가 무슨 작용을 했는지는 알 길이 없다.

계엄령 시대

"규칙을 따르지 않는 것이 우리의 규칙이다."

부친보다 지독한 장징궈

2·28사건과 4·6사건을 경험한 장제스는 대만 통치를 강화하고 공고히 할 필요가 있었다. 국민당 원로와 당 간부, 군 지휘관들에게 절실한 심정을 토로했다.

"지구상에 국민당처럼 노후하고 퇴폐적인 정당은 있어 본 적이 없다. 오늘의 국민당처럼 옳고 그름의 기준이 없는 정당도 없었다. 혁명정신이 완전히 시들어 버린, 이런 썩어 빠진 정당은 진작 쓸어 버렸어야 했다."

군 지휘관들은 호된 질책을 당했다.

"모든 면에서 우리가 압도적으로 우세했다. 장비, 전투 능력, 경험에서 공산군은 우리의 비교 대상이 못 됐다. 장교들의 기량과 지식이 부족했다. 세심한 검토와 준비도 철저하지 않았다. 지금 군사령관이나 사단장직에 있는 너희들이 외국에서 자신의 지식과 능력에 의존해야 한다면 연대장이나 대대장도 못 했으리라는 것을 스스로 알아야 한다. 중국이 워낙 낙후되고 인재가 없다 보니 너희 같은 것들에게 중책을 맡길 수밖에 없었다."

남이 했으면 백번 죽어도 모자랄, 공산당 칭찬도 했다.

"공산 비적들은 내가 원하는 모든 것과 국민당엔 없는 조직, 기율, 도덕성을 갖췄다. 문제를 철저히 연구하고 계획도 완벽히 실행한다."

후회도 숨기지 않았다.

"군이 상상할 수 없을 정도로 부패하고 타락했다. 지휘권 통일을 위해 군대의 모든 단위에 있었던 정치위원 제도를 없앴기 때문이다. 지휘관에 대한 감시와 견제가 불가능했다. 보고의 정확성 여부를 판단할 방법이 없다 보니 부패와 퇴폐가 성하는 것을 막지 못했다."

희망을 포기하지는 않았다.

"공산 비적들의 조직과 훈련, 선전술이 우리보다 뛰어나도 이념과 사상, 정치노선은 우리가 옳고 민족의 필요성에 더 부합된다."

1950년 장제스는 국민당 총재 권한으로 '국민당 중앙개혁위원회'를 발족시켰다. 위원장에 충성 덩어리 천청을 임명했다.

"그간 아는 사람만 요직에 기용한 내 잘못이 크다. 생면부지의 숨어 있는 인재를 발굴해라."

당내에는 장제스에 반대하는 파벌이 한둘이 아니었다. 장제스는 개혁위원회의 '개조운동'을 이용해 반대파들을 철저히 당에서 쓸어냈다. 군 정치위원 제도도 부활시켰다. '총정치부 주임'에 장징궈를 임명했다. 당시는 계엄령 시대 초기였다. 총정치부 주임이 대만의 모든 정보기관을 총괄했다. 대륙에서 내로라했던 고위 장성과 원로 당원들은 부친보다 더 지독한 장징궈의 개성을 체험한 사람들이었다. 온갖 이유 대며 미국이나 일본 여행을 신청했다. 공통점이 있었

한자리에 모인 대만 계엄령 시대의 주역들.
왼쪽부터 총정치부 주임 장징궈,
참모총장으로 승진한 펑멍지,
펑후(澎湖)방위사령관 후쭝난(胡宗南),
국방부 부부장 위안서우첸(袁守謙), 경총사령관 황제(黃杰).

다. 일단 출국하면 귀국은 거의 없었다.

국민당은 중국 민족 전통과 문화의 계승자이며 '정통'(正統)과 '도통'(道統)의 상징을 자임한 지 오래였다. 당 혁신운동 마치자 대만을 공산당이 말살시킨 '민족문화 부흥기지'로 설정했다. 당과 군 정치부, 정부기관이 운영하는 대형 출판기구와 언론기관들이 반공(反共)과 국학(國學) 관련 서적 출간에 열을 올렸다. 대만 청년들을 중국 고전과 반공서적에 매몰시켰다.

문성 시대

백색공포가 기승을 부리던 1952년 국민당 중앙상무위원의 아들 샤오멍닝(蕭孟能)이 부인 주완젠(朱婉堅)의 권유로 일을 벌였다. 타이베이 중심가에 서점을 열었다. 대시인이며 대서예가인 감찰원장 위유런(于右任)의 친필 휘호, '문성서점'(文星書店) 네 글자만으로도 관심을 끌기에 충분했다.

문성서점은 서구 유명 학술서적과 문학작품을 영인(影印)하고 번역해서 출시했다. 오전 9시부터 밤 9시까지 서점은 문전성시였다. 영어문화권에 갈증을 느낀 대만 청년들은 12시간 자리 지키는 주완젠의 친절에 감복했다. 학창 시절 문성서점 단골이었던 노작가가 서점 풍경을 구술로 남겼다.

"서점에 갈 때마다 친구에게 분명히 있다고 들은 책이 없을까 조마조마했다. 주완젠은 품위 넘치는 이웃집 누님 같았다. 여러 권 들고 온 계산대에서 돈이 모자라 우물쭈물하면 씩 웃으며 책을 포장해줬다. 같은 경험한 친구들이 한둘이 아니었다. 주완젠 여사는 서점에 만족하지 않았다. 개점 5년이 지나자 남편에게 잡지 출간을 제의했다. 언론계의 대부였다는 시아버지는 물론 남편도 반대하지 않았다. 살벌했던 백색공포 시대에 선보인 한 권의 잡지가 대만의 젊은 지식인과 중화권을 들썩거리게 할 줄은 상상도 못 했다."

1957년 11월 5일 문성서점이 잡지『문성』(文星)을 선보이자 청년들은 환호했다. 생활, 문학, 예술을 표방하며 경총(경비 총사령부)이나 보안처에 개처럼 끌려가 숨이 간당간당할 때까지 얻어터지거나 행방불명되기 딱 좋은 구호를 내걸었다.

"규칙을 따르지 않는 것이 우리의 규칙이다."

『문성』사장 샤오멍넝은 사업자금이 풍부하고 백이 좋았다. 정보기관도 샤오 부자(父子)의 성품을 잘 알았다. 멋대로 하도록 내버려뒀다. 예상이 적중했다.『문성』은 4년간 48권을 내면서 독자들의 호응을 얻지 못했다.

1961년 겨울 샤오멍넝은 새로운 주간을 물색했다. 한 편의 글로 대만과 홍콩을 떠들썩하게 만든 31세의 리아오(李敖)를 주간으로 영입했다. '문성 시대'가 열리고도 남을 징조였다.

미래의 영웅 리아오

2018년 3월 기재(奇才) 리아오가 타이베이에서 세상을 떠났다. 대만은 물론 대륙과 홍콩, 화교 사회의 매체들이 요란을 떨었다. 원

문성서점 시절의 주완젠(왼쪽)과 샤오멍닝 부부.

로 언론인의 추도사 비슷한 글 일부를 소개한다.

"고교 시절, 전통 복장에 파커 만년필 꽂은 리아오라는 단정한 대학생이 학계와 사상계의 거목 후스와 치고받은 논쟁 내용 읽고 충격이 컸다. 꿈속에 그리던 미래의 영웅이 분명하다고 의심치 않았다."

이 미래 영웅의 삶은 곡절투성이였다. 위대한 잡지 『문성』을 주관하며 소송이 그치지 않았다. 법정 출석만도 700회 이상을 기록했다. 강호(江湖)에서 퇴출당한 후에도 분주했다.

거리에서 국수 팔고, 전기수리공 하다 비 오는 날 전봇대에서 떨어지고, 사상범으로 감옥에 들어가고, 출옥 후 강호에 복귀했다가 또 감옥에 갔다. 친구도 많고, 적도 많고, 여자 친구는 더 많았다. 동거한 여인도 7명이 넘고, 오밤중에 잠옷 바람으로 들이닥친 중화권 최고의 여배우 후인명(胡茵夢)과 결혼 100일 만에 이혼하고, 격조 넘치는 언사로 당권자(黨權者)들과 투쟁하고, 거대한 언론기관을 압도하고도 남을 원고를 생산했다. 소위 명기자라 껍죽대던 사람들을 속으로 주눅 들게 만든, 대만 사회의 중요한 한 부분이었다. 만약 리아오가 없었다면 계엄령 시대의 대만은 너무 적막했을 것이다.

리아오는 1935년 하얼빈에서 태어났다. 조부는 마적, 경찰, 시골 훈장, 이발사, 목욕탕 주인 등 직업이 다양했다. 부친은 베이징대학을 졸업한 국어교사였다. 1936년 가을 돌쟁이 아들 품에 안고 베이징으로 이주했다. 부친 덕에 베이징에서 초등교육을 받은 리아오는 국·공전쟁 막바지였던 1948년 가을 명문 '제4중학'에 수석합격했지만 전란을 피해 상하이의 중학으로 전학했다. 상하이의 중학 생활도 짧았다. 4개월 만에 상하이를 떠나 대만에 뿌리를 내렸다.

리아오는 소학(초등학교) 시절부터 독서가 몸에 뱄다. 사탕보다 책을 좋아했다. 용돈만 생기면 서점으로 갔다. 소학 6학년 때 "나 혼자만의 도서관을 갖고 싶다"고 해 교사들을 놀라게 했다. 교장이 최근에 읽은 책을 물었다. 대답이 거침없었다.

"현재 『손중산전서』(孫中山全書)와 『나의 투쟁』을 읽는 중이다. 잡지는 『관찰』(觀察)이 좋고 신문은 『신화일보』(新華日報)가 볼 만하니 선생님도 꼭 보도록 해라."

1949년 4월 대륙을 떠날 때 14세 소년 리아오는 자신의 장서 500여 권을 한 권도 빠뜨리지 않고 챙겼다. 짐을 줄이라는 가족들의 불만은 귀에 담지도 않았다.

대만 중부도시 타이중에서 중학 생활 시작한 리아오는 살맛이 났다. 도서관에 없는 책이 없었다. 사서를 자청하며 4년간 도서관에서 살다시피 했다. 고등학교 1학년 때 한 잡지에 「존 듀이의 교육사상」을 가명으로 기고했다. 듀이가 제창한 '진보적 교육'의 필요성을 역설하며 국민당의 중앙집권적이고 획일적인 교육제도에 반감 드러낸 글로 교육계가 발칵 뒤집혔다. 교육부는 기겁했다. 대만 전역의 교사를 상대로 필자 색출에 나섰다. 성공할 리가 없었다. 고등학교 1학년 학생일 줄은 상상도 못 했다.

국민당의 언론탄압을 맹공

고등학교 생활에 염증을 느낀 리아오는 3학년이 되자 결단을 내렸다. 개학 10일 만에 학교를 때려치웠다. 융통성 많은 교장이 한숨 내쉬며 리아오를 격려했다.

잡지 『문성』 주간 리아오는 감옥 밥을 두 번 먹었다.
1980년 대 초 복역을 마치고 출옥한 리아오.

"훗날 중국이 배출한 인재를 퇴학처리했다는 오명을 남기고 싶지 않다. 1년간 하고 싶은 일 하다 대학에 진학해라."

1년 후 리아오는 대만대학 법학과에 합격했다. 다녀보니 학문과는 거리가 멀었다. 기술자 양성소와 별 차이 없었다. 학생이건 교수건 실망이 컸다. 걷어치우고 이듬해 가을 중문과에 응시해 합격했다. 다녀보니 특이한 학과였다. 교수들은 대륙 명문대학 교수 시절과 달랐다. 애주가는 술꾼으로, 미식가는 탐식가로 변해 있었다. 학생들도 여학생이 대부분이었다. 조교 3명은 빼어난 미인이었다. 담배 물면 교수란 사람이 불붙여 주고 가관이었다. 미모가 학생 선발의 유일한 기준이라는 생각이 들자 다니기 싫었다.

대만대학은 전과 제도가 없었다. 자퇴하고 사학과에 들어갔다. 사학과는 체질에 맞았다. 느슨해진 학계의 대가와 국민당의 실정(失政)을 비판하는 문자를 쏟아내기 시작했다. 어릴 때부터 동·서양의 고전을 섭렵한, 성질 급한 청년의 글이다 보니 특징이 있었다. 누구나 읽기 쉬운 평이한 문체로, 있었던 사실을 품위 있고 코믹하게 비판했다. 독자가 솜사탕처럼 불어났다.

1961년 막바지 문성서점 주인 샤오멍녕과 주완젠 부부가 지지부진하던 잡지 『문성』의 주간으로 리아오를 초빙했다. '이겨도 한니발, 져도 한니발'인 것처럼 '흥해도 리아오, 망해도 리아오'였다.

후스와 인하이광의 영향을 받은 리아오는 전반서화(全般西化)의 신봉자였다. 샤오멍녕, 주완젠과 철의 삼각을 형성하며 국민당의 내로라하는 정론가(政論家)들을 링으로 유인했다. 지저분한 인신공격도 서슴지 않으며 벌린 '중서문화논전'(中西文化論戰)을 통해 공개적으로 국민당의 언론탄압을 맹공했다. 논전은 리아오와 『문성』의 압승이었다. 국민당은 리아오와 『문성』에 실린 글들이 법통을 위협한다는 이유로 무기한 정간조치했다. 문성서점도 폐쇄시켰다.

이런저런 죄목으로 철창에서 만난 샤오멍넝과 리아오의 행동은 달라도 너무 달랐다. 샤오는 억울하다며 울기만 했다. 리아오는 "문성 시대는 역사 속으로 들어갔다. 지난 일은 잊으라"며 이 악물고 웃기를 반복했다. 리아오 관련 서적과 연구논문 쏟아질 날이 머지않았다는 것이 중론이다.

공자 77대 직계종손 쿵더청

"전통을 존중하고
파괴를 금하는 것이 애국이다."

천하제일 가문의 과거사

2008년 10월 전 고시원장(考試院長) 쿵더청(孔德成)이 타이베이에서 세상을 떠났다. 공자(孔子)의 77대 직계종손이 아니면 불가능했던 31대 '연성공'(衍聖公)과 '대성지성선사봉사관'(大成至聖先師奉祀官)을 역임한 인물의 죽음이었다. 2,000여 년간 이어온 '천하제일 가문'의 살벌하고 비극적인 과거사가 입소문을 타기 시작했다. 마지막 연성공 쿵더청의 출생, 독살당한 생모와 누님의 비극, 3공(三孔)이라 일컫던 공부(孔府), 공묘(孔廟), 공림(孔林)의 황당한 규모, 전국에 산재했던 엄청난 토지는 화제가 되고도 남았다.

얘기는 한(漢)대 초기로 거슬러 올라간다. 기원전 135년 한무제가 "백가를 몰아내고 유술(儒術)만 받들자"는 대유(大儒) 동중서(董仲舒)의 건의를 받아들였다. 유학(儒學)이 정통 지위를 확보하자 세상 떠난 공자가 344년 만에 빛을 보기 시작했다. 이유는 복잡하지 않았다. 공자사상이 스스로 성군이라 자임하는 전제군주의 비위에 딱 맞았다.

공자 추앙 운동이 벌어졌다. 역대 제왕들이 각종 시호를 안겨줬

다. 당(唐)대에는 문(文)이 성했다. '문선왕'(文宣王)이라는 시호와
함께 성인(聖人)으로 부르기 시작했다. 몽골족 통치 시절인 원(元)대
에는 문선왕 앞에 '지성'(至聖) 두 자를 첨가했다. 원을 몰아내고 한
족 정권을 부활시킨 명(明) 왕조는 '대성지성선사'를 더했다. 청(淸)
왕조는 한술 더 떴다. 공자의 5대조까지 왕으로 추서했다.

제왕들의 공자 후손 지원은 송(宋) 인종(仁宗) 때 극에 달했다.
46대손 공종원(孔宗願)을 초대 연성공에 봉하며 세습을 인정했다.
명·청(明·淸) 양대에 1품관으로 승격한 연성공은 문신의 으뜸이었
다. 황실 어도(御道)에서 황제와 나란히 걷고, 자금성(紫禁城) 안에
서 말을 탈 수 있었다. 황제와 함께 국학(國學)의 학무를 시찰하고,
베이징에 올 때는 공묘에 배향된 제현(諸賢)과 맹자, 안자, 증자, 자
사의 후예, 세습관직인 5경박사(五經博士)의 자손 120여 명이 수행
했다.

연성공의 가정집인 공부는 나날이 확장됐다. 대문은 황제 11명
의 19차례에 걸친 순행(巡幸)과 공자의 제사 때만 13발의 예포와
함께 열렸다. 면적은 3공 중 가장 좁았다. 쿵더청이 태어난 1920년
2월 무렵 4만 4,000평 정도였다. 대성전(大聖殿)이 있는 공묘는 6만
6,000평의 면적에 비석이 숲을 이루고 고목이 하늘을 찔렀다. 공자
와 후손들의 묘지인 공림은 중국 최대 규모의 공원묘지였다. 총면
적이 66만 평에 달했다. 공묘와 공림의 관리권은 공부에 있었다.

연성공은 베이징에도 황제가 하사한 관저를 가지고 있었다. 정
식 명칭은 없었지만 '베이징 주재 성공부(聖孔府)'라고 불렀다. 규
모는 왕부(王府)와 비슷했다. 공자 제사에 쓰라고 하사받은 농지

공자의 76대 종손, 30대 연성공 쿵링이의 중년 시절 모습.
쿵링이에게는 타오윈푸 등 4명의 부인이 있었다.

공부의 마지막 실력자 타오원푸.
서태후는 자신과 용모가 비슷한 타오를 총애했다.

도 엄청났다. 청나라가 번성했을 무렵 전국에 약 2억 평, 소작인만 60만 명을 웃돌았다.

황제가 준 땅은 매매가 불가능했다. 매매가 가능한 사전(私田)은 200만 평 정도였다. 공자에 대한 존경의 표시로 면세와 감세 혜택을 받은 토지 8,000만 평(여의도의 약 130배 정도)도 연성공의 사유지나 다름없었다.

공부는 독단적인 규정이 많았다. 부녀자 속박이 엄중했다. 여자는 사묘(寺廟)에 참배할 수 없고 일부종사와 시궁창 같은 남편도 하늘처럼 받드는 것이 기본이었다. 수많은 비극을 연출했다. 공씨 집안으로 시집오게 된 공자의 수제자 집안 딸이 있었다. 결혼도 하기 전에 숨소리 한번 나눠 본 적 없는 청년이 세상을 떠나자 17세 여자애도 남편 따라 가겠다며 목을 맸다. 약혼 후 남자가 죽자 위패를 품에 안은 채 꽃가마 타고 신랑 집으로 간 신부도 있었다. 하늘과 땅에 절하고 신방에 들어가 신부복 벗고 상복으로 갈아입었다. 죽을 때까지 수절하며 대문 밖에도 나가지 않았다. 공림은 이런 괴짜들이 생길 때마다 정절을 기리는 패방(牌坊)을 세웠다.

공자 후예들의 암투

마지막 연성공 쿵더청의 생모도 천수를 누리지 못했다. 쿵더청의 생부인 30대 연성공 쿵링이(孔令貽)에게는 4명의 부인이 있었다. 전처 쑨(孫)씨는 병사하고 첩 펑(豊)씨는 애를 낳지 못했다. 다시 들인 후처 타오원푸(陶文譜)는 아들을 낳았으나 세 살 때 죽었다. 쿵링이는 첩 왕바오추이(王寶翠)에게 기대를 걸었다. 빈농의 딸이었던 바오추이는 어릴 때 타오 집안에 하녀로 팔려 갔다. 열일곱 살 때 원푸의 남동생 두 명이 바오추이를 놓고 싸움이 벌어졌다. 모친이 친정에 와 있던 원푸에게 바오추이를 공부에 데려가라고 권했다. 원푸는 남편 쿵링이가 바오추이를 첩으로 삼자 원푸의 포악한 학대가 시작됐다. 눈만 뜨면 바오추이를 발가벗겨 놓고 가죽 채찍으로 때렸다. 임신 기간에도 채찍질은 그치지 않았다. 딸 두 명이 태어났다.

신문화 운동으로 공자 타도 운동이 맹위를 떨칠 때였다. 연성공을 세습할 아들이 없는 쿵링이는 불안했다. 공자의 후예들 간에 암투가 시작됐다. 바오추이의 태중에 아들이 있을 줄은 상상도 못했다.

공자 존중과 복고復古

청나라 말기 중국의 혁명파들은 무능했다. 열혈청년들 사지(死地)로 떠미는 재능만 탁월했지 통치 능력은 없었다. 군을 장악한 위안스카이(袁世凱)에게 공화제 실시를 조건으로 혁명의 열매를 갖다 바쳤다.

중화민국 대총통에 취임한 위안스카이는 사회 기풍이 청 말보다 더 손상된 원인 찾기에 골몰했다. 혁명으로 인한 봉건제의 붕괴와 예교(禮教)의 폐기가 이유라고 단정했다. 공자학설을 통해 국면만회와 질서안정을 모색했다. 최고통치자가 공자 존중과 복고(復古)를 주장하자 공교회(孔教會), 공도회(孔道會), 세심사(洗心社) 등 존공(尊孔)단체가 성립과 동시에 교육부의 비준을 받았다.

위안스카이는 베이징과 지방에 '만세의 사표' 공자의 제사(祀孔

동년 시절의 마지막 연성공 쿵더청.
공자의 77대 직계종손이다.

1936년 12월 공부에서 열린 마지막 연성공 쿵더청의 결혼식.
참석하기로 했던 장제스는 시안(西安)에서 장쉐량(張學良)에게
감금당하는 바람에 불참했다.

典禮)를 지내라고 명령했다.

"지방은 성장이 직접 치제(致祭)해라. 베이징은 대총통이 직접 제를 올린다."

특별교육지침도 내렸다.

"전통을 존중하고 파괴를 금하는 것이 애국이다. 전국의 중학교는 전통을 존중하는 영국을 본받아라. 영어 교육에 힘쓰고 학생들에게 맹자(孟子)를 하루도 빠짐없이 낭송토록 해라. 고등학교는 논어(論語) 교육 철저히 해서 사악한 언사가 폭력임을 학생들이 자각하도록 해라."

위안스카이의 복고는 개국황제들이 하늘에 고하던 제천의식으로 극에 달했다.

성인 후예의 탄생

반발이 만만치 않았다. 해외에서 군사교육 받은 젊은 군사가들이 위안스카이 타도 깃발을 날렸다. 일본과 미국 유학생들도 가만 있지 않았다. 복고에 대한 반발로 신문화운동을 일으켰다. 과학과 민주와 알기 쉬운 백화문(白話文) 사용을 제창하고 독재타도와 미신타파를 노래했다. 사회주의 전파의 토대도 저절로 마련됐다.

수천 년간 내려온 전통은 모두 파괴 대상이었다. 2,000여 년간 의식을 강요당한 공자사상이 도마 위에 올랐다. "공자를 구도덕의 상징으로 전락시킨 공가점(孔家店)을 타도하고 공부자(孔夫子)를 구출하자"는 구호가 전국의 대도시를 수놓았다.

신문화운동은 청년들의 각성제였다. 1919년 5월 4일 대규모 학생시위가 일어났다. 그칠 줄 모르는 신문화운동과 '공가점 타도' 외치는 학생시위에 대를 이을 아들이 없던 연성공 쿵링이는 불안했다. 1919년 11월, 딸만 둘 낳은 측실 왕바오추이가 세 번째 임신 중 베이징의 연성공 관저에서 발병 20일 만에 세상을 떠났다. 임종을 앞두고 대필시킨 유서를 대총통 쉬스창(徐世昌)에게 보냈다.

"엎드려 울며 유서를 구술합니다. 우둔하고 어리석은 저는 청 왕조 광서(光緖) 2년에 연성공 작위를 세습했습니다. 민국 성립 후에도 위안 대총통은 저를 연성공으로 삼아주셨습니다. 지난 8년간 역대 총통들께 받은 보살핌에 보답할 수 없음을 부끄럽게 생각합니다. 저는 장인의 별세를 조문하러 베이징에 왔습니다. 갑자기 등창이 발생해 치료를 받았으나 일어나지 못할 것 같습니다. 50이 되도록 아들이 없어 노심초사하던 중 처첩 왕씨가 임신을 하여 현재 5개월가량이 되었습니다. 아들이 태어나면 전례대로 공부(孔府)와 공묘(孔廟)의 일이 순조롭게 되도록 하여 주시면 불초소생은 저승에서 감사할 것이며 일족 모두 은혜에 감격할 것입니다."

총통 쉬스창이 내무부를 통해 산둥(山東)성 성장에게 지시했다.
"연성공 쿵링이의 측실 왕씨의 임신 여부를 확인해서 보고해라."
중국 의사와 독일 의사, 저명한 산파들이 왕씨의 임신이 5개월이 지났다는 확인서를 작성했다. 다음 문제는 유복자의 성별이었다. 딸이 태어나면 정실 타오원푸와 왕씨 소생 두 딸은 공부를 떠나고

1935년 7월 8일 쿵더청은 민국시대에 적합하지 않은
연성공 대신 공자 제사만 모시는 세습특임관
대성지성선사봉사관(大成至聖先師特奉祀官)에 취임했다.

동등한 자격 갖춘 사람이 연성공을 계승하는 것이 상례였다. 타오원푸는 온종일 향불 피워 놓고 절하며 매일 두들겨 패기만 하던 왕바오추이가 아들 낳기만을 빌었다. 중국은 교묘한 수법으로 영아를 바꿔치기하는 흉악한 전통이 있었다.

왕바오추이의 해산이 임박하자 정부는 군대를 파견했다. 산방을 포위하고 도처에 초소를 설치했다. 장군 한 명이 공부에 진을 치고 산둥성 성장과 안자(顔子), 증자(曾子), 맹자의 종손과 공부의 12촌 내 노부인들이 몰려와 눈에 불을 켰다. 난산 끝에 아들이 태어나자 공부의 하인 700여 명이 횃불 들고 거리로 나갔다. 징을 치며 성인 후예의 탄생을 알렸다. 정부도 축포 13발로 유아 쿵더청에게 경의를 표했다.

쿵더청, 공부 비극 알고 대륙 땅 안 밟아

공부에 축하전문이 줄을 이었다. 대유(大儒) 캉유웨이(康有爲)가 젖먹이에게 보낸 전문을 소개한다.

"소인은 아버님의 서거에 슬픔을 이길 수 없었습니다. 귀한 아들이 태어나 성인의 계보와 귀한 혈통 잇게 되었다는 소식에 극심한 슬픔 뒤에 이어지는 기쁜 감정을 금할 수 없습니다. 즐겁고 건강한 유년기 보내시며 시와 의례에 많은 공부 쌓으시어 조상들의 영광을 빛내게 하소서. 소인이 간절히 바라는 바입니다."

공부를 찾아온 캉유웨이는 강보에 싸인 연성공 쿵링이의 유복자

쿵더청을 품에 안고 통곡과 웃음을 반복했다. 쿵더청은 생후 100일이 되는 날 31대 연성공을 습작했다.

정실 타오원푸는 지독한 여자였다. 쿵더청이 태어나자마자 제 방으로 안고 갔다. 3일 후 탕약 들고 산모 왕바오추이의 방으로 갔다.

"잠잘 때 부들부들 떠는 것 보니 내 맘이 편치 않다. 이 약을 먹어라."

옆에 있던 공씨 일족의 노부인이 훗날 쿵더청의 작은 누나 쿵더우(孔德懋)에게 구술을 남겼다.

"왕씨는 침대 위에 꿇어앉아 아픈 곳이 없으니 약 먹을 필요가 없다고 애원했다. 타오씨는 말이 없었다. 그냥 마시라고 압박했다. 왕씨가 살아봤자 좋은 날도 없을 터이니 약 먹는 것은 두렵지 않다며 아들만 한번 보게 해 달라고 애걸했다. 타오씨는 내 아들을 네가 봐서 뭐 하느냐며 고개를 돌렸다."

타오원푸는 한밤중에 왕바오추이의 관을 하인들 시켜 공림(孔林) 구석에 대충 묻어버렸다. 작은 묘비도 세우지 않았다.

타오씨는 쿵더청을 지극정성으로 키웠다. 국·공전쟁 말기 장제스 부자와 함께 대만으로 나온 쿵더청은 공부의 비극을 알고 있었다. 다시는 대륙 땅을 밟지 않았다.